suhrkamp taschenbuch 4947

W0175551

Sibylle Lewitscharoff

Geisterstunde

Essays zu Literatur und Kunst

Suhrkamp

Erste Auflage 2019
suhrkamp taschenbuch 4947
Originalausgabe
© Suhrkamp Verlag Berlin 2019
Suhrkamp Taschenbuch Verlag
Umschlaggestaltung: hißmann, heilmann, hamburg
unter Verwendung einer Collage von Sibylle Lewitscharoff
Satz: Satz-Offizin Hümmer GmbH, Waldbüttelbrunn
Druck und Bindung: CPI – Ebner & Spiegel, Ulm
Printed in Germany
ISBN 978-3-518-46947-7

Geisterstunde

Geisterstunde

Während sie schlummern, bereiten sich ihre Werke vor. Als Schlafende wird man Dichter, Denker und Romanciers aber nicht vor die Kamera bekommen, es sei denn als Schauschläfer. Die Momente, in denen ihre Werke keimen, werden wir im Lichtbild wohl nie anschauen dürfen. Und was wäre damit gewonnen, wenn wir ein Dichterhaupt vor uns hätten, in seinem verwurstelten Kissen, nackthalsig oder mit verkrumpeltem Pyjamakragen, den Speichelfaden, der im Mundwinkel rinnt, seit Monaten, Dekaden, vielleicht Jahrhunderten stillgestellt? Neugierig griffen wir nach dem Band, in dem die versunkenen Köpfe versammelt wären: Die da!, oder schau mal: der da, so schlaff, so harmlos! Erregung, Gelächter, und die Gewohnheit hätte uns wieder. Dem Wesen der Inspiration, die sich in einem besonderen Kopf während der Nacht vorbereitet, um tags darauf zu zünden, wären wir kaum näher gerückt. Das einzige Foto der Ausstellung, das die Sekunde nach der Zündung einzufangen scheint, zeigt Hermann Hesse mit Zigarre. In Oxidationspunkten, zartem hellem Materialfraß, der von der rechten Gesichtshälfte aus ins Freie flirrt, hat sich ein Ideengestöber verewigt. Aber nur, weil Hermann Hesse unwahrscheinliches Fotoglück besaß. Er war einer der besten Schriftstellerposeure mit seinen spiegelnden Brillengläsern, dem fein geschnittenen Gesicht, das den Verschlußsekunden der Kameras lässig standhielt. Hermann Hesse sieht immer aus, als würde er denken. Und der Zufall, Licht und Schatten, Fensterglieder, Lampenschirme, Korbstühle halfen gerne mit, diese Illusion zu erzeugen.

Wenn aber Ricarda Huch, einen Arm auf ein rundes Tischchen gestützt, mit geschlossenen Augen das Sinnieren mimt, während die Unterkante eines Buchs auf ihren Schenkel drückt, so wirkt die Pose nur darum weniger albern, weil der Abzug entkräftet ist und alles auf ihm ins Reich verantwortungsloser Gespenster entblichen. Auch das Gestrüpp, das in der Vase steckt, ist längst ins Totenreich der Pflanzen eingegangen. Wer wollte da noch übelnehmen? Und wächst dem harmlosen Tick, ausgerechnet vor einem Fotografen sinnieren zu wollen, wo man doch höchstens an einen zwickenden Knopf denken kann, nicht so etwas wie Charme zu? Zeit, die sich ausbreitet, weiß wie Knochen, schönt und vergibt jede Albernheit.

Daß Karl Kerényi denkt, womöglich an das leichte Fortlaufen des Lebens der Götter, will ich allerdings gern glauben, da ich von ihm die schwarze Rückenansicht vor mir habe, im Begriff, eine Treppe hinaufzusteigen. Was diesen Glauben bestärkt, ist die enge Gasse, sein Hut, vor allem aber der schwarze Lampenteller schräg über ihm, hoch genug angebracht, um seinen Geist emporzuziehen. Ein Heiligenschein, unter den man treten und den man wieder verlassen kann. Ich stelle mir vor: im Bann dieser Lampe denkt Kerényi an die dionysischen Ledersackriten, und Pause dann, bis ihn weiter oben eine neue Lampe empfängt, die den kindlichen Dionysos in ihm wachruft, wie ihn Mänaden in einem Korb hin- und herschwingen.

Stefan George wiederum denkt nicht, sondern versucht, einen Geist zu zwingen. Die Pose wirkt rabiat, seine Hände sind kurz davor, sich in die Hosenbeine zu krallen. Das Bild könnte Schrenck-Notzing entnommen sein: *Materialisationsphänomene. Ein Beitrag zur Erforschung der mediumistischen Teleplastie*, einem Buch, das damals großes Aufsehen erregte. Und warum nicht George darin? Als Mediumisator, der aus einer Hypnotisierten diese häutigen, hellen, gefältelten Gebilde zieht, die herumschleiern und sich blähen, bis das Gesicht eines Toten erscheint, und wieder zusammensacken. Aus Körperöffnungen und Vorhangschlitzen emanieren gaukelnde Substanzen, sogenannte Pseudomorphosen. Man ahnt, wie sehr das Fotografieren selbst ein zutiefst pseudomorphotisches Unterfangen ist.

Ob eine Pseudomorphose oder nur ein Vögelchen Hans-Georg Gadamers Aufmerksamkeit fesselt, bleibt unbekannt, daß aber zweiundneunzig seiner Greisenhaare irokesisch in die Höhe streben, bezeugt, der Botschaftsverkehr ist intensiv und hat den ganzen Mann. Einer der raren Fälle, da mir die Nahaufnahme von einem Kopf von Vorteil zu sein scheint.

Für gewöhnlich wecken Fotos, in denen ein winziger Mensch in großer Umgebung sich verliert, eher mein Interesse, so etwa der anderthalb Zentimeter große Gerhart Hauptmann im Winterwald, Zauberwald. Das Foto muß von einer Anhöhe aufgenommen worden sein und faßt das Männlein aus einer halbgottfernen Perspektive, noch scharf genug, daß wichtige Utensilien wie Hut und Stock zu erkennen sind. In einem Rätsel von vollendeter Schönheit tappt der Einsame umher, vor ihm eine Schneespur und hinter ihm eine Schneespur, man weiß nicht, ob aus dem Zauberwald herausführend oder für immer in ihn hinein.

Näher ran! heißt inzwischen die Parole, näher ans Gesicht, denn aus jeder Pore scheint ein winziges echtes Lebensetwas zu dunsten. Die abgebildeten Poren sollen helfen, eine veröffentlichte Schrift zu beglaubigen, die man insgeheim für schwach hält. Ihr allein traut man jedenfalls nicht zu, ohne Lebenszertifikat und Konterfei des Autors auszukommen.

Die Kernfrage aber bleibt: wie ein Werk schaffen und es behüten, damit es, kaum entstanden, vom gleichmachenden Strom der Zeit nicht schon mit fortgerissen wird?

Dichter und Romanciers sind gehalten, Veredelung zu betreiben. Das meint nicht, sie sollten ihren Stil oder ihre Fingernägel unentwegt polieren. Langweilen sollen sie sich, langweilen bis auf den Grund der Übel, da selbst die Übel in Nichtigkeit übergehen und der Egoismus ermüdet; dann aber mit entschlossenen

Zügen aus dem Meer der Langeweile wieder emportauchen – eine heikle Übung, aus der man veredelt, will heißen: moralisch verfeinert hervorgehen kann. Wird Veredelung ernsthaft betrieben, schließt sie den Menschen mehr und mehr von den bestimmenden Tendenzen seiner Umgebung aus.

Bestimmend für unsere Zeit ist gewiß, daß wir uns von Kindesbeinen an vor Kameras tummeln, die bewegte oder stabile Bilder liefern. Der auf ihn zurückende Fotograf ist daher einer der natürlichen Feinde des modernen Schriftstellers. Seine Botschaft lautet: Dich reihe ich ein in die Schar der Idioten, die sich mittels Bildchen an die ausgestanzte und ins Totenreich geschickte Zeit klammern. Und schon sind wir einen Millimeter weiter in der Ausweidung des Privaten zugunsten des Öffentlichen, entfernen uns vom vielbeschworenen Leben und geistern herum im Totenreich der öffentlichen Mimen, wedeln und werben mit allerlei Posen, viel Lächeln, verhangenen Blicken und stechenden Blicken, auf- und abgezogenen Brillen, bißchen Haut und bißchen Hemd, mit Tattoos, Kahlköpfen, Cäsarfransen, Fönfrisuren und Verlautbarungen zu allem und jedem.

Seit sie Romane schreiben, ist es Jerome D. Salinger und Thomas Pynchon gelungen, Fotografen wie Reportern aus dem Weg zu gehen. Sie sind Helden, tapfere listige Helden, wegen ihrer inoffensiven Renitenz, harmlos und wirkungsvoll, wegen *Ich möchte lieber nicht,* diesem köstlichen Floh, den uns Bartleby ins Ohr gesetzt hat, der doch der einzig rechtmäßige Schutzheilige unserer Zunft ist.

Ein Künstlerfoto, das mir imponiert, aber nicht in der Ausstellung vertreten ist, zeigt Adolf Wölfli. Mit Zipfelmütze, halb Narrenkappe und halb Nachtmütze, sitzt der Mann am Tisch. Das winzige Foto wird von einem seiner ornamentalen Schlangengebilde umrahmt. Der Text darunter lautet: *DIE SCHLANGE, KANN NICHT HABEN; DEN HERBEN UN=GLÜCKS=FALL.*

Für alle weiteren Unglücksfälle bietet sich eine vorläufige Ordnung an. Fünf Gruppen, in die sich Dichter und Denker reihen lassen, die sich entweder zur Fotografie geäußert haben oder deren eigene fotografische Präsenz einen Hinweis gibt, wie sie es mit ihr hielten. Widersprüche inbegriffen. Leute, die schreiben, handeln selten nach den Maximen, für die sie glühen.

Zunächst wäre da die erlesene Schar der generellen Fotoverächter: Baudelaire an oberster Stelle, obwohl er seinen zusammengekniffenen Trotzmund von Nadar und Étienne Carjat nur allzu bereit hat ablichten lassen.

Zu nennen sind ferner die Fotoskeptiker, die sich zwar häufig fotografieren ließen, aber von den Zeiten schwärmten, da es noch keine Fotos von Dichtern gab: Vladimir Nabokov, der den Vorzug der Fotolosigkeit im Falle Puschkins hervorhob, führt sie an.

Dann die umfänglichste Gruppe, Leute, die damit hadern, fotografiert zu werden, und dabei jedesmal von einem kleinen Krampf befallen werden, es dennoch geschehen lassen, weil eingefleischter Gehorsam und wispelnder Narzißmus sie immer wieder frisch verführen, Köpfe, Rümpfe, Hände, Stifte, Füller, Bücher vor den Apparat zu halten. Roland Barthes, dieser einsichtsvolle Mann, hat den kleinen Krampf, Kampf um die eigene Erscheinung, wundervoll beschrieben. Hoffentlich tue ich ihm nicht unrecht, wenn ich ihn selbst zu dieser Gruppe zähle.

Es folgen die geborenen Repräsentierer, die sich vor der Kamera aalen oder ihre Fotos extrem stilisieren und sie gezielt einsetzen. Thomas Mann und Hermann Hesse taten es weniger gezielt, Bertolt Brecht hingegen sehr. Auch weniger Berühmte gehören der Gruppe an, wandelnde Granaten etwa wie Arnolt Bronnen, der davon träumte, ein dramatisch umzucktes Kameraleben zu führen.

Zu guter Letzt die Exzessiven: Fotonarren wie August Strindberg und Yukio Mishima, vor deren Abbildeifer einem schwindelt. Auch sie sind in der Ausstellung nicht vertreten; Strindberg nicht mit seinem dekorativ zerwühlten Verzweiflungshaar, Mishima nicht in seiner Nacktheit.

Mit den Kinderfotos fängt es meistens an. Was sind das für berufene Kinder, die uns in den Fotos der Wende vom neunzehnten zum zwanzigsten Jahrhundert begegnen! Stumme, berufene Kinder, aus Berufung stumm, in ein hochbedeutsames Dekor gestellt, grübeln sie gehorsam den großen Aufgaben entgegen, die auf sie warten. All die werdenden Ingenieure, Philosophen, literarischen Schwergewichte, todernst und stumm. Man wird einwenden, auf Fotos gebannte Gestalten seien ohnehin stumm. Das stimmt nicht. Man nehme das Bildnis des kleinen Kracauer im Hemdchen und vergleiche es mit einem x-beliebigen Kinderfoto von heute. Heutige Kinder werden als vergnügte Quassler abgelichtet, zukunftsfrei, da nichts und niemand auf sie wartet. Fleischlich und bunt schmollen sie allenfalls ein bißchen. Kracauer und seine kleinen Kumpane wurden in eine große Welt als todernste Bürgen gesetzt, gestellt; steif und stumm, eine Generation von Söhnen, auf die im Erbe der Familie das Erbe der Klasse, des Volks, der Nation, ja, der Menschheit wartete und, wie *wir* längst wissen, die Buben auf den Bildern aber nicht, auch die Katastrophe von Klasse, Volk, Nation.

Der kleine Manfred Kyber, aus dem ein 1933 gestorbener und heute vergessener Erzähler von Tierfabeln wurde, sinniert mit aufgestütztem Ärmchen über einem aufgeschlagenen Buch, und die Pose gelingt mit solcher Intensität, als wäre das Kind über das Buch, stellvertretend für alle Bücher, längst hinaus. Ein eingefleischter Melancholiker, dem die Bücher nichts anderes sind als Trauervorlagen, da aus ihnen nichts und wieder nichts zu entnehmen ist, schon gar nicht das gute Leben.

Jaja, neinnein, wann immer man sich mit einer Sache befaßt,

will sie sich anfangs zertrennen. Neinnein, es ist nicht gut, wenn sich Schriftsteller ablichten lassen. Jaja, es ist doch manchmal schön, wenn es Fotos von ihnen gibt.

Die große Masse an Fotos kümmert mich gar nicht – kaum bemerkt, fortgeblättert, weitergegangen und vergessen. Bei einigen wenigen ergeht es mir so, als wäre die im Bild gefangene Seele geradewegs in meinen Körper gefahren: belebter Blickkontakt, das Geistwesen erwidert meine Sympathie. Und schon strömen subtile Energien zu den Haar- und Fingerspitzen hinaus, bestrebt, den Abgebildeten ins luftige Gehäus meiner Wunschfamilie zu überführen. Deren Mitglieder wirken als meine Blickberater. Ihre skeptischen, traurigen, verwunschenen Blicke geben mir zu verstehen, daß ich dabei bin, wieder eine Dummheit zu begehen.

Solch schwebend zarter, sittigender Kontakt stellt sich aber nur mit Abgebildeten ein, die eine ganze Weile tot sind. Und nur, wenn die Bücher eine verläßlich sympathisierende Erinnerungsspur gelegt haben. Christine Lavants verzehrender Blick aus dem Kopftuch erinnert mich an unsere vornehmste Aufgabe, gegen Gott zu rasen. Oh, wie gut hat sie es vorgemacht, dies Rasen im katholischen Käfig. Auf dem Foto hier zeigt sich meine Allerliebste um einen Grad weniger leuchtend, eine Spur weniger savonarolahaft als auf anderen Fotos. Und schon ist auch Carson McCullers wieder da, nicht in der Ausstellung, aber da, und ihr sanfter Blick löst sich aus der geblümten Tapete, dem geblümtem Sofa, dem geblümten Kleid und will verhindern, daß das Folgende allzu krass ausfällt.

Es wurden nämlich noch keine Fotos erwähnt, in denen die sadistische Falle zuschnappt.

Je größer der zeitliche Abstand, desto geringer der Sadismus. Es juckt mich nicht, gegen Bildzeugnisse des neunzehnten Jahrhunderts zu polemisieren, so wenig mich gegen die Konterfeiten oder deren Werke Abscheu überkommt. Bei den Toten des zwanzigsten Jahrhunderts, die nicht mehr in meine erlebte Zeit ragen, wird die Sache schon kitzliger, wenn auch durch Vernunft beruhigbar. Tote aber, die noch kräftig in der Lebenswelt meiner Eltern und meiner Kindheit herumrührten, können einen geradezu tollhäuslerischen Affekt auf sich ziehen. Uwe Johnson in verschwitzter Lederjacke? Ruft Kampfgähnen auf den Plan. Ingeborg Bachmanns ersticktes Krematoriumsstimmchen, das ich aus jedem noch so harmlosen Foto heraushöre? Sottisen antworten: Wer sich in solchen Rauch hineinlügt, kommt durch die Zigarette um.

Seufzen wir ein bißchen und hoffen, daß es gleich vorüber ist ...

Ein Gutes hatte der kleine Anfall. Er macht klar, daß mit dem Betrachten von Fotos nicht nur harmlose Spiele einhergehen. Roland Barthes hatte gewünscht, ein Foto von ihm solle »eine feine moralische Textur und keine Mimik« erfassen, war aber skeptisch, ob so etwas je gelingen könnte. Vor allem wußte er nicht, »wie ... von innen her auf [s]ein Äußeres einwirken«,[1] damit diese Textur sich zeige. Das rührt an ein prinzipielles Unvermögen: Gott allein kommt es zu, einen Menschen ganz zu erkennen, während die Möglichkeit solcher Erkenntnis zwischen Mensch und Mensch begrenzt ist, gar wenn jemand das Foto eines andern betrachtet, mit dem er persönlich nie in Verbindung stand. In der wirklichen Begegnung können wir uns als begabte Physiognomiker wechselweise begutachten. Die Botschaften der Körper in ihrer Bewegung, Blicke, Stimmen, Worte, Gerüche, flitzen wie die Weberschiffchen hin und her. Seelendurchquerungen finden statt, deren Erträge ständig interpretiert und korrigiert werden. Betrachtet aber ein Lebendiger ein totes Bild, ist das Wechselspiel außer Kraft gesetzt. Das Bild ist der Imagination anheimgegeben; anhaltende Irritation, Widerspruch ausgeschlossen. Und es gelten die Einwände gegen eine physiognomische Deutung, die Kant in seiner Vorlesung über Anthropologie aufgezählt hat: »3. Es ist lieblos. Denn keiner kann sich doch anders bilden, als er wircklich ist.«[2] Sehen wir einmal davon ab, daß man den Körper heute sehr wohl anders bilden kann, als er wirklich ist, so trifft der Einwand im großen und ganzen immer noch zu. Betrachten wir das Foto eines Menschen, sind wir jeder Verantwortung enthoben, die wir sehr wohl hätten, befänden wir uns ihm gegenüber oder an seiner Seite. Verantwortung, ihn nicht vom Platz zu drängen, ihm nicht zu schaden, ihn nicht zu töten.

Nun wird man sich dem Portraitfoto eines Schriftstellers für gewöhnlich erst dann widmen, wenn man mit dem Namen etwas verbindet oder seine Bücher gelesen hat. Die physiognomische Deutung trägt also von Beginn an romanhafte Züge. Ein Leser wird, was er aus dem Werk herauslas, ins Gesicht des Autors hineinlesen wollen. Das Gesicht wird für ein Zeugnis genommen, daß jener Mensch wirklich gelebt hat oder lebt und sein Roman, Gedicht oder Drama wahr ist. Was in den Werken erlitten und als Gefühls- und Gedankenbeute in den Kopf des Lesers verschleppt wurde, soll vom Antlitz des Autors beglaubigt werden.

Das Zeugnis des fotografierten Gesichts ist aber dubios. Es kann technisch geschönt sein und faßt nur einen einzigen Moment unter Millionen von Momenten. Eigentlich treten Zeugen vor Gericht auf, sei es vor menschlichen oder göttlichen Gerichten. Eine Aufladung hat der Zeuge als Geschichtszeuge erfahren, vornehmlich, seit es Zeugen des Völkermordes an den Juden gibt. Ihre Autorität nährte sich vom Außerordentlichen des Verbrechens und wirkte so faszinierend, daß es bald jeden drängte, etwas zu bezeugen. Inzwischen ist praktisch jeder Geschichtszeuge, der irgendwann irgendwas aus seinem Leben erzählt, und sei's, daß er bezeugen kann, daß Twiggys Kleidchen kurz waren, ihre Augen groß und ihre Knochen knochig.

Stärker denn je wird die Lebens- und Geschichtszeugenschaft auch im literarischen Werk gesucht, ja, geradewegs von ihm verlangt. Und alle Werbe- und Verkaufsstrategien sind darauf ausgerichtet. Für den Romancier ist es schwierig, nicht auch noch selbst daran zu glauben, es ginge um sein Leben, um nichts als sein Leben. Daß er lebt und wie er lebt, ist zweifellos die Voraussetzung dafür, daß sein Werk existiert und bestimmte unverwechselbare Züge angenommen hat. Der tobende Schwätzer in ihm, dies unsichtbare Wesen, ist aber schwer zu fassen. Weg will der vom Leben, nichts als weg, läßt Fluchttüren aufgehen, hinter denen sich Triebspiele, Wunschdenken, Haßphantasien, Zufälle und ein Hang zu dramatischer Spintisiererei zusammenrotten, um jenes besondere Gemisch zu erzeugen, welches man Literatur nennt. Was solchen Namen verdient, wird sich niemals in die Lebensfolie eines Autors einwickeln lassen. Aber das können die Beglaubigungseiferer nicht hinnehmen.

Selbst das sogenannte *wild bewegte* Leben, das die Schriftsteller in aller Regel gar nicht führen, hat seine öden Strecken. Ein Roman darf zwar von der Ödnis handeln, sollte aber tunlichst vermeiden, es selbst zu sein. Seine Taten, Ideen, Pläne vollziehen sich in einem eigenen chronologischen Kosmos, der mit dem Leben nicht das geringste zu tun hat.

Als kleine Popanze kleben die Schriftsteller auf den Umschlägen ihrer Bücher oder schwirren in allerlei Medien um sie herum. Ist sein Werk bedeutend, der Schriftsteller länger tot und die Zahl der zirkulierenden Fotos gering, wie zum Beispiel im Falle Franz Kafkas, ist ja vielleicht noch alles gut. Gibt es aber Fotos die Menge, womöglich noch Tonaufnahmen und Filme, so kann diese synthetische Lebenssymphonie zu einer Stärke anschwellen, die das Werk zum Schweigen bringt.

Thomas Mann selbdritt ist hier in einem Foto zu bewundern: sein Portrait im Schaufenster einer Buchhandlung, er selbst, diese verlassend, sowie Frau Thomas Mann, ihn begleitend. Ich bin froh, daß ich seine Romane zu einem Zeitpunkt genossen habe, da ich wenig über ihn wußte. Um erneut zu ihnen vorzudringen, müßte ich Thomas Mann, Katia Mann, Klaus, Erika, Golo, Monika, Michael, Elisabeth und natürlich auch Heinrich Mann hinter mich bringen, erst recht die omama- und opapahaften Harmlosigkeiten Breloers – eine Anstrengung, vor der ich kapituliere, sobald ich einen seiner Bände aus dem Regal ziehen will. Wie immer entscheidet das Maß, ab wann Schaden eintritt. Bei Thomas Mann ist die Grenze gewiß überschritten, nicht mit dem lustigen Foto vor der Buchhandlung, im ganzen aber schon.

Noch einmal anders liegt die Sache, wenn wir Fotos von Schriftstellern betrachten, die leben. Nein, unsere Zeitgenossen bergen kein wirkliches Geheimnis, so verschieden ihre Verhältnisse auch sein mögen. Sie blicken mit blinden Augen in dieselbe Welt und hören mit tauben Ohren dieselbe Kakophonie. Ihre Liebesverwicklungen? Bekannt! Ihre Urteile? Schon x-mal gehört! Da sie den Hauptstreich – Ernst Jünger sagte zu Recht vom Sterben, allein darin werde jeder zum Genie – noch nicht geführt haben, konnte sich ihr Leben nicht zu einem Geheimnis verkapseln. Wer lebt, ist da und kann belangt werden. Die Toten sind uns entwischt. Erst die tote Person und ihr am Leben gehaltenes Werk werden allmählich frei, auf daß sich unsere Sympathie- und Abneigungsspiele neu sortieren.

Das veröffentlichte Foto eines Zeitgenossen hat noch keinen Isolierschutz, seine Albernheit, die Strategien, denen es sein Entstehen verdankt, treten offen zutage. Es weiß noch nicht, wohin mit sich, schwankt zwischen dem Personenkultischen eines Staatsportraits und der Sekundenberühmtheit, wie sie Andy Warhol für jedermann proklamiert hat. Die feine moralische

Textur aber, die sich Roland Barthes wünschte, sucht man darauf vergebens.

Zweifellos erwecken Fotos von Toten als Tote die größte Neugier. Ich wünsche mir jetzt, Kant wäre an meiner Statt hier und zählte auf seine trockene Art die Gründe her, weshalb man Tote nicht fotografieren darf. Den toten Benn etwa, im Leben so bemüht, sich hart zu geben. Als Leiche liegt da bloß ein harmloser Pummel. Und hat er nicht den Mund offen, nur ein bißchen zwar, aber gerade offen genug, daß ein Schnuller darin Platz fände?

Zum Schluß ein Wunsch, kindisch und unerfüllbar, also ein kindlicher Erwachsenenwunsch: Es ist ja unser gröbster Fehler, daß wir nicht mit Tieren sprechen können. Wie sehr bewundere ich die Dinkas, deren Hirten, als sie noch nicht vertrieben und zusammengeschossen wurden, für ihre Kühe Lieder dichteten und sie ihnen vorsangen. Natürlich sind die Tiere Mittler zwischen uns und unseren Ursprüngen. Es tut gut, wenn wir von ihnen beobachtet werden und uns mit einem sanftmütigen Gesang bedanken, den wir für ihre Ohren komponierten. Einige Dichter verstehen es, in einem melodischen Weißnichtwie und Weißnichtwoher an diese Ursprünge zu rühren.

Nehmen wir einmal an, beim Aufkommen der Fotografie hätten die Dichter sich selbst und auch die Romanciers davon überzeugt, sich nur mit Tiermasken ablichten zu lassen, und sie hätten diesen Entschluß bis heute eisern durchgehalten – wie großartig stünde es um unsere Zunft! Lesungen, wenn überhaupt, mit Tierkopf. Interviews, wenn überhaupt, mit Tierkopf. Stellen Sie sich bitte vor: Peter Handke, der Spatzen liebt und ihnen die muntersten, zwitschrigsten Passagen seiner Prosa gewidmet hat, weilte in der Öffentlichkeit als Spatzenschönheit unter uns. Wäre das nicht wunderbar?

Die französischen Pataphysiker, die so gute Ideen haben, kommen mit ihrer Entscheidung leider etwas spät, als sie im April 2000 Seine Magnifizenz Lutembi zum Vorsitzenden ihres Collèges wählten – ein Krokodil von den Ufern des Victoria-Sees. Leider wirkt die Rede, die sie Lutembi zwischen die Zähne legten, etwas steif. Aber, wie gesagt, die Pataphysiker haben erstklassige Ideen. Um dem Fotodilemma zu entkommen, ließen sie von ihren Mitgliedern spiralförmige Portraits anfertigen. Die Spirale reißt das Gesicht in einen Strudel. Und dieser Strudel wiederum hat den Darmstrudel zum Vorbild, die Spirale, die Père Ubu auf seinem Bauch trug. Voilà, die Franzosen! Schauen wir zur Abwechslung doch wieder mal auf die Franzosen!

Stefan Georges Haare

Was? Die zwei Büschelchen – Büschel ist schon irreführend, denn dafür sind sie zu wenig üppig – sollen aus Stefan Georges Haar geschnitten sein? Diese gelblich hellbräunlichen, paar Zentimeter kurzen Schnipsel? Wir kennen das Äußere des Meisters ja nur von Schwarzweißphotographien her. Auf ihnen sieht sein Haar schlohweiß aus, geradezu lodernd weiß. Und nun diese schmutzfarbenen Schnipsel im Tütchen. Wüßte man nicht, daß die Marbacher ihre Asservaten gewissenhaft verwalten und Irrtümer bei ihnen wenig wahrscheinlich sind, glaubte man sofort an Falschhaar, untergeschoben von einem Witzbold, der das Haar seiner Großmutter für eine Reliquie des Dichters ausgab.

Stefan George ist ohne sein Haar nicht Stefan George. Rascher als an seinem priesterähnlichen Rock, der hageren Gestalt, von der immer bewundernd vermerkt wurde, wie aufrecht sie sich hielt, wird man ihn an seinem Haar erkannt haben. Vor dem Gesicht noch, welches einprägsam genug war, kam das Haar, als eine lodernde und zugleich fest gebaute Größe.

Wir kennen Autorenportraits sonder Zahl: die schüchternen, die überlegenen, die raffinierten; all die witzigen, hochmögenden, schwindlerhaften Poseure, die im Geistermedium der Photographie überlebt haben. Fernando Pessoa, der uns im Photo entgegenkommt, als habe er die Kurve zu schnell genommen. Franz Kafka mit seinen überseelenvollen Augen und dem sphinxhaften Lächeln, immer im Rückzug begriffen. Unvergeßlich die extrem gespannten Trotzpositionen, in die sich Rudolf Borchardt zu werfen pflegte und damit wie eine wütige Granate aus fast jedem seiner Bildnisse herausplatzt.

Stefan George ist vielleicht der einzige Autor, der auf Photos so wirkt, als habe er sich niemals bewegt. Nicht einen Millimeter. Reptilienhafte Reglosigkeit, und nur ein kleines Pochen am Hals, das man sich als Andeutung hinzudenken mag zum Beweis, daß dieses sonderbare Geschöpf tatsächlich lebte. Ihm ist das Anhalten des Bildes gelungen wie sonst keinem; er hat sich in eine freiwillige Gefangenschaft begeben und Schreckbilder von sich geliefert, die bis heute seinen Ruhm untermauern.

Stellen wir uns den schmächtigen Mann mit den zarten Händen für einen Augenblick mit wenigen dünnen oder wirblig umherstehenden Haaren vor, die sich zu keiner wohlgeordneten Frisur bändigen lassen. Wir ahnen, daß einem solchermaßen veränderten George die Scheidung zwischen rein und unrein weniger durchgreifend gelungen wäre. Gewiß, seine Seelenmacht hätte auch im Okkulten geblüht, und die überaus elegante Erzwingungstechnik, über die sein poetisches Genie gebot, rauh Gebrocktes und elegisch Flüssiges in fahler Trance zu vereinen, hätte seine Gedichte zu ebenjenen Wundergebilden gemacht, die sie unverändert sind.

Aber – wir kommen in dieser von zwei Haarhäufchen angezogenen Einlassung leider nicht ohne ein dezidiertes Aber aus – da ich dies niederschreibe, überzeuge ich mich immer fester davon, daß es Georges starrer Schopf war, Schopf, aus dem kein Härchen auf eigene Rechnung wegstreben durfte, der ihn dazu verleitet hat, nicht einfach nur Gedichte zu schreiben, sondern diese nach Aufmachung, Schriftart, Anordnung in einen ganz besonderen Rahmen zu stellen, sie gleichsam darin einzuschreinen. Prompt, wenn man alles, aber auch wirklich alles bestimmen will und auch all dies Bestimmte in Erfüllung geht, geht etwas schief. Jeder Dichter von Rang wird von der Furie der Besonderheit umgetrieben, aber über keinen sonst ward verhängt, in derart kunstgewerblicher Aufmachung zu erscheinen, mit hochgeschürzten Punkten und weichgebogenen Lettern, von der affigen Kleinschreibung gar nicht erst zu reden.

Hier ist nicht der geeignete Ort, die schöne Theorie, daß der Mensch Botschaften Höhererseits nicht nur mittels der Ohren, sondern auch mittels seiner Haarspitzen empfängt, zu entfalten und zu begründen, noch weniger, wie bestimmte Frisuren den Botschaftsverkehr einschränken, andere ihn befördern. (Theorie, der ich mit Leib und Seele und natürlich auch Haaren anhänge.) Sie mag abenteuerlich sein, aber gewiß weniger abenteuerlich als zum Beispiel die Lehre von der Trinität, deren Subtilitäten gewagter sind als das Spalten und Verzwirbeln von Engelshaar.

In keinem Fall ist es gleichgültig, wie ein Mensch sein Haar trägt oder ob er überhaupt welches hat.

Von der »üppigen Chevelure, der starren Haarwelle«, der Art, »wie er die Mähne baute«, wissen die Feinde Stefan Georges wortreich zu erzählen. Der minderbehaarte Rudolf Borchardt, furiosester Polemiker deutscher Zunge, bekannte, »George habe sich ihm an die Wand und in die Luft, in seinen Goethe und seinen Sonnenaufgang geschrieben«,[1] was ihn nicht davon abhielt, den Mann und Meister glutvoll zu hassen. Persönlich ist er Stefan George nie begegnet, blieb aber durch immer frisch geschürten Nahhaß lebenslang an ihn gebunden. Ein Meister in Deutschland sein, ist bekanntlich eine heikle, um nicht zu sagen gefährliche Angelegenheit. Für den Meister selbst, seine Jünger und Opfer. Borchardts Behauptung, er habe den »Verschwörer der Verschworenen« eines Nachts in Berlin beobachtet, wie er allein ging, in ein pfauchendes, kollerndes Selbstgespräch verwickelt, »von Zeit zu Zeit zornige Stockhiebe gegen das Pflaster führte, ein jäher, nichts um sich her wahrnehmender, mit etwas Eingebildetem ruckweis kämpfender Mann«,[2] darf man getrost ins Reich der Erfindung weisen. Viel zu sehr ähnelt das Bild Borchardt selbst, als daß man ihm trauen dürfte. Da sah der erzgescheite, erzverrückte Gewittermann sein Alter ego auf der Straße laufen, oder, was noch wahrscheinlicher ist, er schwindelte sich die Szene in späteren Jahren einfach ins Hirn, gab sie als Anekdote zum besten und glaubte fortan daran.

Trauen sollte man in Sachen Stefan George keinem, den Jüngern nicht und seinen Gegnern erst recht nicht. Traulich sollte man die Gedichte hervorziehen und sich an ihnen erfreuen.

Robert Walser
Im Schnee

Robert Walser endigte im Schnee. In den Fußtapfen, die er selbst hinterlassen hatte und die den Weg zu seinem Körper wiesen, hatte sich Tauwasser gesammelt und den Grasboden freigelegt. Sie sind deshalb auf der Photographie, die Untersuchungsrichter Kurt Giezendanner angefertigt hat, schwärzlich. Es ist aber so ziemlich die einzige Unreinlichkeit, die man dem Dichter nachsagen kann.

Sein Tod hätte es verdient, in ein Lehrbuch über mustergültiges Sterben aufgenommen zu werden. Da wird oft fahrlässig von der Würde des Sterbenden geschwatzt, womit es meistens nicht weit her ist. Im Gegenteil, nur allzuoft wird in quälend umständlichen Etappen auf den Tod zugeschlichen, werden Angehörige und Personal verhaftet, um bis zum letzten Atemzug gierig von deren Kraft zu zehren. Anders herum gefällt es dem Tod, einen groben Griff zu tun und den Menschen bis auf die Knochen zu blamieren. Nichts davon bei Robert Walser. Er gehörte zu den taktvollen Leuten, die darauf verzichten, ein Todestheater aufzuführen. Seine lang trainierte Nachgiebigkeit bot dem Tod keine Kampffläche, so daß dieser nicht mehr tun konnte, als ihn gelinde zu schubsen. Ein Pedant könnte einwenden, es sei aber ein leichtes Verkrallen der linken Hand bemerkt worden, von Kampflosigkeit könne also nicht die Rede sein. Ich mag keine Pedanten, deshalb gibt es auf solchen Unsinn auch keine Antwort. Als der Körper verbraucht war, fiel er in weiche, kühle, unbefleckte Materie. Lieblingsmaterie aller kindlichen und sanften Naturen. Schnee liegt in Walsers Texten reichlich herum. So manches Prosastückchen lang schneit's und schneit's, und immer ist es willkommen als ein »liebes dichtes Schneien«,[1] Von niederschwebenden Flocken wird die Lehre empfangen, daß es schön sein könnte, mit ihnen zu fallen und sich nicht mehr aufzuraffen.

Im Schnee endigen bedeutet einen Tod haben von größter Reinheit und Diskretion. Niemandem wird ein Leidwesen aufgedrängt, keiner durch Geruch, Todesschmutz oder bizarre Grimasse behelligt. Den toten Robert Walser im Schnee finden heißt einmal keinen Albtraum bekommen von einem Toten, sondern den Traum von Frieden und Ruhe und blendend weißem Gefieder an seiner Seite träumen.

Vergessen wir nicht, daß dem toten Dichter der Hut vom Kopf gerollt ist. Im Hutabnehmen liegt eine Respektbezeugung. Im Huthochwerfen ein Juhu. Der Hut lag gerade noch weit genug vom Kopf entfernt, daß der Fall als Werfen hätte durchgehen können. Was aber nicht wahrscheinlich ist. Natürlich hat ein Psychopomp dafür gesorgt, daß der Hut vom Kopf kam und in angemessener Entfernung liegenblieb, um die Transgression in bestmöglicher Form, will heißen: höflich, ehrerbietig, eben rundum der Form genügend, zu gewährleisten.

Robert Walser ist vorbildlich gekleidet ins Totenreich gelangt, hat seinen Hut wieder zur Hand genommen, ihn abgeklopft und brav gewartet, wie's weiterging. Und weiter ging's auf spazierlustigen Beinen, denn warum sollte Robert Walser dort von seiner Lieblingsgewohnheit abgekommen sein? Nichts Schöneres, als im Gefild wandern zu dürfen, im Besitz umfassender Agilität. Ohne das Triebgepolter im Hirn, ohne von den Lippen platzende Flüche, die ihn zu Lebzeiten förmlich hinausgejagt und zu Gewaltmärschen gezwungen hatten.

Solange wir seinen Tod nicht kennen, wissen wir wenig von einem Menschen. Deshalb bleibt es eine ausgemachte Dummheit, über Dichter schreiben zu wollen, die noch lebendig sind.

Der Schneetod des hier in Rede stehenden Mannes gehört zu den vielen Schönheiten, die dieser unablässig aus dem Ärmel schüttelte. Er ist vielleicht seine größte. Gewalt und Schmutz mit Hilfe ornamentaler Beschwörungsformeln in Schach zu halten und jeden verwilderten Seitentrieb noch rechtzeitig erwischen, um ihm ein Camouflagehäubchen aufzusetzen, ist eine Sache. Aber dem Tod, diesem großen Schmutzian, Paroli zu bieten, etwas anderes. Beides ist dem Mann gelungen. Verneigen wir uns in Respekt und behalten ihn lieb!

Hermann Hesse
Kurgast

Wer weiß, womöglich ist Gott Schweizer und besitzt ein Lieb-
lingsdomizil in seiner Heimat in den Bergen, in dem er einige
Gäste, darunter auch sehr vermögende, die wider Erwarten bereits durchs Nadelöhr geschlüpft sind, für ein Weilchen im
Diesseits beherbergt, um sie schon einmal vorkostend auf die
Wonnen im Jenseits vorzubereiten. Und dazu paßt *naturgemäß*,
wie Thomas Bernhard immer so schön sagte, die Beschäftigung
mit Hermann Hesses *Kurgast*. Wiewohl wir bei unserem Thema
mit der Schweiz richtigliegen, sind wir es bezüglich dieses herrlichen Ortes hier nicht: Ich sehe jetzt einen Beckmesser den Zeigefinger hochrecken und uns darauf hinweisen, daß sich Hesse
als geplagter Kurgast 1923 in Baden befunden habe, unweit von
Zürich, und das wiederum befindet sich damals wie heute etliche Kilometer entfernt von Sils Maria. Dem können wir nicht
widersprechen.

Obwohl es unstatthaft ist, muß ich jetzt doch auf einen Kur-
aufenthalt meiner selbst zu sprechen kommen. 2015 lebte ich
für einige Wochen in Bad Wildbad im Schwarzwald. Dort habe
ich Hesses *Kurgast* zum ersten Mal gelesen und bin dabei vor Lachen schier aus dem Bett gefallen, denn ich hatte anfänglich den
Eindruck, er habe sich die Mühe gemacht, mich höchstpersön-
lich zu beschreiben, als er selbst munteren Schrittes noch an all
den Geplagten, den Schleichern, den Gebeugten und mit Krük-
ken bewehrten Leuten vorbeischlendert, den Kopf hochträgt
und sich über die Gichtverheerten, über Rheumatiker und all die
Ischiaskrümmlinge erhaben dünkt, wiewohl untergründig schon
das Wissen anklopft, es könne mit der Erhabenheit nicht allzu-

weit her sein. Mir ging es damals ebenso. Ich fühlte mich spontan dazu ermuntert, in theatralischer Rüstigkeit auszuschreiten und den Schleichern zu zeigen, was eine Harke ist. Damit endet allerdings die Parallele.

So oder so. Der *Kurgast* ist über weite Strecken ein erzkomisches Werk, ein Glanzstück der geglückten Introspektion, die aus dem Korsett eines auferlegten Distanzgebahrens heraus zwar in der Lage ist, sich selbst und andere Gäste eingehend zu beobachten, sich aber im Grunde danach sehnt, ungezwungenen Kontakt mit dem einen oder anderen Fremdling aufzunehmen. Anders gesagt: aus dem Kokon der Selbstgespinste zu schlüpfen und sich gemein zu machen.

Seitenlang könnte ich aus dem kleinen Buch zitieren, denn es enthält hochgradig amüsante Passagen von quecksilbriger Umtriebigkeit in sowohl leichten als auch schweren Gewässern. Da wird viel gekrochen und sich vorangearbeitet auf »… verflucht ernsthaften Krankenstöcken, welche in unten verbreitere Gummizwingen ausliefen und sich wie Egel oder Saugwarzen an den Asphalt ansogen!«[1] Ein jeder hat seine merkwürdige Art zu gehen, zu stakeln oder zu hinken. Der Held des geplagten Universums, Hermann Hesse himself, wandert hingegen zunächst flott-flott an einem *zierlichen Malakka-Rohrstock*[2] einher, den er nicht unbedingt zu seinem Fortkommen benötigt. Zwar sind die im Kurort Baden anzutreffenden Krankheiten schmerzhaft und störend, aber man darf sie leider nicht »… ohne Einbuße an unserer Achtung für weltwichtig nehmen«.[3] Man bedenke: das sehr privat gehaltene Buch wurde 1923, also kurz nach Ende der Massenschlächtereien des Ersten Weltkrieges, geschrieben. Im Vergleich mit den Qualen, die Tausende von Soldaten und auch so manche Zivilisten erlitten hatten, nehmen sich die Leiden rheumatischer Herkunft eines wohlhabenden Kurgastes in der vom Kriege nicht verheerten Schweiz ziemlich harmlos aus.

Und Hesse wußte das. Er war ein mitfühlender Mann, dem die Verletzungen kraß leidender Menschen keineswegs gleichgültig waren.

Die sogenannte *Seelöwin*, eine korpulente Frau, hat gleich eingangs ihren besonderen Auftritt: »Aus einer Konditorei kam jetzt eine alte Frau gequollen, die hatte es offenbar längst aufgegeben, ihr Gebrechen verheimlichen zu wollen, sie verkniff sich keine kleinste Reflexbewegung, sie nahm jede denkbare Erleichterung, jedes sich anbietende Spiel einer Hilfsmuskulatur voll in Anspruch, und so turnte, so balancierte und schwamm sie, breit sich durchkämpfend, wie eine Seelöwin durch die Gasse, nur langsamer.«[4]

Von hinreißender Komik sind denn auch Hesses Befürchtungen, in einem lauten Hotelzimmer zu landen. Die Maßnahmen, die vorbedeutend dagegen ergriffen werden, sind allesamt geistiger Natur und lesen sich wie ein slapstickhaftes Potpourri, gestückelt aus Franz Kafka und Thomas Mann, sind aber doch reiner, vollgültiger Hesse, und zwar: Hesse *at his best*. (Bitte verzeihen Sie das schnoddrige Gewildere im Angelsächsischen, der verehrte und geplagte Dichter, der sich damals zur Kur in einer heißen Thermalquelle aufhielt, würde dazu schmerzlich das schöne Gesicht verziehen.)

Die Verbindungstür zum Nachbarzimmer, wer kennte sie nicht! Sie befindet sich in etlichen Hotels, gut abgeschlossen und »... häufig ihrer eigenen üblen Rolle bewußt und darum schamhaft hinter einem Tuchbehang verborgen!«[5] So ein Behang ist heute allerdings selten anzutreffen, denn die Türblätter sind meist extrem dick und damit lautundurchlässig. Zu Hermann Hesses Zeit sah das anders aus. O weh, o weh, o jemineh, was werden da für Wühl- und Klopfgeister am Werk gewesen sein mit ihrem »... Knacken, Ticken, Flüstern, Blasen, Saugen, Rauschen, Seufzen, Knarren, Picken, Sieden – weiß Gott, welch reiches unsichtbares Orchester sich in ein paar Quadratmetern eines Hotelzimmers verbergen kann!«.[6]

Wohl wahr. Gott gibt den Seinen und nimmt den Seinen, wie Er gerade geruht, es nun mal zu wollen. Auch indem Er den Quälgeistern erlaubt, sich aufzuführen, wie sie sich eben aufführen, mitsamt erotischem Gestöhne, womöglich gar Lustschreien oder unentwegt auf den Balkonen lauthals geführten Telefonaten (wobei unser Autor zu dezent ist, um ersteres auch nur der Möglichkeit halber zu erwähnen; die entsprechenden Starkschwätzer an ihren Handapparätchen sind ihm eh erspart geblieben).

Der Beginn des Kuraufenthaltes gestaltet sich wider Erwarten gut. Das Zimmer ist ruhig, der behandelnde Arzt klug. Er zeigt ein tadelloses Benehmen. Hesse sieht sich anerkannt, natürlich nicht als Rechthaber, aber als Suchender, der es versteht, zu denken. Man darf getrost hinzufügen: er ist ein Neurotiker, der seinem bisweilen jämmerlichen Zustand eher mit Gedanken von Friedrich Nietzsche und Knut Hamsun beizukommen sucht als mit den damals auch in der Schweiz hochaktuellen Erkenntnissen der Psychoanalyse, denen eher der Arzt geneigt zu sein scheint.

Am ersten Abend stellt sich sogar während eines nächtlichen Spazierganges eine romantische Stimmung ein. »Auf einem kurzen Nachtgang vor dem Schlafengehen sah ich Sterne in den Regenpfützen gespiegelt, sah im Nachtwind am Ufer des heftig rauschenden Flusses ein paar außerordentlich schöne alte Bäume. Sie würden auch morgen noch schön sein, aber in diesem Augenblick hatten sie die magische, nicht wiederkehrende Schönheit, die aus unsrer eigenen Seele kommt und die, nach den Griechen, nur dann in uns aufleuchtet, wenn Eros uns angeblickt hat.«[7]

Eros wird den Dichter auch während des Kuraufenthaltes angeblickt haben, eine sehr schöne junge Frau kreuzt seine Wege, die allerdings zu seinem Entsetzen vulgäre Bücher liest. *Wie* abstoßend das sein kann, weiß man von Kafka. Bis auf den heutigen Tag dürfte es allerdings auf so manchen Schriftsteller ziemlich abschreckend wirken.

Er bewegt seine Glieder im Wasser und schläft gut, zunächst jedenfalls. Ein bißchen Laub ermuntert ihn zu schönen, wenn auch etwas schlappen Gedanken: »Ein welkes Blatt, durchs Fenster hereingeweht, ein kleines Blatt von einem Baum, dessen Name mir nicht einfällt, liegt am Rande meines Bassins, das sehe ich an, lese die Schrift seiner Rippen und Adern, atme die merkwürdige Mahnung der Vergänglichkeit, vor der wir schauern und ohne welche doch nichts Schönes wäre. Wunderbar, wie Schönheit und Tod, Lust und Vergänglichkeit einander fordern und bedingen!«[8] Wirklich schön, dieses Welken, das sich unserethalben für einen herrlichen Lesekrümel aufgespart hat. Jawohl, zweifellos schön! Auf die verreckten und verstümmelten Soldaten des Krieges trifft das aber nicht zu, was wir Hermann Hesse an dieser Stelle keineswegs vorwerfen wollen.

Hinreißend sind die Beschreibungen noch so manch anderer Gäste, die Hesse aufs Korn nimmt: »Dann ist ein furchtbar ernsthafter Herr da, ich wette, daß er mindestens Nationalrat ist, durch und durch moralisch, männlich, patriotisch, das untere Augenlid etwas rot und hängend wie bei jenen treuen Hunden am St. Bernhard, der Nacken breit und steif, jedem Schlag standhaltend, die Stirn voll Falten, die Brieftasche voll wohlerworbener und genau gezählter Banknoten, die Brust voll einwandfreier, hoher, doch intoleranter Ideale.«[9] Ein anderer Gast wiederum, ein Herr Kesselring, der ihm lieblich, anmutig, gar zärtlich vorkommt und ihn mit Kinderaugen anblickt, kramt zu Hesses Entsetzen eine Taschenkollektion anzüglicher Bildchen hervor. Auch genrehafte Kitschpostkarten werden genau unter die Lupe genommen; Hesse hatte reichlich Zeit, sich um Kleinigkeiten zu kümmern und Nahrung für seine Notate zu sammeln.

Nun aber zum Eklat. Hinter der verschlossenen Tür zieht ein holländisches Ehepaar ein, in die Nummer 64. Man kommt aus dem Lachen kaum heraus, wie der empfindliche Hesse nun detektivisch jedem Laut nachspürt, der sich aus dem benachbarten Zimmer zu hören gibt.

Schnell stellt sich heraus: es ist mehr der Mann, der ihn aufregt, als die Frau. Er hört Lachen, Schimpfen, Gurgeln, Niesen, schwere Schritte, markiges Getön, Husten mit imponierender Energie herausposaunt, alles mit einer Kraftfülle, die ihn zur Verzweiflung treibt. Fröhliche Besucher werden tagein, tagaus empfangen, die herzhaft lachen. Ein Schriftsteller, der um sein kostbares Alleinsein ringt und zugleich seine Mitmenschen heimlich um ihre wonnestrotzende Geselligkeit beneidet, horcht mit Mausohren in die Geräusche, die sie machen, und den Stimmenwirrwarr hinein. Der Herr aus Haag mit dem glatten frohen Gesicht und den dicken frohen Lippen, dieser gutgelaunte, stramme Herr, der erstarkt, während sein Nachbar Hesse sich an ihm zermürbt, wird denn auch schleunig sein Feind, dem er am liebsten an den Kragen ginge, ihn gar mausetot schösse. Nur in der Nacht herrscht sechs Stunden lang Ruhe. Aber da ist Hesse von dem Remmidemmi so aufgekratzt, daß er erst recht nicht schlafen kann. Denkt man an Mynheer Peeperkorns Auftritt in Thomas Manns *Zauberberg*, gewinnt man den Eindruck, daß sich besonders die Holländer den namhaften deutschen Autoren, die in den siebziger Jahren des neunzehnten Jahrhunderts geboren wurden, als lautstarke Quälgeister präsentieren. Doch eine überraschende Wende tritt ein. Hesse versucht mit aller Macht, sich mit den Widrigkeiten zu versöhnen. Christliches wird aufgeboten, Buddhistisches, denn er muß sich mit höheren Mächten verbünden, um sich gegen die täglichen Zumutungen zu wappnen. Und fürwahr, es gelingt! Er beginnt sich darauf zu freuen, zur Krönung seiner Selbstüberwindung mit den Holländern in direkten Kontakt zu treten. Doch – zu spät! Sobald der Plan gereift ist, sind die Plagegeister sang- und klanglos abgereist. Das ist der fulminante Abbruch eines aufgetummelten Intermezzos mit beeindruckendem Nachhall.

Überlassen wir den Kurgast nun seinem weiteren Schicksal. Auf eine kleine Nachbemerkung können wir aber nicht verzichten. So witzig und aufgekratzt wie in der ersten Hälfte der Aufzeichnungen geht es nicht weiter. Auf diese zweite Hälfte mögen sich nun die ernsthaften Leute konzentrieren, die den Späßen eher abhold sind. Ich gehöre nicht zu ihnen, verneige mich jetzt aber vor Lesern, die von heiligem Ernst durchdrungen sind. Es gibt nicht umsonst Elefanten und Fledermäuse, Adler und Sperlinge, Eintagsfliegen und Hummeln, und wer weiß schon so genau, wozu das alles gut sein mag.

Nun muß ich ein wenig zurückrudern. Wie es vielen jungen Menschen erging, erging es auch mir. Von Hermann Hesse war ich mit vierzehn, fünfzehn Jahren hellauf begeistert. Ich war als Kind eine typische Leseratte, verdaute schon während der Pubertät ziemlich Unverdauliches, weil Lesetrieb und Ehrgeiz groß waren. Natürlich war auch Eitelkeit im Spiel, vor Lehrern und Mitschülerinnen damit anzugeben, daß ich bereits Thomas Mann, Bertolt Brecht, Franz Kafka und eben auch Hermann Hesse las.

Lesen ist das falsche Wort, *Verschlingen* das richtige. Wenn er denn gern liest, liest ein junger Mensch atemlos, will des Inhaltes wegen möglichst rasch vorankommen, die Subtilitäten des Stils, der Aufbau des Textes, die intrikaten Beziehungen, in deren Bann die Figuren geraten, mögen unbewußt wirken, deren Qualität zu erkennen vermag ein sehr junger Leser allerdings nicht. Eine blaue Gesamtausgabe von Hesse im Taschenbuch-format bekam einen gut sichtbaren Starplatz in meiner damals rasant anschwellenden kleinen Bibliothek, gleich neben Karl Marx, Lenin und Günter Amendts *Sexfront*.

Daß dem Dichter diese Einordnung gefallen hätte, darf bezweifelt werden, aber ich stelle mir den Verehrten großzügig vor, er wird ob solcher Zumutung in einem schwer zu bestimmenden Jenseits nicht dezidiert christlicher Art, vermutlich nicht auf Wiedergeburt wartend, milde dazu gelächelt haben. Kurzum, ich war die stolze Besitzerin einer Gesamtausgabe und damit sichtbar in die Gemeinde der Intellektuellen aufgerückt. Die Hesse-Ausgabe verlor sich während meines Umzuges nach Berlin, vermutlich wurde sie von einem Kommilitonen geklaut. Von nun an besiedelten ganz andere Autoren meinen Horizont, und es hieß für lange Zeit: Hermann Hesse ade!

Einen winzigen Vorgeschmack auf eine Wiederbegegnung mit Hermann Hesse war mir vor einigen Jahren vergönnt, als ich für das Marbacher Literaturmuseum einen Essay über deren Fotosammlung mit berühmten Schriftstellern und Philosophen schrieb. Darin befand sich auch eine Aufnahme von ihm. Zweifellos war er ein gut aussehender Mann, von der Gestalt her einem anderen hageren Schriftsteller ähnlich, dem das Auskargen zum Prinzip wurde: Samuel Beckett. Der Kargheit sah sich Hermann Hesse allerdings nicht verpflichtet, mit seinen in weiten Bögen einen Sachverhalt umkreisenden Sätzen, den Wiederholungen, die der Rhythmisierung dienen, war er ein Erbe des neunzehnten Jahrhunderts, den es in eine chaotische, hochgradig zerstörerische Welt versetzt hatte, der er mit den beruhigenden Mitteln eines ausgeformten Stils zu begegnen suchte. Es ist immer die Ruhe vor und nach dem Sturm, die Hesse aufsucht, aber die Tumulte sind nah, die äußeren Gefahren und inneren Gefährdungen dräuen am Horizont. Den Schrecken zweier Weltkriege, die Auslöschung der europäischen Juden, wahrlich, das war alles andere als ein behäbig dahintrottender Geschichtsgang, dem Hesse ausgesetzt war und dem er sich nicht entziehen konnte, auch wenn er in seinem Schweizer Exil keiner todbringenden Bedrohung ausgesetzt war. Aber der Mann sah scharf hin. Für die Leiden der Todgeweihten empfand er Mitleid, und er tat einiges, um Flüchtlinge zu beherbergen und ihnen weiterzuhelfen. Er war ein nobler, mitfühlender Charakter, und das, mit Verlaub, ist mehr wert als alles Geschreibsel zusammen, das ein Schriftsteller im Lauf seines Lebens versammeln kann, sei er nun erstrangig, zweitrangig, drittrangig oder ein Dilettant.

Kommen wir zum *Glasperlenspiel*. Eine allzu deutliche Erinnerung habe ich nicht mehr an meine frühe Lektüre. Eines ist gewiß: heute lese ich den Roman anders. Zuvörderst interessiert mich dieses intrikate Spiel selbst, eine geniale Erfindung, die auf etwas entlegene Weise vorwegnimmt, wohin auch moderne Computertechniken mit ihrem Drang, Noten, Bild, Schrift, Klänge in kompakter Gleichzeitigkeitsform erstehen zu lassen, tendieren. Wie sich eine Musik, die von solchen Perlen erklingt, anhören mag, bleibt ganz und gar der Vorstellung des Lesers überlassen. Sanft, zart, eindringlich, streng, berückend, analytisch, überwältigend, in der Stille aushauchend, einen Riesenraum füllend, klingend wie aus einem streichholzgroßen Schächtelchen emanierend, all dies bleibt weitgehend der Phantasie des Lesers überlassen. In diesem Sinne ist es eine inspirierende literarische Kopfmusik, die aus einem ordentlich gereihten Buchstabenreigen ertönt. Die Notate dazu kann man sich ohne weiteres wie das Gekritzel vorstellen, das auf vielen aktuellen Notenblättern zu finden ist, in denen sich neben klassischen Noten erfundene Bildzeichen, Wörter, Schleif- und Wellenbewegungen, Punkthaufen, haltgebende Einzelpunkte und allerlei Kringelgewölk tummeln. Der Entgrenzung ist Tür und Tor geöffnet, der freiheitliche Spielraum unermeßlich, aber Hermann Hesse hat sich seine Griffe in die klingende Welt der Glasperlen nicht wildwüchsig, nicht von spontanen Ausreißmanövern umwittert vorgestellt, sondern streng, gefaßt, bis ins Notattüpfelchen hinein präzise. Das hat einen großen Reiz für die Vorstellungskraft des Lesers. Einem begabten Perlenspieler, wie ihn Hesse in dessen würdebetontem Fleiß dargestellt hat, würde ich nur zu gern lauschen.

Einige der jungen Kriegsteilnehmer verfielen in Anlehnung an das Trommelfeuer der Geschütze während des Ersten Weltkrieges in einen aufgeregten Exklamationsstil. Stummelsätze verwahrten sich gegen die einst so lauthals gegrölten Schlachtenlieder. Hesse ist seinem Stil treu geblieben, einem Stil, der ausgewogen einherläuft, dabei das Verhackstücken von Sätzen meidet. In diesem Sinne gehört er mehr ins neunzehnte Jahrhundert, jedoch nicht bezüglich seiner literarischen Erfindungen, die sein schöner Kopf ausheckte. Letztere antworten als melancholische Manöver des Entzugs auf eine Zeit der Blutsudelei und schier unglaublichen Leichenberge. Nach dem Krieg hatte Hesse das Geschrei und die Parolen satt, die deliranten Reden der unentwegten Scharfmacher, die auf die Völker eindroschen. Hitler, Stalin, Mussolini, Franco. Ein grausames Pack, das den Tod von Millionen Menschen zu verantworten hatte. Inmitten der entfesselten Gewalt wollte der Autor der menschenverachtenden Hetze, der Verstümmelung des Wortes Paroli bieten und das Terrain der Vernunft wiedergewinnen.

Er beackerte dieses Terrain mit Hilfe eines Stils, der vor erregten Exzessen zurückschreckte.

Nun aber zu einer Problematik, die sich mir beim Wiederlesen in späten Jahren aufdrängte. Die Zeitenthobenheit, die der Roman pflegt – er spielt um das Jahr 2200 –, das Wehen und

Gleiten über die Jahrhunderte hin, hat seinen Preis. Natürlich erkennt ein aufmerksamer Leser, wie sehr es Hermann Hesse darum ging, Abstand zu halten, um nicht zu sagen: Reißaus zu nehmen vom Geschrei des zwanzigsten Jahrhunderts und dessen unglaublichen Verheerungen, die den aufstachelnden Reden der Diktatoren folgten. Beim *Glasperlenspiel* handelt sich um einen Roman der Selbstberuhigung und Leserberuhigung, zumindest auf den ersten Blick. Es zeigt eine sterbensmüde Welt, die das phantastische Spiel zwar nicht in allernächster Zeit, aber dennoch unaufhaltsam zermürben und schließlich zum Verschwinden bringen wird. Der Tod wird auch hier Ernte halten, allerdings wird er auf leisen Sohlen wandeln. Von offen imaginierten Gewaltexzessen hält sich der Roman fern. Davon hatte Hesse reichlich genug erlebt. Ich verstehe sehr gut, daß er inmitten der Gewaltbrandung seiner Zeit gerade darüber nicht auch noch exzessiv und körperzerstückend schreiben wollte. Statt dessen wich er auf die ostasiatischen Weisheitslehren aus, solche Spuren sind in seinem Spiel zu finden, seien es die mathematischen Referenzen an den Abakus und an das Go-Spiel, seien es die meditativen Übungen, denen sich die Kastalier regelmäßig unterziehen.

Das Europa der Vernunft und das enorm angewachsene Wissen der Aufklärung hatten vor der Blutrunst eines gigantischen Zerstörungseifers gründlich versagt. Hermann Hesse wollte dazu einen Gegenentwurf bieten, und dieser gründet in fernöstlicher Gelassenheit, aber auch darin, daß so gut wie kein Mensch wirklich negativ gezeichnet ist.

Der sich in überpointierter Reinheit ergehende Männerbund, gegen jedes Andrängen des Geschlechtlichen gefeit, sei dieses nun homo- oder heterosexueller Natur, driftet bezüglich der Figuren etwas ins Blutleere, Übergeistigte. Wenn man es als Fehler bezeichnen will, so wäre ich damit vorsichtig. Hermann Hesse war angeekelt vom männlichen Hitlerkult seiner Zeit und den kreischenden Weibern am Straßenrand, die nasse Höschen bekamen, sobald der Führer als Phallus mit erhobenem Arm in seiner Mercedes-Limousine an ihnen vorüberfuhr.

Sein Reinheitsstreben mag mit Tendenzen seiner Psyche zusammenhängen, in der das Weibliche als männergefährdendes Potential herumgeistert. Alle erstklassigen Schriftsteller schreiben ihre Texte an die Wände eines Höhlensystems, in dem ihre seelischen Verletzungen eingelagert sind, über die sie allerdings nicht allzu genau Bescheid wissen dürfen.

Aus Indien, China, Singapur, Ceylon und Sumatra eingesickertes Gedankengut gelangt bei Hesse zu großer Wirkung. Schon als junger Mann hat er sich mit dem Einheitsdenken fernöstlicher Lehren beschäftigt. Das hat mit dem Großvater Hermann Gundert, einem Indologen und Missionar, und seinen Eltern zu tun, die ebenfalls den Missionsdienst versahen. Das Entkommen aus einer rein westlich orientierten Zivilisation, deren brutaler Beigeschmack Hesse bereits früh in den Sinn gekommen sein dürfte, lange bevor die größten Greuel geschahen, zeugt einerseits von der Fluchtbewegung des jungen Mannes, andererseits von seiner Neugier auf ein anderes Denken und Fühlen, das den sich radikalisierenden Zuständen in seiner Heimat mißtraut. Er war bereits im Geiste ein Weltenbummler, eher Weltenfahrer, bevor er die Reise nach Fernost antrat. Als Missionskritiker und enttäuschter Mann kehrte er allerdings von der Fernverkostung, dem überall gegenwärtigen Schmutz und Elend zurück. Es ist das eine, sich auf noble Weise an herausragenden Schriften zu laben, das andere, höchst profane Religionspraktiken vorgeführt zu bekommen, welche im Schlepp der Texte ins Kraut schießen.

Die fernöstlichen Weisheitslehren faszinierten den Autor, wiewohl er sie recht eigenwillig für sich adaptierte. Auch seine Romanfiguren, die meditative Versenkung suchend und nach

Schlüsselerlebnissen Ausschau haltend, sind Charaktere von un-
beugsamem Stolz, die sich nicht ins Korsett bereits vorhandener
Schulen pressen lassen; sie tun sich damit schwer, dem dort verlangten Gehorsam zu obliegen. Hermann Hesses Schülerüber-
mut, der ihn auch in seinem Erwachsenenleben nie ganz verließ,
randalierte gern im allzu verschlußsicheren Gehäus der spirituellen Lehren, aber mit ebensolcher Vehemenz wehrte er sich gegen das säuerliche Moralgehabe vieler Christen, als deren Erzie-
hungsopfer er sich fühlen mußte. Von zuviel Moralverkostung
wird ein junger Mensch leicht zum Anti-Moralisten, wobei
diese Abkehr auch ihre Tücken hat, weil man mit dem schein-
seligen Allverständnis für Böses wie Gutes im Nirgendwo des
Gleichgültigen landen kann.

Gut zu verstehen sind die höchst interessanten Bewegungen, die Hesse aus der Enge heraus ins Weite treiben. Heraus
aus Deutschland, heraus aus Europa, aber auch weg vom kram-
durchflitterten Heiligenklimbim aus Fernost. Hesses religiöses
Denken besteht in einem toleranten Nebeneinander verschiedener geistiger Haltungen, die wechselseitig ihre Ärmchen nacheinander ausstrecken, um das Beste vom jeweils anderen zu erfahren. Er verlor sich nicht in einer fernen Schweiz und paßte
das fernöstliche Ideengut den eigenen Bedürfnissen an, vor allem der eigenen Schreibhaltung.

Sein *Steppenwolf* ist rauh, weder durchschienen vom milden
Licht des *Siddhartha* noch ausschließlich beherrscht von mörderischen Impulsen. Der gefahrumwitterte Mann ist eine Zwie-
natur, dem Höllenhaften ergeben, dem Alkohol, dem Sex und
zwanghaften Tötungsphantasien, die gegen den eigenen Körper
gerichtet sind. Doch er ist ebenso zum Milden und Hohen be-
fähigt, das macht seinen gefährlichen Reiz aus. Natürlich ist
der *Steppenwolf* mit dem eher harmlosen bürgerlichen Namen
Harry Haller ein Alter ego des Schriftstellers, davon zeugen

schon die Initialen *H* und *H* und die jeweils doppelte Zweisilbigkeit. Für junge Leute ist das ein verführerischer Roman von starker Schlagkraft, der auf die innersten Kammern ungestümer Herzen zielt. Ein vom Untergang umwitterter Mann mit raspelkurz geschnittenem Grauhaar, einer, der als körperlich bereits Angegriffener gut aussieht, besitzt eine ungleich stärkere Anziehungskraft als ein womöglich kahlköpfiger Mönch im ärmellosen Kittel.

Das einsamkeitsumwölkte Wesen dieses Mannes hat auf Frauen eine große Wirkung. Der Steppenwolf badet geradezu im Außergewöhnlichen, in der Selbstbezogenheit des geniehaft Unangepaßten, der die bürgerlichen Verkehrsformen zwar nicht haargenau einhält, jedoch um sie weiß und sein Benehmen gegebenenfalls danach ausrichten kann. Er ist eben kein heruntergekommener Obdachloser, sondern ein geniehafter Hallodri, mit Kraft, Sehnsucht nach Wahrheit und Zutrauen begabt, der sich mutwillig der Zerrüttung aussetzt. Zugleich ist er ein Nachtmensch, ein alkoholisierter Streuner, der von der Dunkelheit irrlichternde Botschaften empfängt, auch ein Mann der Bücher, die allerdings immer weniger die Kraft haben, ihn zu fesseln.

Die Zeit, in der er zu leben verdammt ist, widert ihn an, die aggressiven Parolen, die überall herausgeschrien und in Zeitungen verbreitet werden, bereiten ihm Übelkeit. Ausgerechnet das Bürgertum, dem der Steppenwolf selbst angehört, ist durch den verlorenen Krieg in Unruhe gestürzt, von Korruption umstellt und aus seiner Behäbigkeit gerissen, dadurch empfänglich für verwilderte Botschaften, die in den zwanziger Jahren endemisch werden. Diesbezüglich ist der Steppenwolf immun. Erst recht ist er kein Wolf, der bei den Nationalsozialisten zu hohen Ehren hätte gelangen können, die mit ihrem Dolfi-Wolfi im Wölfischen schwelgten wie nicht gescheit, obwohl es die Wolfsschanze 1927, als der Roman erschien, noch nicht gab.

Sie kennen den *Steppenwolf* gut. Seinen Inhalt, den dreiteiligen Aufbau, das eher versöhnliche Ende – es muß hier nicht referiert werden. Lassen Sie mich statt dessen einige Motive und Satzstellen beleuchten, die mich entzücken. Daß der unberechenbare Mann ausgerechnet vor einer Pflanze der Nachbarin, einer Araukarie, die nicht gerade zu den spektakulären Gewächsen zählt, immer wieder innehält, um sie zu betrachten und ihr reinlich gepflegtes und gehegtes Wesen auf sich wirken zu lassen, ist ein toller Einfall. Im Nebensächlichen entfaltet sich oftmals die Strahlkraft eines Textes, keineswegs nur in seiner Hauptlinie. Durch das Gezähmtwerden des verwilderten Streuners von einer harmlosen Pflanze wird ein ganz neues Licht auf das Seelenleben von Harry geworfen – eine hinreißende Volte! Ein zweitklassiger Dichter hätte ihn vor eine fleischfressende Orchidee gesetzt, um seine sadistischen Impulse auszuprägen. Hesse tut das Gegenteil.

Nun zu einigen winzigen Details: daß »ein kleines …Bild … durch eine steife Kartonklappe zum Schrägstehen gezwungen«[10] wird, gefällt mir ebensogut wie »die Dreckhölle der Herzensleere und Verzweiflung«.[11] Die eine Stelle beschreibt ein marginales Objekt, das jetzt in angestrengter Haltung vor dem Leser steht, stellvertretend für die mühsam aufrechterhaltene bürgerliche Ordnung, die andere weist auf einen psychischen Zwang, jetzt muß der Leser ins böse Innere des einsamen Harry blicken. Vom »Schicksalssalz« ist irgendwann die Rede, und zwar mit dem Zusatz »bitter«.[12] Wie treffend diese Wörter sind, läßt sich leicht daran erkennen, daß vermutlich noch kein Autor auf die Idee gekommen ist, von der *Schicksalssüße* zu sprechen. *Schicksal* hat immer einen bedrohlichen Beigeschmack. Indem Hesse das tränenfeuchte Wort im Salz wälzt, ist alles Wesentliche gesagt.

In bezug auf die Komponisten Brahms und Wagner fallen die Wörter vom »dicken Instrumentieren«.[13] Da lacht mein Herz.

Genauso empfinde ich deren Musik: als zu dick! Hinreißend ist auch die etwas verächtliche, auf den Musiker Pablo gemünzte Beschreibung: Harry hat ihn im Gedächtnis als einen »eitlen Beau, ein vergnügtes und problemloses Kind, das mit Freude in seine Jahrmarktstrompete faucht und mit Lob und Schokolade leicht zu regieren ist«.[14] Ein Kindskopf im Erwachsenenalter, der *faucht*, das ist toll formuliert. Daß man »zum Frommsein Zeit braucht«,[15] ist schlicht und dennoch wahr. Es ist sogar ein derart treffender Gedanke, daß es sich lohnen würde, ihn zu einem Essay auszubauen.

In mißlicher Lage hat sich Harry »festgelogen«.[16] Jeder kennt das. Man muß schon ein extrem begabter Lügner sein, der sein bisheriges Gespinst präsent hat und folgerichtig daran weiterspinnt, um sich nicht – mehr in Richtung Verderben als auf Gedeih – *festzulügen*. Daß sich an anderer Stelle der Schlaf »schwer wie ein Berg«[17] auf die Stirn des Steppenwolfs legt, ein unguter Schlaf, der keulenhaft auf ihn niedergeht, gehört zur Grunderfahrung eines ausgelaugten, schwer erschöpften Menschen. Der Steppenwolf wie auch Hermann Hesse selbst sind oder waren »Abendmenschen«,[18] eine zurückhaltende Formulierung, welche der Autor hier wählt, um einen schwergängigen Charakter prägnant zu umreißen.

Allzu normale Tage bekommen dem Abendmenschen nicht. Mit einem mit »etwas Brom betäubten Zufriedenheitshalbundhalbgott«[19] ist ihm nicht gedient. In diesem Fall nutzt Hesse geschickt die Wortballungsmöglichkeiten der deutschen Sprache, zu deren Stärken es zählt, die Möglichkeit der Erfindung neuer Wörter durch Koppelungen schier ins Endlose zu treiben. Noch so ein gekoppeltes Wort wäre das »Federwölkchenmuster«,[20] eine zarte Himmelserscheinung, die unter der Langwortbindung keineswegs leidet, sondern uns die gezogenen Fiederstreifen dieser Wolken entzückend vor Augen führt. Mit dem Wetter läßt sich diesbezüglich ohnehin eine Menge anstellen. An anderer Stelle heißt es: »der ... dünne Sprühregen klirrte um die Laternen.«[21] Daß feiner Regen nicht klirren kann, wissen wir. Eine im Grunde falsche Metaphorik richtig wirken zu lassen ist allerdings eine Kunst für sich. Daß einem Leser solches nicht sauer aufstößt, zeugt von artistischer Gelenkigkeit und Überredungskunst des Autors. Deshalb möchte ich dem Verehrten jetzt zurufen: Chapeau, Monsieur Hesse, wahrlich, Sie sind ein Könner!

Ein bißchen darf ich noch auf seine Novelle *Klein und Wagner* zu sprechen kommen, die 1919 erschien. Darin hat Hermann Hesse den aufsehenerregenden Fall des schwäbischen Amokläufers Ernst August Wagner aufgegriffen. Dieser Mörder hat ein außerordentliches Tagebuch verfaßt, das Hermann Hesse allerdings nicht kennen konnte – wahrlich, ein schwindelerregendes Dokument. Der Hauptlehrer Wagner schildert darin die erst später, 1913, stattfindenden Mordtaten penibel, durchtränkt von einem nitzscheanischen Höhenrausch, der einen das Fürchten lehren kann, abgefaßt in einem schwäbischen Biederdeutsch, durchsetzt von aggressiven Exaltationen. Das Biedere wirkt unheimlich, wie es so gemütlich und ehrversessen seinen behäbigen Weg nimmt. Die Härlein stehen einem zu Berge, wenn darin in einem ganz, ganz lieben Schwäbisch steht: »Dem Mariele kauf ich jetzt noch a Paar Schuh, des lebt ja nemme lang.« Das *Mariele* war Wagners Lieblingstochter, die kurz nach diesen Aufzeichnungen ebenfalls von ihm erschlagen wurde. Ein Nebenaspekt des Falles Wagner: Der Mann entging der Todesstrafe und wurde in die Psychiatrie eingewiesen. Aus einem vormals spindeldürren Männlein wurde ein gewichtiger, selbstzufriedener Protz von imponierender Gestalt, der alsbald um die Aufnahme in die NSDAP bat, welche ihm allerdings verweigert wurde. Das Kuriose an der Geschichte ist unter anderem, auf welch intrikaten Wegen sich die Lebensbahnen des Möchtegernschriftstellers und mehrfachen Mörders Wagner mit denen eines wirklichen Schriftstellers kreuzten, der nie eine Waffe in die Hand nahm. Über die abgründige Psychologie des Hin- und Herflitzens mörderischer Ideen, die in einem Fall grausame Wirklichkeit werden, im anderen eine unblutige poetische Verwendung finden, wollen wir hier aber nicht spekulieren.

Charakterlich hat Hermann Hesse mit dem Vielfachmörder Ernst August Wagner gar nichts gemein. Der Unterschied zwischen den Männern ist gewaltig, wiewohl Gewaltexzesse bei beiden eine Rolle spielen. Das Wort *spielen* ist ein Unterschied ums Ganze. Der eine schießt steppenwölfisch in einem magischen Spiegeltheater auf Chauffeure, produziert Carcrashs, wie sie heute unentwegt in Filmen spektakeln, ja, er sticht sogar sein geliebtes Zwillingswesen Hermine tot, wobei die Blutspuren in einer phantasmagorischen Welt zu leuchtenden Epiphanien entbrennen. Filmleute und insbesondere amerikanische Hippies hatten daran ihre helle Freude.

Ästhetisierte Zerstörungslust spielt mit dem Grauen, ist aber keineswegs zwingend darauf aus, diese Realität werden zu lassen. Sie dienen eher der Entlastung der in uns tobenden Gelüste. Der eine so, der andere anders. Der andere phantasiert nicht bloß, sondern schlägt in der wirklichen Welt seine Frau und die vier Kinder mit einem Knüppel tot. Ein Unterschied ums Ganze. Es gibt noch einen Unterschied, einen kleinen nur. Das edle Haupt des Hermann Hesse trug vermutlich niemals eine lächerliche Kopfbedeckung. Das von Ernst August Wagner aber schon. Als er mit dem Fahrrad Richtung Mühlheim an der Enz fuhr, um dort neun weitere Menschen zu erschießen und elf schwer zu verletzen, trug er den Kapotthut seiner toten Frau auf dem Kopf, von dem ein schwarzes Schleierchen wehte. Das klingt sehr nach Erfindung eines französischen Surrealisten, ist aber wahr.

Marieluise Fleißer
Andorranische Abenteuer

Marieluise Fleißer war nicht der Mensch des aufgebauschten, groß einherschwingenden Stils. Eher karg, eher nüchtern kommt dahergelaufen, was sie geschrieben hat. Nur manchmal durchbricht das Leuchtfeuer einer riskanten Formulierung das Kargheitsgebot, dem sie sich unterworfen hat. Das zündet dann besonders stark, das *sitzt*. Oft geht es in ihren Texten um Mädchen, die wenig zu bestellen haben in der Welt. Sie müssen sparen und haben dürftige Kleidchen an. Von ihrer Herkunft, von ihrem Charakter her sind das keine gut ausgestatteten und gut aufgepolsterten Geschöpfe, dazu bestimmt, zu fatalen Frauen heranzureifen, die sich darauf verstehen, die Männer um den Verstand zu bringen.

Ganz und gar nicht. Marieluise Fleißers Mädchen sind bemerkenswert allein. Oft sind sie auch bemerkenswert arm. Sie haben keinen Rückhalt. Da ist niemand, der ihnen das Händchen streichelte oder ihnen in ihrem Kummer beistünde. Und Kummer haben sie jede Menge, ja, das Maß ihres Kummers ist oft übervoll. Sie begehen den fatalen Fehler, zu lieben, und zwar den Falschen, einen Mann, der sich ihr Verliebtsein zwar gnädig gefallen läßt, sich aber ansonsten nicht weiter um sie schert. Zwar haben diese heftig geliebten, heftig erwarteten Männer auch nicht allzuviel zu bestellen in der Welt, aber sie stehen etwas besser da als diese einsamen, schutzlosen Mädchen.

Eines dieser unglücklichen Mädchen hebt einen auf Hochglanz polierten Apfel, den sie sich redlich vom Munde abgespart hat (es schauert einen schon ein bißchen ob soviel Redlichkeit), tagelang für ihren Geliebten auf, und der schöne Apfel ist schon in Gefahr, auf dem Teller zu verschrumpeln, weil der Geliebte nicht kommt und wieder nicht kommt. Der Mann kommt nicht, weil er sich inzwischen mit einem anderen Mädchen vergnügt, wie das düpierte Apfel-Mädchen feststellen muß. Und als er sie endlich wieder einmal besucht und sie ihm den Apfel am Morgen nach der gemeinsam verbrachten Nacht überreichen will, ekelt sich der Mann. Für ihn ist es eine Zumutung, so etwas »in den nüchternen Magen hineinzuspeisen«.[1] Tee, der seinen Magen wärmen könnte, ist aber nicht im Haus. Das Mädchen ist zu arm, um sich Tee besorgen zu können. Selten ist die paradiesische Evasgabe so derb verschmäht worden, selten hat sie so jäh ihre Verführungskraft eingebüßt. Marieluise Fleißers Mädchen greifen einem ans Herz. Über all dem seelischen Schaden, den sie nehmen, über all den Verstoßungen, die sie zu erleiden haben, bekommt man einen Eindruck davon, wie das Leben der jungen armen Dinger zu Beginn des letzten Jahrhunderts ausgesehen haben muß.

Daß Marieluise Fleißer keine der wirklich Schönen war, die glanzäugig, schlangenhaarig oder raffiniert bubiköpfig, von zartem und behendem Körperbau und munterem Wesen, die Männer zu bestricken wußten, keine Art von Frau, die einen Mann mir nichts, dir nichts um den Finger wickeln und ihm schlaflose Nächte bereiten konnte, darf man getrost annehmen. Aber sie verfügte über etwas sehr Kostbares: eine schwindelerregende Selbstironie, die bei Frauen eher selten anzutreffen ist, insbesondere, wenn diese Ironie ins Mark der Verletzlichkeit zielt, auf die eigene mangelnde Attraktion, auf das mangelnde Geschick, einen Mann zu fesseln.

Unglücklich war sie selbst verliebt, und zwar in einen Möchtegern-Schriftsteller mit Namen Draws-Tychsen, einen langbeinigen Schlacks mit Segelohren und exzentrischen Gewohnheiten. Beide waren in den späten Berliner Nachkriegsjahren arm wie die Kirchenmäuse, was solchen Verbindungen auch nicht gerade förderlich ist. Man geht wohl nicht fehl in der Annahme, Draws-Tychsen sei hauptsächlich an ihr interessiert gewesen wegen ihrer ungemein interessanten Verbindung zu Bertolt Brecht, die der angehende Schriftsteller nur zu gern angezapft und für sich genutzt hätte. Daraus wurde aber nichts. Brecht, wie man weiß, nutzte lieber die Frauen aus, und hatte für schreibende Männer wenig übrig.

Schier unglaublich nun, zwerchfellerschütternd komisch, ist die Reise des ungleichen Paares ins Gebirge, nach Andorra. Stattgefunden hat sie Ende der zwanziger Jahre. Ich kenne keinen einzigen Text von einer Frau, die ihr unglückliches Hinterhergehinke, Hinterhergestolpere hinter einem Mann, der stracks den Berg hochläuft und sich ansonsten um rein gar nichts kümmert, treffender und komischer beschrieben hätte. Dazu gehört Mut und trotz aller Kleinmutsanfälle, welche die Fleißer bei dieser schaurigen Unternehmung gewiß heimgesucht haben, eine überragende Souveränität.

Erlauben Sie mir, daß ich Ihnen aus diesem hinreißenden Text eine winzige Sammlung vortrage: Da sind zum einen die knappen würzigen Formulierungen, die typisch für die Verehrte sind: »Der Andorraner hat ein von Bergen starrendes Land und sehr wenig anbaufähigen Boden.«[2] In einer »morgenschummrigen Bergbahn«[3] fahren die beiden in Richtung Andorra; im Nebenabteil »erheben sich … drei schwarzgekleidete Frauen wie auffliegende Hühner und betrachten uns und unser großes Gepäck während unserer Anwesenheit im Zuge unverwandt, stehend, mager und lautlos.«[4] Das ist atmosphärisch sehr dicht. Auf einen Haps ist die Szene da, ist alles umrissen.

Aber Draws-Tychsen ist ja auch noch da. Sogleich wird der gestrenge Begleiter, der Mann der Maximen und eisernen Theorien und komischen Entschlußkraft, auf den Plan gerufen: »Draws nimmt mir das Versprechen ab, nicht im Zug einzuschlafen. ›Im Krieg durften wir auch nicht schlafen‹, sagt er, ›ein Mensch, der soeben geschlafen hat, ist nicht frisch.‹ Er hat Nierenschmerzen, ist schlechter Laune, redet von der Schwachheit des Weibes, droht mir furchtbare Dinge an, falls ich bei der Übersteigung versagen sollte – und schläft natürlich sofort ein. Ich zwicke mich in den kleinen Finger und schiele verzweifelt nach ihm, der ein zweites Mal einnickt, was aber für mich, weil ich mein Wort gegeben habe, keine Entschuldigung ist. Als es heller ist, bleiben wir leichter wach. Wir spüren deutlich, wie der Zug uns zwischen den Bergen hochzieht. Auf einem Bahnsteig wandeln bei gellendem Glockengebimmel vereinzelte Abbés mit großen Regenschirmen auf und nieder und lesen Brevier. Dann sehen wir an einem alten Mann den ersten blauen Baskenkittel. Die Welt wird exotisch. Draws schlägt urplötzlich in der Stimmung um. Er verneigt sich vor den Bergen und ahmt skurrile Tierstimmen nach. Seine Nasenspitze glänzt vor Entschlossenheit. ›Jetzt wird geforscht‹, verkündet er in flammendem Eifer. ›Ich bin der geborene Forscher.‹«[5]

Sie landen im ersten andorranischen Dorf. Draws, der Unwahrscheinliche und Unentwegte, rückt gleich auf die Andorraner zu und kennt da kein Pardon: »L'Hospitalet, hoch oben an einen Berg geklebt, der aussieht, als ob er die Räude hätte, ist ein trostloses verjauchtes Steinnest, in dem die Bahn-, Post- und Zollbeamten als die ausschließlich ›gebildeten‹ Elemente des Ortes die einzige Sensation ihres Lebens aus einem übertriebenen Standesbewußtsein ziehen. Über ihnen aber steht der Wirt, zugleich Maire des Dorfes, der mit allen Beamten in seinem Haus an einem langen Tisch ißt und sich an erster Stelle vor seinen zahlenden Gästen servieren läßt.

Vor ihm haben sie alle Angst. Im Dorf wird nichts unternommen, worüber man sich nicht mit ihm verständigt hat. Da kommen wir an wie die Ketzer und glauben, ein Wirt sei ein Wirt und für das Wohl seiner Gäste da. ›Bei den Leuten darf man nicht so vage herumreden‹, sagt Draws. ›Man muß ihnen mit greifbaren Zielen kommen, wenn man vernünftige Vorschläge hören will.‹ Draws tritt dicht an den Wirt heran, deutet auf uns, wenn er sagt nous, deutet auf ihn, wenn er sagt vous, und behauptet, er sei noch heute abend mit dem Präsidenten der Republik Andorra zu einer wichtigen persönlichen Zusammenkunft verabredet. An dem leisen Zucken im Blick wird mir klar, daß der Wirt sich etwas sehr anderes als Draws unter dem Präsidenten der Republik Andorra vorstellt, einen achtbaren Bauern vielleicht, der keine dringenden Zusammenkünfte mit noch dazu deutsch sprechenden Ausländern hat. Er betrachtet zurückhaltend unser Gepäck.«[6]

Bei dieser winzigen Blütenlese will ich es bewenden lassen, aber nicht, ohne Ihnen noch einmal zu versichern, wie sehr ich die eigenartige Frau verehre, die so helle Funken aus dem elenden kleinbürgerlichen Gehäuse schlug, dem sie für eine eher kurze Weile in Berlin entronnen war. Scharfsinnig, witzig, unerschrocken, eigensinnig – wahrlich, eine große Schriftstellerin! Vor der ich mich jetzt verneige und in deren Namen ich nur zu gern einen Preis aus schönen Ingolstädter Händen entgegennehme.

Friedrich Dürrenmatt
Durcheinandertal

Meine sehr verehrten Damen und Herren,

die Veranstalter haben mir ein großes Vergnügen bereitet, indem sie mir die Möglichkeit gaben, mich näher mit dem Werk von Friedrich Dürrenmatt zu befassen. Das hätte durchaus schiefgehen können, denn ich kannte nur zwei Theaterstücke von ihm, die ich noch dazu in sehr jungen Jahren als Fernsehinszenierungen gesehen habe. Den *Besuch der alten Dame* etwa – allerdings mit der exzellenten Elisabeth Flickenschildt in der Hauptrolle –, und das hat mich damals durchaus beeindruckt, aber da war ich eben noch ein sehr junger, unausgegorener Mensch, der mit seinen späteren ästhetischen Vorlieben noch nicht in Verbindung stand. Gottlob, es hat auch jetzt, bei der Altersbegegnung gefunkt. Dürrenmatts *Durcheinandertal* habe ich mit stetig wachsendem Vergnügen gelesen, den Schluß finde ich sogar furios, er ist ganz nach meinem Herzen, weil ich es gern habe, wenn sich am Ende noch mal ein richtiges – verzeihen Sie bitte, daß ich jetzt ins Schwäbische verfalle – Donnerschlägle ereignet.

Was ist dieser kleine Roman eigentlich?

Eine Burleske, eine Groteske, eine schwarzmagische Phantasie, ein blühender Gottesschwindel, ein feuriges Romangehetz rund um die Welt mit Zentrum in der Schweiz, genauer gesagt, einem erfundenen Düstertal in der Schweiz, eben jenem *Durcheinandertal* mit seinem dorfabgekehrten Brennpunkt, dem Kurhaus? Ist's eine bös melancholische Abrechnung mit Gott, dem alten Verräter, oder bloß ein Bubenstreich, der Hohes und Niedriges zwischen die Finger nimmt und alles zerkrümelt, um sich zum Schluß als großer Brandstifter zu betätigen, der den Ort des Hauptgeschehens, das verfluchte Kurhaus eben, in Feuer aufgehen läßt?

Von alledem hat der Roman etwas, ein Bubenstück ist er auf jeden Fall, wiewohl Friedrich Dürrenmatt längst über das Kindesalter hinaus war, als er ihn schrieb. Das kleine Ding steckt voller Energie. Es will mir scheinen, der Autor habe sich dabei selbst gehetzt, so ungestüm drängte es seine Schreibfingerchen voran. Was ich bisweilen während der Lektüre bedauert habe, denn über das innere Wesen des komischen Kurhauses hätte ich gern mehr erfahren, welches sommers als Absteige für Reiche dient, die sich ferienhalber der Armut ergeben müssen und dies nach kurzer Irritation über den fehlenden Komfort auch freiwillig und freudig tun. Aber für liebevolle Ausgestaltungen fehlte wohl die Zeit. Der Drang, radikal über die Welt zu fegen und das Gottesproblem bis in die letzten Winkel zu jagen, war wohl übermächtig. Und das hat natürlich auch etwas. Beim Lesen gerät man in den Sog der Umtriebe und bleibt neugierig, wo sich der mafiöse Gott und seine Spießgesellen denn nun wieder herumtreiben mögen.

Ungerührt ist der Kerl allemal. In ein Schwimmbassin werden die an ihn – ich zögere, ob ich den Anfangsbuchstaben dieses *ihn* jetzt groß oder klein schreiben soll – gerichteten Briefe der gläubigen Bittsteller gleich kübelweise gekippt, ohne daß der Adressat sie eines Blickes gewürdigt hätte. Und es hilft zu gar nichts Gutem, Versöhnlichem, Tröstlichem, daß es nicht nur den Großen Alten gibt (mit Bart, irgendwo) und dessen Alter ego (ohne Bart, auf Erden), sondern gleich mehrere wichtige Figuren aus der Bibel, allesamt alttestamentarisch und zugleich verbrechersyndikatmäßig vom Autor umgeschaffen – Erzengel Gabriel, Erzengel Michael, die Rechtsanwälte oder vielmehr Rechtsverdreher Raphael, Raphael und Raphael, sodann Uriel und nicht zuletzt die Hauptperson, der ganovenmäßig verwandelte vierfache Frauenmörder Moses, mit bürgerlichem Namen Moses Melker. Der ist zugleich ein fulminanter Sonntagsprediger, der den Reichen zuckersüß und erhebend von der Armut predigt und sie damit gleichsam, weil sie ja nun den Kurhaus-Sommer über schauspielernd in Sack und Asche gehen werden, emporträgt und sie im Gedankenflug durchs Nadelöhr gleiten läßt, wodurch bekanntlich sonst nur die Kamele gehen. Obendrein, nicht faul, winters, der für alle ihr letzter Winter sein wird, legt Melker den Ganoven ihr Ganovenuniversum als leuchtenden Gewinn aus, mit stracks zu erklimmendem Paradies- und Himmelspfad.

In der Zusammenfassung klingt das vielleicht ein bißchen nach Blödsinn. Im Roman ist es keiner. Gut, das schwindelt und schwurbelt sich zwar mit großer Lust in so manch abstruse Höhe empor und in so manchen Abgrund hinein, aber dahinter ist doch so etwas wie ein Ernst spürbar, der Verzweiflungsernst über etwas entgangenes, verdorbenes Gutes.

Ich weiß über Friedrich Dürrenmatt zu wenig, um mit Gewißheit über seine Religiosität beziehungsweise seine spätere Abkehr von Gott und der Kirche sprechen zu können. Auf gespanntem Fuß zu seiner Kirche, der protestantischen, stand er wohl schon in jungen Jahren. Ich nehme an, Dürrenmatt war ein Anhänger der Kargheit, der das Theatralische eher ablehnte. In seinem Essay *Zusammenhänge* bekennt er, daß er weder an Wunder noch an die unnatürliche Weise der Erzeugung von Jesus Christus glauben könne, und zwar mit der Begründung: »... wird doch Gott, gibt es ihn, weil er ist, jedes Theatralische ablehnen, aus dem einfachen Grunde, weil, wer ist, keinen Schein braucht, um sein Sein zu beweisen: Der Jude Jesus von Nazareth leuchtet mir ein als der Sohn eines Menschen, nicht eines Gottes, wie ich meinem Zweifel zuliebe annehme, dem ich ebenso die Treue halte wie meinem Glauben, gibt es doch nichts Zweifelhafteres als einen Glauben, der den Zweifel unterdrückt.«[1]

Die Substanz des Glaubens kann nun einmal nicht objektiv verbürgt und bewiesen werden. Wie sollte das auch möglich sein. Der Glaube zeichnet sich ja gerade dadurch aus, daß er subjektiv bleibt und dennoch mit Macht in die Existenz eingreift. Natürlich tendiert der Glaube dazu, nach Realien zu lechzen, sonst verflüchtigt er sich allzusehr ins Spirituelle. Aber dagegen bietet der Protestantismus einen Teil seiner Kraft auf, was ein Gehen auf schwankendem Seil bedeutet, denn seine Skepsis gegenüber Wundern, die allzu schnell zum Wunderlichen tendieren, mag zwar berechtigt sein, aber zu guter oder schlechter Letzt rebelliert der kritikaufgekratzte Geist dann auch gegen das Wunder der Auferstehung. Zumindest Friedrich Dürrenmatt tat es, und viele Protestanten taten und tun es ebenso. Nun, das ist natürlich die protestantische Form der Ergründung, des Umzweifelns und der Ablehnung jeder tiefensymbolischen Ausdeutung, die sich zusammenballt und sich in die Realität hinein erhärten will. Mitsamt der Auflehnung gegen das Institutionelle, das Verwaltete, dem Mißtrauen gegenüber den sich herrschaftlich gebärdenden Dienern des Glaubens, die Jesus von Nazareth eigentlich verleugnen. Natürlich leuchtet dem Autor die Bergpredigt ein, es ist ja eine durch und durch antiinstitutionelle Rede. Anläßlich seines Besuches in Israel schreibt er: »Hier geschah es, hier hat er geredet ... auf diesem steinigen Boden hat er die gewaltigste Rede geredet, die ich kenne, die Rede der Reden, eine Rede aus dem Judentum geboren, aber sicher hat er nicht in einer Kirche geredet.«[2] Obwohl in späteren Jahren sein Abstand zum Christentum wuchs und wuchs, blieb Jesus Christus eine außerordentliche Figur für Dürrenmatt, auch wenn er nicht daran glauben konnte, daß er wahrhaftig Gottes

Sohn gewesen sei. Als Sohn eines Pfarrers wird er mit dem Gottesproblem reichlich, vielleicht überreichlich, vielleicht als Zumutung konfrontiert worden sein. Seine Werke legen jedenfalls Zeugnis davon ab, daß es da fortwährend bohrende, nicht zu erledigende Fragen gab. Und auch ein erstaunliches Wissen, eine differenzierte Kenntnis von theologischen Disputen, ungleich interessanter und abgründiger, als sie bei Autoren gemeinhin anzutreffen ist. Es ist ja nicht gerade der Regelfall, daß sich moderne Schriftsteller intensiv mit den Werken von Sören Kierkegaard und Karl Barth beschäftigen. Der letztgenannte ist keinesfalls einfach zu lesen; es bedarf theologischer Vorkenntnisse und auch einer inneren Gestimmtheit, damit die Barthschen Spekulationen überhaupt zünden können. Bitte widersprechen Sie mir oder ergänzen Sie meine diesbezüglichen Vorstellungen nachher, einige von Ihnen werden über das Verhältnis Dürrenmatts zur Religion besser und genauer Bescheid wissen als ich.

Wahrscheinlich haben die entsetzlichen Verheerungen der Geschichte des zwanzigsten Jahrhunderts bei einem erwachsenen Menschen, der als Kind noch fromm gewesen sein mag, tiefe Spuren hinterlassen. Die radikale Abwesenheit Gottes, Seine Ungerührtheit, bekamen abertausend Menschen zu spüren, die auf die entsetzlichste Weise während der beiden großen Kriege verreckt sind. Das Leiden der Juden, der Roma und auch so mancher Schwuler in den Konzentrationslagern sprengte alles, was man bisher über die abgründig böse Natur des Menschen hatte wissen können. Und Gott, falls es Ihn gab oder gibt, rührte keinen Finger, um den Gepeinigten zu helfen.

Danach dürfte es für einen erwachsenen Menschen, der fähig ist, diese immensen Leiden gedanklich und – soweit dies möglich ist, denn es ist nur in schwachem Grade möglich – einfühlend auf sich wirken zu lassen, schwer gewesen sein, den Glauben an Gott, den Glauben an Seine Gerechtigkeit zu bewahren.

Das gottbestätigte Universum ist gekippt. Das radikal Böse hatte sein triumphales Haupt erhoben und war erst viel zu spät durch die Kriegsgegner der Deutschen in die Schranken gewiesen worden. Aber da waren Millionen Unschuldiger bereits vergast oder abgeschlachtet oder aufgehängt worden.

Ein Mann wie Friedrich Dürrenmatt, der in vielen seiner Werke gezeigt hat, daß ihm Verrohung und schwere Schuld nicht gleichgültig waren, kann das nicht ungerührt hingenommen und an der Idee eines behütenden, schützenden Gottes naiverweise festgehalten haben. Unmöglich. Die Aushöhlung seiner kindlichen Religiosität mag schleichend geschehen sein, später gab es den großen Kassensturz. Allerdings gilt auch: wem das Religiöse, gespeist und bekräftigt durch die Bibel, völlig fernsteht, wer darauf keinen Gedanken verschwenden muß, der schreibt auch keine bitterböse Abrechnung, kein *Durcheinandertal*. Warum sollte so jemand zornig mit Gott umspringen, warum ihn als Gangsterboß durchs Universum jagen.

Zumal dieser Text mit einem Ingrimm, einer marodierenden Kunstbosheit geschrieben ist, die es in sich hat. Seine energetische Ladung ist enorm. Da wird nicht lang gefackelt, da werden die Schweizer Naturschönheiten nicht herzerhebend in den Blick genommen, da hastet alles voran, nur von wenigen innehaltenden Absätzen und von wenigen auflockernden Dialogen zu einer kurzen Zwangsrast gezwungen. Und die Welt steht kopf. Sie ist überwuchert vom Bösen, allerorten, nicht nur in der Schweiz. Anstelle eines verborgenen Gottes regiert ein böser Demiurg mit einer Gangsterkohorte, die in seinem Auftrag Leute umlegt, die im Weg stehen.

Und menschlicherseits regieren Dummheit und Gier und Kriecherei, deshalb können keine rechten Gegenkräfte aufgeboten werden, um dem üblen Treiben Höhererseits Einhalt zu gebieten. Allerdings gelingt es den Dörflern am Ende, das Kurhaus als Domizil des Bösen mitsamt seinen vermaledeiten Bewohnern niederzubrennen. Aber ein Sieg auf ganzer Linie ist das gewiß nicht. Eher ein winziges Innehalten im Schleuderkarussell des Bösen. Der Roman ist gut. Man möge mir verzeihen, daß ich ihn auch aus eher nichtigem Grunde liebe. Mani, der große schwarze Hund, der einem Gangster in den Hintern beißt und sich späterhin sogar ins Feuer stürzt, um noch mal zuzubeißen, den liebte ich sofort, schon bei den ersten zwei, drei Sätzchen, die Mani gewidmet sind. Das wiederum hat einen sehr einfachen persönlichen Grund. Mein Lieblingstier war jahrelang ein Berner Sennenhund, natürlich ein tapferer Schweizer, ein wunderbares Tier, gesegnet mit Verstand, Witz und Energie und einer schier unfaßlichen Gutmütigkeit. Nun, es handelte sich um eine Dame, und sie hieß Pia. Pia kläffte nie, biß nie, aber sie hätte mich im Ernstfall gewiß verteidigt. Der Ernstfall trat aber gottlob nie ein, und so weiß ich über die Beißkraft meines geliebten Hundes rein nichts. Ich hoffe aber sehr, Pia einst im Paradies wiederbegegnen und mit ihr philosophische Gespräche führen zu dürfen, denn es handelt sich um ein Geschöpf von großem Verstand, welches inzwischen – da gewiß von Anfang an paradiesfähig – mir an Weisheit und der weltendurchdringenden Gabe des innigen Verstehens um Äonen voraus ist.

Reden wir nun en détail über die Schönheiten des Textes, denn davon gibt es etliche. Wunderbar ist zum Beispiel das Wörtlein *eitel* am Ende eines Bandwurmsatzes, der in Gemeinplätzen schwelgt und schwelgt und überhaupt kein Ende mehr zu finden scheint, bis ihn von all dem mäandernden Geschwurbel und Getue das Wörtlein *eitel* auf einen Schlag, zack!, erlöst: »Mit dem Geld werte der Mensch. Darum fuße alles, was der Mensch tue, auf Geld, seine Kultur und seine Zivilisation, und darum sei alles, was der Mensch mit und durch Geld tue und bewirke, das Gute und das Schlechte, der gewaltige Kreislauf der Geschäfte mit dem Brot für Brüder und mit der Not für Brüder, mit dem, was uns kleide, und mit dem, was uns entkleide, mit Lebens- und Unlebenswertem, mit Bleibendem und Vergänglichem, mit Notwendigem und Überflüssigem, mit Kunst und Kitsch, mit Kinematographie und Pornographie, mit uneigennütziger Liebe und käuflicher Liebe, eitel.«[3]

Jesusmariaundjosef! Was für ein Satzungetüm, was für ein geschwätziges Hin und Her von geradezu provozierender Nichtigkeit, bis eben das Wörtlein *eitel* fällt und mit ihm der komplette Schwalm in den Abgrund rauscht. Es predigt oder vielmehr schwatzt Moses Melker im Kurhaus vor einer Schar versammelter Reicher, und diese lauschen ihm verzückt. Dürrenmatt scheint es auf den Satzschluß abgesehen zu haben. Kurz nach dem *eitel* gibt es wieder so ein herrliches Endgebinde: »... und deshalb bete die Christenheit: Führe uns nicht in Versuchung! Der reiche Jüngling habe der Versuchung widerstanden, arm zu werden, auszusteigen, wie Jesus in Lumpen zu wandeln, Clochard zu werden, und so sei denn der Reichtum das Kreuz der Christen und Betrübnis ihr Teil, Fröhlichkeit sei nur den Armen und Habenichtsen beschieden, seufze, Christenheit, seufze.«[4] Ich liebe den Autor für dieses Doppelgeseufz am Ende eines Satzes, der an Scheinheiligkeit schwer zu überbieten ist.

Wieder schwatzt der *talentierte*, nein, diesmal nicht *Ripley*, sondern der talentierte Frauenmörder Moses Melker und hält die reichen Kurgäste dazu an, zu seufzen, weil sie nicht so arm sind wie die Armen, aber immerhin – ein gewisser Trost bleibt ja nicht fern – dürfen sich die Reichen zumindest während des Sommers der Armut hingeben und damit hinterrücks ein Zipfelchen von der Glückseligkeit erlangen. Das alles ist bitterbös, stellt die Botschaft der Erlösung auf den Kopf und labt sich daran.

Der Wirkkreis der Ganoven, die heimlich, ohne Kontakt mit den Dörflern aufzunehmen, den Winter im Kurhaus verbringen, ist weltumspannend, sie morden mal hier, mal da. Weltherrscherlich, nicht zu lokalisieren, nicht am Portepée zu fassen, geriert sich auch der Große Alte. Erstklassig ist die Szene, da er den Hebel einer alten Kaffeemühle dreht und damit Galaxien und Sterne, ja, den gesamten bestirnten Himmel durcheinanderbringt. Ungerührt natürlich. Er ist ja ein Demiurg. Als würden die Himmelskörper und alles, was lebt oder gelebt hat, vollends zu Staub zermahlen und in die nichtigsten Bestandteile zerlegt, weil es nichts wert ist. Kein Auferstehungsgewandel in süßem Seelenfleische nach dem Tod. Bloß nichtiger Staub. Das ist alles, was bleibt.

Einerseits dies ungerührte Toten-Mahlwerk, andererseits die quicklebendigen Schwindelgeschäfte allerorten, die an den Finanzmärkten ungehindert ihr Wesen treiben und die Werke der Mafia erdumspannend blühen lassen. Gott ist ein Verbrecher. Thronsasse einer enormen Schwindelblüte. Ansonsten bleibt von ihm nichts, zumindest nicht in diesem Text. Keine Hoffnung, kein Hernach, keine Erlösung, vor allem aber keine Antwort.

Sich den Gottesproblemen in säkularer, politischer und geographischer Form zu nähern hatte Friedrich Dürrenmatt reichlich Gelegenheit während eines Israel-Besuches in den siebziger Jahren. Früchte seiner Reise sind zwei große Essays, überschrieben mit *Zusammenhänge* und *Nachgedanken*. Gleich eingangs sei gesagt, wie sehr ich die beiden Texte bewundere. Alles, wirklich alles nimmt mich angesichts dieser Schriften für den Autor ein. Zum einen Dürrenmatts Drang, sobald er sich in Israel befindet, den mitgebrachten Vortrag wieder komplett umzuschreiben. Die Erfahrungen waren so übermächtig, daß sie seine in der behaglichen Schweiz ersonnenen Sätze zu Makulatur werden ließen. Zum anderen die Differenziertheit seines Denkens – da wird nicht blindlings über die Erfahrung hinweggeschrieben, im Gegenteil, das Gesehene, Gehörte, Erlebte in diesem sehr besonderen Land bohrt sich tief in ihn ein, zugleich zeigt sich der Autor als einer, der mit erstaunlich profunden theologischen und historischen Kenntnissen gerüstet ist.

An seiner Haltung, daß der Staat Israel für ihn, und natürlich ungleich mehr für die Juden, von großer existentieller Bedeutung ist, läßt er nicht den geringsten Zweifel. Dieser bedeutende Ausgangspunkt ist sogleich gesetzt, und an ihm wird nicht gerüttelt. Auch dieses sehr klare Bekenntnis macht mir Dürrenmatt sympathisch. Und da sind kluge Einsichten generös über die Texte gestreut – etwa, wenn ihm der Tod seiner Mutter in den Sinn kommt und er über einige Volten hinweg, im Flugzeug sitzend, im Anflug auf Elath, darüber nachdenkt, »… daß alle Kämpfe hienieden Glaubenskämpfe sind, mögen wir es noch so abstreiten, verbergen und verkleiden, als ideologische Auseinandersetzungen womöglich – dann sind sie noch grausamer. Wolken kamen heran, überraschend, wuchsen zusammen, auf einmal glitten wir wie über einem Eismeer dahin und landeten in Elath bei trübem Wetter …«[5]

Da ja die Notwendigkeit des Staates Israel immer wieder von dessen Feinden angezweifelt wird, und deren sind viele – seitdem Dürrenmatt über das Land nachgedacht hat, sind sie sogar extrem gewachsen –, legt er den Finger sogleich auf einen wesentlichen Punkt: »… der Staat Israel, indem er unwahrscheinlicherweise *wurde*, ist trotzdem geworden, allem zum Trotz, das sich seinem Werden entgegensetzte, in der Vergangenheit nicht weniger entschlossen als heute, liegt doch gerade darin auch ein Hinweis auf seine Notwendigkeit, *inwiefern* nämlich seine Sache, die Sache dieses angefeindeten kleinen Staates, eine gerechte Sache ist, vermag sie auch nur unmittelbar einzuleuchten.

Sie stellt dann ein geschichtliches Axiom dar, das nur noch ideo-
logisch, doch nicht mehr existentiell angezweifelt werden kann.
Daran muß sich die Politik des Staates Israel halten, was immer
für Opfer auf ihn zukommen: daß seine Notwendigkeit immer
glaubhafter dadurch werde, daß sie als eine gerechte Sache er-
scheine.«[6] Dem frühen Liebhaber der Lektüren Karl Barths und
Sören Kierkegaards, auch dem Mann, der in späteren Jahren
Gott verlor oder sich von ihm abkehrte, dem konnte der neuge-
gründete Staat Israel nicht gleichgültig sein. Ein konfliktum-
toster Staat von Anbeginn an, zum einen ein säkulares Gebilde,
zum anderen eines, das seine Definitionskraft und Herleitung
aus der hebräischen Bibel, vor allem aber aus den schreckener-
regenden Erfahrungen des jüdischen Volkes bezog, der jahrhun-
dertelangen Verfolgung, die im Nationalsozialismus in beispiel-
loser Weise kulminierte.

Friedrich Dürrenmatt besteht auf der Einzigartigkeit des inneren Glutkerns, den die Stadt Jerusalem birgt, in der die Juden an der Klagemauer beten, die Christen in ihren Kirchen, die
Muslime in ihren Moscheen. Er hängt an diesem noch jungen
Staat, will ihn mit seinen schwachen Denk- und Schreibkräften
verteidigen. Denn zahllos sind diejenigen, welche die Nichtexi-
stenz des Staates Israel postulieren beziehungsweise dessen Notwendigkeit in Zweifel ziehen, falls sie ihn eh nicht schon bis
aufs Blut hassen. Dürrenmatt behauptet sogar, auch diejenigen,
die vordergründig seine Existenz bejahten, wären hinterrücks
nur allzu glücklich, würde dieser Staat nicht existieren: »So halte
ich denn meine Rede vor einem bedrohlichen, dunklen Hintergrund, irgendeinem dubiosen Weltenrichter sind schon schwer
entzifferbare, von unzähligen Händen verschmierte und ständig
umgeschriebene Anklageschriften zugegangen, noch ist er nicht
entschlossen, sie zu lesen, aber er könnte sie lesen; ob er dann
einen Urteilsspruch sprechen würde, ist ungewiß, aber er könn-

te ihn fällen, und wie er dann ausfiele, ist noch ungewisser, und irgendwo, hinter allen Welthintergründen, putzt der Weltenhenker mechanisch an seinem Beil herum, noch hat er keinen Befehl bekommen, aber er könnte ihn bekommen ...«[7] Hätte, könnte, hätte, es wimmelt hier nur so von Konjunktiven, die Bedrohung schwebt gleichsam über vielen Köpfen, keineswegs nur über den Köpfen der Juden. Und der Weltenrichter, kein verläßlicher Geselle, sondern ein dubioser Antigott, an den bösen Gott der Gnostiker erinnernd, womöglich identisch mit dem Weltenhenker, der sich weigert, die Not- und Bittschriften zu lesen und statt dessen sein Beil putzt, er erinnert fatal an den Großen Alten aus dem *Durcheinandertal*, ein völlig ungerührter grausamer Demiurg, der ebenfalls keine einzige Bittschrift liest und die Post gleich kübelweise ins Schwimmbassin kippen läßt. Keine Frage, Friedrich Dürrenmatt bangt um den Staat Israel, ohne daß er sich deshalb zu propagandistischen Zwecken mißbrauchen lassen würde, und das macht die Qualität seines Textes aus.

Auf Spaziergängen in Jerusalem und aus Jerusalem heraus kommt er gleich mehrfach vom Weg ab, irrt herum, er ist in einer Wirrniswelt gefangen, in der zu viele Eindrücke auf ihn einstürzen, als daß er sie Stück für Stück logisch verarbeiten und dabei gemächlich seinen Weg verfolgen könnte. Nicht alle Bewohner sind freundlich zu ihm, nicht alle Begegnungen bleiben frei von Mißtrauen: Es gibt da eine dicke Frau an einer Bushaltestelle im wüstenhaften Brachland, die ihm böse hinterherstarrt, ihn regelrecht mit ihrem Blick verfolgt und ihm das Gefühl gibt, er sei zu Unrecht hier, ein mißliebiger Gast in dem heißen, bisweilen sonderbar unheilig heiligen Land, der da ganz gewiß nichts zu suchen hat. Man darf annehmen, daß Jerusalem, dieser hoch aufgeladene Ort, der weltweit heißeste Brennpunkt der Religionen, die sich nicht grün sind, gerade einen Pfarrersohn, auch wenn er in der kühleren, ruhigeren Schweiz aufgewachsen ist, nicht kaltlassen kann. Aber Dürrenmatt läßt sich nicht ganz und gar verwirren. Was auf ihn einstürzt, kann zwar nicht mit Heftigkeit, ungefiltert aufs Papier niederkommen und so stehenbleiben, der späterhin abgedruckte Text hat sicher mehrere penible Korrekturgänge des Autors erfahren, aber durch das Feilen an den Sätzen, das mäßigende Durchdenken, durch die Beruhigungsmaßnahmen hindurch, die an dem Text sicher vorgenommen wurden, spürt man immer noch die helle Aufregung lodern. Der politisch alles andere als unempfindliche Autor Friedrich Dürrenmatt wird hier zu einem äußerst dünnhäutigen Menschen, der sich seines Weltbildes neu versichern und vieles neu durchdenken muß.

Nichts ist sicher außer der Überzeugung, daß die Juden ihren Staat brauchen. Und diese Überzeugung gerät nicht ins Wanken: »Ich, der ich sonst für keinen Staat besonders eintrete, der ich sonst über Staaten nicht gerade zimperlich denke und über den Nationalismus ausgesprochen bösartig, stehe für Israel ein, weil ich diesen Staat für notwendig halte.«[8] Als Protestant steht er auf wackligem Terrain, besonders als einer, der den Glauben vollends in die Subjektivität gezogen hat und jede sichtbare Kirche ablehnt. Damit ist er allerdings schon so gut wie ausgetreten aus der Glaubensgemeinschaft, die ohne Gemeindebindung, zumindest ohne die Sehnsucht nach einer Gemeinde schwerlich existieren kann. Das gemeindehafte Wesen ist Judentum und Christentum inhärent. Zwar mag der Einzelne herausgehoben sein in seiner Bereitschaft, sich aus der intensiven Beziehung zu Gott nicht verscheuchen zu lassen – wobei sich gerade die jüdischen Propheten als Einzelgänger dadurch auszeichnen, daß sie mit Gott ringen, ihm sogar etwas abhandeln oder abschwatzen, was immer ein einsamer Aufruhr geblieben ist und kein Kampf, den eine ganze Gemeinschaft führt –, aber dieser Kampf wird immer auch mit Blick auf die Gemeinde geführt.

Es ist die soziale Komponente, ohne die ein religiöser Mensch nicht auskommen darf und soll. Die Gemeinde ist gewissermaßen ein kleiner überschaubarer Nukleus, der für die größere Gemeinschaft des Volkes steht und der im Christentum auch über das eigene Volk, dem man zufällig angehört, hinausweist. Aber es ist nicht nur das Gemeindeleben als Sozialleben, das damit bekräftigt werden soll, es geht auch um die Bestätigungs- und Erneuerungskraft des Rituellen, um Bindung. Es geht um den jährlich wiederkehrenden Zyklus der Erinnerung an die Stationen der Offenbarung, an den Auszug aus Ägypten, an die Bekräftigung des Bundes, an die Geburt Jesu und das Leiden Jesu am Kreuz, Zäsuren im jährlichen Zyklus, die zwischen Judentum und Christentum anders sind. Hinter Friedrich Dürrenmatts Verwerfung der Kirche steckt eine düstere Geschichtsphilosophie, die nichts anderes an der Kirche sehen kann als die Korruption der religiösen Botschaft. Nach seiner Auffassung hat sich jeder der dreieinigen Bestandteile, Gott, Heiliger Geist und Sohn, auf die übelste Weise materialisiert und ist gleichsam darin erloschen. Gott verkörpere demnach die Imperien, Christus die Kirche, die zu einer totalen gottlosen Kirche geworden sei, und der Heilige Geist, der alte Häretiker, totalisiere sich schlußendlich in den Wissenschaften.

Das, mit Verlaub, ist selbst als Zerrbild, das naturgemäß übertreiben muß, reichlich naiv. Keine religiöse Gemeinschaft, nirgendwo auf der Welt, konnte je den Ansprüchen genügen, die in ihr niedergelegt, aufbewahrt, tradiert wurden und weiter tradiert werden. Schlichtweg jede Institution neigt zu korruptivem oder läßlichem Verfall und muß daher in Erneuerungswellen mit frischem Geist gefüllt werden. Ein Kehraus, der die schlimmsten Mißstände beseitigt, tut immer wieder not. Anders ist das

Aufkommen des Protestantismus, in dessen Geist Friedrich Dürrenmatt ja aufgewachsen ist, gar nicht zu verstehen. Andererseits sind die drei großen Religionen, Judentum, Christentum und Islam ohne Gemeindebindung gar nicht denkbar. Denn nur ein bindendes Element, das über das Private hinausgeht, garantiert, daß der einzelne sich nicht in eine Privatreligion zurückzieht, die völlig frei von verantwortlichen Elementen ist, auch frei von der sozialen Bindekraft und dem sozialen Bindeauftrag der Religion.

Das Eigenreligiöse verkommt alsbald zu nicht viel mehr als einem unscharfen, letztlich egozentrischen Privatmystizismus. Es geht im übrigen auch darum, daß die Lehren, die aus der Tora, aus der Bibel und aus dem Koran gezogen werden, nicht einer allzu privaten Verwilderung preisgegeben werden. Alle Religionen sind immer in Gefahr, daß der einzelne sich aus den Texten und der tradierten Überlieferung nur das herauspickt, was ihm gerade in den Kram paßt, und dabei alles andere souverän übergeht. Schließt sich der Privatmensch in die Privatreligion ein und hält keinen geistigen und rituellen Kontakt mehr zu religiösen Menschen, die die Texte vielleicht anders auslegen, gibt es keine Stimme mehr, die ihm darin widersprechen könnte.

Andererseits verstehe ich die Position Friedrich Dürrenmatts nur allzugut. Gerade der Protestantismus ist im Geiste der Verflachung und Anpassung an den Zeitgeist extrem vorangeschritten, so daß nur mehr wenig von ihm überhaupt übrig ist. Maßlose Anbiederung an den jeweils aktuellen Jugendkult, unfaßlich dummes Geplapper von maßgeblichen Kirchenfiguren in den Medien, das alles hat die Kirche, der ich angehöre, und der auch Friedrich Dürrenmatt angehörte, schier bis in die Grundfeste geschleift. Wobei – Friedrich Dürrenmatt hatte es noch gut. Er konnte Karl Barth treffen und mit ihm sprechen. Um dieses Privileg beneide ich ihn sehr. Daß es gerade die protestantische Theologie war, in der zeitweise inniger, rücksichtsloser, kämpferischer in den Gotteshader verstrickt gedacht wurde, machte ja gerade ihre Stärke aus. Und der Begriff Sünde stand geradezu lodernd am Firmament geschrieben, und kein Ablaßhandel in Sicht, um allzu billig davonzukommen. Auch wenn die Möglichkeit, des Gnadenschatzes teilhaftig zu werden, zum Ausgleich entsprechend betont wurde. Heute ist von der Sündhaftigkeit, von der Wirkmacht des Bösen im Menschen, in den Predigten fast nicht mehr die Rede, da hocken offensichtlich nur Gutwillige im Kirchengestühl, denen nichts vergeben werden muß, was ein kleines Lippengemurmel nicht schon leichterdings wegwaschen und ungeschehen machen könnte. Die frohe Botschaft superleicht und superseicht, womöglich mit eunuchoiden Stimmchen zur Klampfe gesungen. Wenn mich der Ärger über meine Kirche überbraust, ist mir die Flucht Friedrich Dürrenmatts in die Privatheit, ist mir seine Kirchenabstinenz, ja sogar seine letztendliche Abkehr von der Religion nur allzu verständlich.

Man merkt Friedrich Dürrenmatts Essays jedoch an, daß ihm gerade die jüdische Gottesvorstellung mächtig imponiert. Gott auch als Finsterling gesehen, der entsetzliche Strafen über Sein Volk verhängt, kein milder Bursche, der es schützt und behütet. Und Er bleibt ein Gott, der Rätsel aufgibt, Seine Unerforschlichkeit ist größer, als es die Unerforschlichkeit des Christengottes ist, der in Seinem Sohn als Mittler ja ganz anders, beispielhaft, unablässig an die Verstehenskräfte appelliert. Der Gott der Juden straft nicht nur im Jenseits, Er wütet im Diesseits, während der Gott der Christen eine allmähliche Umschaffung erfahren hat, Ihm immer mildere Züge angedichtet wurden. Absolute Liebe, absolute Gerechtigkeit. Über den christlichen Gott schreibt Dürrenmatt, Gott sei »gleichsam ein Sklave seiner absoluten Eigenschaften, aus denen sich immer erstaunlichere

Dogmen deduzieren«[9] ließen. Die jüdische Dialektik verfährt da anders: »Die jüdische Dialektik schärft sich dagegen an der Auslegung des Alten Testaments, hinter dem Gott als Geheimnis bleibt, sie ist ein beständiges Hinweisen auf das, was Gott mit dem, was er seinem Volk als Gesetz auferlegt, vielleicht meinen könnte, ein Gesetz, das um so unbegreiflicher ist, als ein Gott sein Volk fallenließ.«[10]

Und an anderer Stelle heißt es über den Gott der Juden: »Er ist in allen seinen Widersprüchlichkeiten, Launen, Wutausbrüchen, Zerstörungsaktionen undeutbar. Er straft nicht im Jenseits. Er wütet im Diesseits, sein Volk immer wieder zerstörend. Er verschont nicht einmal seinen Tempel. Von diesem Unerforschlichen her, vom Rätsel seines von Gott verhängten Geschicks aus tastet sich die jüdische Religiosität vorwärts. Sie baut das Gesetz ins Umfassende aus. ... Das Judentum ist gezwungen, immer wieder vom Existentiellen her neu anzusetzen, an die Überlieferung anzuknüpfen, immer wieder, sie wiederum zu durchdenken. Von Geschlecht zu Geschlecht. Vom Leben her. Von der Verfolgung her. Von der Diaspora her. Von der Situation her. Aber auch vom einzelnen her. Wie noch bei Kafka.«[11]

Nicht umsonst fällt hier der Name Kafka. Denn wie kein anderer Autor im zwanzigsten Jahrhundert hat Franz Kafka durch seine abgründigen Texte die Gottesfrage durchschimmern lassen. Nicht in satirischer Form, wie es Friedrich Dürrenmatt in seinem *Durcheinandertal* getan hat, sondern als permantes bedrohliches Hintergrundflimmern. Gottgleiche Instanzen treiben auch im *Process* ausgerechnet auf einem Dachboden, also dem Himmel schon etwas näher, als es der Erdboden ist, ihr verrücktes und zutiefst bedrohliches Verfolgungsspiel. Das ist nicht weniger pervers als es die bösen, verderbten Spiele sind, die der Große Alte in Dürrenmatts *Durcheinandertal* treibt, allerdings sind sie noch gefährlicher und obendrein in ihrer Wirkung auf die

Angeklagten auslaugender, anders ausgedrückt: sie sind von anderer, unheimlicherer metaphysischer Schwerkraft.

Beim Juden Kafka ist die Verborgenheit der göttlichen Instanz das schwindelerregende, zutiefst beunruhigende Thema. Warum, wieso, weshalb, das kann man im *Process* ständig fragen, und Josef K., der Angeklagte, kommt von der bohrenden Frage nicht los, wessen er überhaupt angeklagt ist. Im *Durcheinandertal* ist die Antwort gegeben, der Große Alte als Gott oder demiurgischer Stellvertreter Gottes ist böse und braucht gar keine Begründung für seine vernichtenden Taten, er ist ein mit übersinnlichen Fähigkeiten ausgestatteter Mafioso mit weitreichenderer Machtbefugnis, einer sehr viel umfänglicheren, als sie ein Mafiaboß für gewöhnlich innehat.

Zum Schluß noch ein Wort zu Friedrich Dürrenmatts *Hirn*. Ich wurde gebeten, auch über diesen Essay ein wenig zu sprechen. Nun, ich muß zugeben, das fällt mir schwer. Der Grund ist der folgende: Auf wenigen Seiten, über Stock und Stein und Horden und Völker hinweg, ist ein rascher, allzu rascher Ritt durch die Geschichte der Menschheit riskiert, eine halsbrecherische Galoppade, die über die Menschwerdung und über die notdürftige Zivilisierung des Menschen hinwegspringt, die Katastrophenkürzel allesamt gleich mit im Gepäck des rasenden Reiters. Obendrein wird das aufgesammelte Desaster beäugt oder vielmehr hinterwimmelt von einem gottgleichen Superhirn. Mit diesem Sturmritt kann ich mich nicht anfreunden. Nicht, weil das alles grottenfalsch wäre, aber in der Pressung und Verallgemeinerung der historischen Verhältnisse steckt etwas Fades.

Wenn man das alles liest, wird einem ziemlich gleichgültig zumute. Es ist dann mehr oder weniger egal, wie der Mensch geworden ist, warum es ihn überhaupt gibt und wie er dann über viele, viele Entwicklungsstufen hinweg im zwanzigsten Jahrhundert geworden ist. Auch mochte ich ähnliche Science-fictionhafte Phantasien über ein Superhirn, das irgendwo im Nirgend-wo des Weltalles beheimatet sein soll, noch nie. Mir kommt das wie eine etwas öde Ersatzvorstellung Gottes vor, dessen Stärke für mich gerade darin liegt, daß ich ihn mir nicht vorstelle, schon gar nicht als ein dem menschlichen Hirn nachgebilde-tes Großhirn, das sich irgendwo im Nirgendwo des Weltraums schwebend herumtreibt. Der Essay endet jedoch mit einem Be-such Dürrenmatts in Auschwitz. Und da steht nun ein wuchti-ges, abstraktes Denkmal inmitten des Geländes. Und Dürren-matt sagt dazu einen klaren Satz: »Es gibt Gelände, da hat Kunst nichts zu suchen.«[12] Wohl wahr, das möchte ich doppelt und dreifach unterschreiben.

Walker Percy
Der Kinogeher

Wieder und wieder habe ich dieses Buch gelesen, vor wenigen Tagen erneut danach gegriffen. Warum so oft? Warum ist die Liebe zu diesem kleinen Roman so beständig? Zunächst einmal handelt es sich um den höchst seltenen Fall eines modernen Romans, der einen glücklichen Ausgang nimmt – in aller Vorsicht natürlich, denn Glück als einen Zustand der Dauer kann es ja bekanntlich nicht geben.

Wobei alles kompliziert beginnt. Wir befinden uns in den fünfziger Jahren in New Orleans. Im Gemüt von Jack Bickerson Bolling, einem jungen Börsenmakler, hat sich eine amerikanische Spielart des Existentialismus festgesetzt. Da wird weniger philosophiert, weniger an prinzipieller Schuld herumgegrübelt als in Frankreich, statt dessen permanent ins Kino gegangen. Nicht nur Jack, auch andere Romanpersonen sind vom Nachtfieber ergriffen. Sie nähren sich von driftenden Nachtideen, weil sie in der Wirklichkeit nicht ganz zu Hause sind. Es ist, als hätte ihnen der Große Krieg das habhafte, drangvolle Leben geraubt. Kurioserweise ist Jack dabei kein abgebrühter Held, sondern im Gegenteil einer, bei dem sich Anstand, Fürsorge, Pflicht und die Flucht vor einem eng umzirkten Leben in reizvoller Balance halten.

Er besucht mit Vorliebe leere Vorstadtkinos, die dem Ende geweiht sind. In einer unwirklichen Sphäre, vom Leben nicht mehr beherrscht und dem Tod noch nicht zugefallen, fühlt er sich wohl. Und jedesmal hält die Leinwand eine Stärkung bereit, die es Jack erlaubt, gekräftigt ins Leben zurückzukehren. Nein, das Kino ist nicht Suchtmittel, um ihn von den Geschäften, den Verwandten und Amouren abzuziehen. Wenn Jack einen seiner Lieblinge, William Holden etwa, im Film gesehen hat, glänzen seine Augen für eine Weile, die Schritte bekommen Schwung, um den ganzen Mann bildet sich eine auratische Sphäre. Er ist glücklich in einem Film, sogar in einem schlechten. Merkwürdigerweise erinnert er sich präziser an so manche Filmszene als an Momente des eigenen Lebens, welches seltsam vage verlaufen zu sein scheint, obwohl es doch von Dramatik erfüllt gewesen sein muß, denn Jack hatte als Soldat in Fernost gedient.

Auch sonst ist der Mann alles andere als fade. Er ist auf der Suche, gehört der Klasse der Asphaltjäger an, bei dem jede hübsche junge Frau sogleich einen Schwarm Gedanken freisetzt, denen der Leser mit hohem Vergnügen folgt. Jack Bickerson Bolling ist ein Frauenfreund der angenehmen Sorte, kein Sadist. Seine Frauenjagden sind allerdings von der »Malaise« überschattet, jener Traurigkeit, welche die Liebenden und besonders den Jäger überkommt, wenn man sich plötzlich nichts, aber auch gar nichts mehr zu sagen hat.

Er verdient Geld mit Geschick, unterhält ein Liebesleben mit wechselnden Sekretärinnen, die er raffiniert bezaubert, mit denen er Ausflüge in einem tiefgelegten Sportwagen unternimmt. Die Fahrten in Jack Bickerson Bollings kleinem MG gehören zum Schönsten, was es in puncto Auto in Romanen zu lesen gibt. Eine gewitzte Liebesphilosophie entzündet sich an den Vorzügen und Mängeln verschiedener Wagen. Die Vorgänger des MG waren allesamt Brutstätten des Unglücks gewesen, besonders schlimm ein erzkomfortabler Dodge: »Obwohl er so bequem war und lief wie ein Uhrwerk, obwohl wir in vollkommener Bequemlichkeit dahinbrausten ... wurde alsbald die Malaise akut. Wir erstarrten in eisiger Beflissenheit, die Wangen schmerzend von Gelächel. Wir wären füreinander beflissen gestorben.«[1]

Gottlob ist im MG nun alles anders: der Asphalt rast auf die Insassen zu, das Gerüttel ist enorm, der Lärm ohrenbetäubend. Körper und Seelen geraten ins Tohuwabohu. Unglück und Gehemmtheit verfliegen, als hätte es sie nie gegeben.

Es gibt noch eine andere, zunächst eher heimliche Hauptperson im Roman. Kate Cutrer mit Namen, eine Stieftochter von Jacks vermögender Tante. Kate gehört zu jenen Personen, um die sich Angehörige ein Leben lang Sorgen machen. Nicht im eigentlichen Sinne verrückt, aber in Gefahr, daß die Wirklichkeit ihnen entgleitet, sind sie wie von Schleiern umgeben. In Gesellschaft wirken sie abwesend, sind aber auf unheimliche und beharrliche Weise Mittelpunkt solcher Zusammenkünfte. Die Attraktion, die von Kate ausgeht, läuft wie ein unterirdischer Strom durch den Roman, manchmal als ein dünnes Rinnsal nur, dann erwartet man das endgültige Scheitern einer Verbindung zwischen Kate und Jack. Aber es stellt sich immer wieder eine außerordentliche Vertrautheit her, und diese Vertrautheit ist sublim beschrieben, auf winzige Gesten beschränkt, ein wahres Wunderwerk der Romankunst. Und ja: es endet gut. Die beiden sind ein Ehepaar geworden, und Jack, der seelisch Kräftigere, hilft seiner Frau mit anmutigen Gesten aus dem Gestöber, hilft, daß sie aufhört, über verschüttete Flächen zu spazieren, welches das trübe Los der Halbverrückten für gewöhnlich ist.

Es sei noch erwähnt, daß Peter Handke die Übersetzung besorgt hat, ein Glücksfall, denn dadurch liest sich dieser außerordentliche Roman in einem melancholisch verflüssigten Tonfall, funkelnd erhellt durch höchst präzise Stücke, die in seinen dunklen Wassern treiben.

Virginia Woolf
Mrs Dalloway

AUGENBLICKS VERZÜCKT, bei jedem Dröhnen den Kopf hebend in der Erwartung, es werde gleich *Blaxo* und *Kreemo* in den Himmel geschrieben, obschon weit und breit keine weiße Rauchstange zu sehen ist; auch mit dem eingebauten Fünf-Uhr-Reflex eines Dallowayisierten, der sich inbrünstig nach schwarzem Tee sehnt, selbst wenn er ihm nur leidlich schmeckt und im Buch nicht eben glücklich Tee getrunken wird, wobei nun präzisiert werden muß, daß ein dallowayisierter Mensch vorzugsweise weiblich ist und beim Anblick eines grünen glitzernden Kleides von Clarissa-Atomen durchflogen wird –

UND doch, welch ein Kuriosum, dies Restchen, das von einem Buch bleibt, egal, ob Männer- oder Frauenfinger es zuklappen, wie es schwillt oder schrumpft, als Ganzes entschwebt oder sich in einem Gedächtniswinkel festsetzt, aus dem es manchmal unerwartet zum Vorschein kommt und einen Brocken liefert, der so nicht im Text steht, einen sonderbar unzuverlässigen Brokken, wogegen einem die Erinnerung an die Atmosphäre eines Buches geradezu solide vorkommt: dies strahlende Gespinst von einem Londoner Junitag, seine hellen Fontänen, wie nicht von ihnen besprüht werden und von seinen Partikeln imprägniert sein, wohingegen konkret, bitte jetzt konkret, kurioserweise blieb: Lady Bruton auf ihrem Sofa, Septimus, wie er beim Zurechtkneifen eines Hutes den Verstand wiederfindet, wenn auch nur –

FÜR SEKUNDEN seinen heiteren Verstand, und dann blieben noch andere Sekunden, in denen Peter Walsh urplötzlich weint, *Blaxo* und *Kreemo* natürlich, obwohl, ohne nachzuschauen, *Glaxo* und *Cremo* dastünden; aber die Titelheldin ist durch konkrete Handlungen schwer zu fassen, allenfalls mit dem Gleiten ihrer Nadel durch grünen Stoff, ähnelt sie doch einer viktorianischen Wolke, die sich über den Ersten Weltkrieg gerettet hat und schillert und seit sechs Jahren dafür verantwortlich ist, daß ich dallowayisiert bin, gewissermaßen gegen meinen Willen, denn –

EIN TSUNAMI, ein Gewurl aufgebrachter Weiblichkeit schob in den siebziger Jahren Virginia Woolf vor sich her, und so taten auch wir, was alle Welt tat, lasen *Orlando* und fanden, bewundernswert gewiß, den Großen Frost und unterm Eisglas der Themse den versunkenen Kahn, darin die Apfelhändlerin inmitten ihrer Äpfel, »als wäre sie im Begriff, einen Kunden zu bedienen, wenn auch eine gewisse Bläue um die Lippen die Wahrheit andeutete«,[1] bewundernswert das Pope-Kapitel, aber –

DER oder die Orlando schien eine reichlich künstliche, um nicht zu sagen gezierte Figur, und daran hat sich beim Wiederlesen nicht viel geändert, was – Gott verzeih! – zu Vorbehalten führte, die sich noch verstärkten beim Versuch, *Die Wellen* zu lesen, von denen oft geschrieben wurde, sie seien das absolute Meisterwerk; auch hier bleibende Opposition, obwohl wir inzwischen belehrt sind, mit welchen Finessen es konstruiert ist, was es mit dem Kranz der Figuren auf sich hat, eingedeckt sind mit Quisquilien und Paraphernalien zu Repräsentanz und Konkordanz in der Leben-Virginia-Forschung bezüglich Meer, Strand, Kindheit, Eros, Tod, Knochen, Milchkannen, Telegraphenmasten, Eierschalen & fliederfarbener Salzluft; allein, es hilft nichts –

BEIM LESEN setzt Kannibalisierung ein: Jedes neue Wort bewirkt das Vergessen des vorletzten, und schon beginnen die Gedanken zu spazieren, und ich frage mich, ob's nicht an der Zeit wäre, den Kissenbezug zu wechseln (was Sie, geneigter Leser oder geneigte Leserin, nicht eine Sekunde davon abhalten soll, es mit der Lektüre zu probieren; wahrscheinlich sind gerade Sie der Pfiffikus mit dem Spinnwebhirn und Sie die begabte Hypnotiseuse, die mit schmalen Augen Löcher in *Die Wellen* brennt, versteht, genießt und einfach glücklich damit wird); wobei es nun an der Zeit ist, damit herauszurücken, daß –

SICH einem Film, einem redlichen zwar, aber keineswegs brillanten, die eigentliche Entdeckung verdankt, auch er *Mrs Dalloway* geheißen, worin Vanessa Redgrave die Herde der Schauspieler anführt und alle wichtigen älteren Figuren ebenfalls glänzend besetzt sind, das Ganze aber daran krankt, daß die Altersspannen nicht überbrückt werden konnten und die aus der Rückblende gezogene Jugend von Clarissa, Sally, Peter, Richard, Hugh von anderen Schauspielern übernommen werden mußte, wobei ein Teil den andern –

ÜBERWÄLZT und fast löscht, was zu Irritationen führt und das freie Gleiten der Erinnerung hindert, die das Buch so unwiderstehlich macht und gleichsam mit der linken Hand Glück unter die Leser streut, welches die Autorin beim Schreiben selbst empfand, denn dieser Roman bedeutete für sie nach *Jacobs Zimmer*, wo sie ihre locker assoziative Methode zum ersten Mal erprobte, den Durchbruch, ein Arbeiten, bei dem sie immerzu »leichte Eimer« heraufzog, obwohl sie sich auch hier Sorgen machte, fürchtete, die Hauptfigur sei »zu steif, zu glitzernd & talmihaft«,[2] worauf sie erwog, Clarissa aus dem Buch herauszuoperieren und darin von Bloomsbury-Freund Lytton Strachey unterstützt wurde, der Clarissa »unliebenswürdig & beschränkt« fand, was uns heute eine sträfliche Mißkennung dünkt; sollten aber bedenken: Achtzig Jahre sind seit der Erstveröffentlichung vergangen, was damals gesellschaftskritisch gemeint war, wirkt heute eher harmlos, haben sich inzwischen doch ganz andere Katastrophen ereignet, das Bürgertum unterspült und die clarissahaften Gastgeberinnen vom Erdboden verschluckt, so daß wir heute entzückt wären, fänden wir noch eine vor, und würden ihr die Anwandlungen von Snobismus verzeihen; auch ist angesichts der unsinnigen Verehrung, die hierzulande die Tiefe genießt, Jubel angezeigt bei einer Figur, die sich an der Oberfläche bewegt und in Fühlung mit dem Augenblick glänzt, deren Vergangenheit nicht umständlich ausgebuddelt werden muß, weil sie in Strömchen und Strudeln herbeirinnt und -springt und -schwänzelt –

UND DEN WAHNSINN in seiner allgemeinen wie speziellen Form –

AN DIE OBERFLÄCHE SPÜLT; wozu ein jüngerer Zeitgenosse sagen würde: Boaah, ist das gut!, wir aber, vergnügte Zyniker, die wir sind, rufen beim siebten, achten, neunten Lesen, was ja ein flott verstochertes und verzwirbeltes Lesen ist: Tschacadou, Evans!, sobald der tote Kriegskamerad aus dem Busch tritt, wobei sein Erscheinen begleitet ist von fünftausend Krachern und trockenen Plops, wie wir sie aus mindestens zweitausend Filmen kennen –

DOCH Vorsicht, an dieser Stelle sehen wir Virginia ihren langen mondknochenhaften Finger heben und Leonard seinen sehnigen zähen, denn sie waren im Ersten Weltkrieg Pazifisten und verdienen dafür Respekt und Bewunderung, weil das damals keine wohlfeile Angelegenheit für Rechthaber war, und nun sagen beide mit Nachdruck:

HALT! 1895: Tod der Mutter. Da war Virginia dreizehn. 1897: Stiefschwester tot. 1904: Vater tot. 1906: Bruder tot. Ebenfalls 1904: erster Zusammenbruch und Fall in den Wahn, 1913 der zweite, 1915 der dritte; also mit zweiundzwanzig, einunddreißig und dreiunddreißig Jahren. Ab 1912: Ehe mit Leonard Woolf, nach anfänglichem Desaster eine wundersam glückliche. Vier Todesfälle, die auf ein ungeschütztes Gemüt trafen, sind für die Labilität verantwortlich, aber auch für die berückende Mehrhörigkeit des Schreibens. Mit den Toten spielen ist eine nur wenigen vergönnte Kunst. Hier wird mit Verlassenschaften gespielt, hier werden durchs Universum schweifende Stimmen gehört. Sand wird mit einer Konzentration gesiebt, wie sie Kindern eignet. Auch ohne die vier Toten wäre aus Virginia Woolf eine Schriftstellerin geworden, vielleicht eine gute, aber gewiß keine, die so virtuos auf den Knochen ihrer Familie pfiff. Von der intimen Erfahrung des Wahns rührt die exakte Kenntnis von der Abwesenheit des Gefühls, die mit schauspielerhaften Ausbrüchen von Larmoyanz und Sentimentalität alterniert, das Wissen um geblähte Allmacht und schlappe Niedrigkeit in schnellem Wechsel. *Septimus Smith? – ist das ein guter Name?* – Der allerbeste für einen Menschen zwischen Groß und Klein, Außergewöhnlich und Gewöhnlich.

EINE neue Religion kündigt sich im Medium Septimus an, dessen Fähigkeit zur Durchzwingung des Seins die allerhöchste ist und daher dringend der Regierung ausgefolgt werden muß. *Allumfassende Liebe* lautet eine seiner Botschaften, und sie liegt verteufelt nah an der allumfassenden Ausrottung. Wer den Wahnsinn kennt, weiß, wie schnell die Pole umspringen. Erlaubt sei hier ein kleiner Exkurs: Knapp vor Ausbruch der dritten Wahnperiode, die sehr aggressiv verlief, notierte Virginia Woolf am 9. Januar 1915 in ihr Tagebuch: »Auf dem Treidelpfad begegneten wir einer langen Reihe von Kretins, an denen wir vorbei mußten. Der erste war ein großer junger Mann, nur gerade so absonderlich, daß man zweimal hinschaute, mehr nicht; der zweite schlurfte & sah zur Seite; & dann begriff man, daß jeder einzelne in dieser langen Reihe eine elende untaugliche schlurfende idiotische Kreatur war, ohne Stirn, oder ohne Kinn, & mit einem blöden Grinsen, oder einem wilden mißtrauisch starrenden Blick. Es war absolut entsetzlich. Sie sollten wirklich getötet werden.«[3] Im Anschluß daran wird eine Ananas für neun Pence gekauft. Man könnte dies zu den allgemeinen Tendenzen der Zeit schlagen, wo derlei Anschauungen überall sprossen. Bei Virginia Woolf ist die Lage anders. Sie war gegen grausame Parolen ziemlich immun. Ihre extreme Schärfe bekommt die Stelle, wenn man bedenkt, daß Virginia eine geistesschwache Stiefschwester hatte, die bis zum Tod des Vaters im Haus lebte: Laura Makepeace, Tochter von Leslie Stephen und seiner ersten Frau Harriet Marion Thackeray, die wiederum eine Tochter des Schriftstellers William Makepeace Thackeray war. Laura wird so gut wie nicht erwähnt. Es ist, als habe sie nie existiert. Vielleicht vereinigen sich hier zwei Wahnkanäle: ein Familienstolz, der sich zugute hält, von der viktorianischen Geisteselite abzustammen, wohinein eine Idiotin schlecht paßt, und der kalte, schroffe Beginn eines habhaften Wahns, der im Geiste Leichen sät. Doch nun zur –

AUSPUFFEXPLOSION und zu Septimus, der auf die Vorhänge des Automobils starrt. Ein baumähnliches Muster zieht ihn bis auf den Grund. Das böse Auge des Ornaments blickt zurück und erkennt Schuld, erkennt auf die Todesstrafe. Wie im Märchen steht Septimus mit seinem Schuldgepäck in den Bürgersteig »verwurzelt«.[4] Daß Bäume leben, ist eine seiner Offenbarungen. Aus Baum und Strauch tritt der tote Offizier Evans hervor und versetzt ihn in Panik, hebt auf, was –

TRENNT und hält, die Toten von der Welt der Lebenden fernhält; Sperlinge flattern in »gezackten Fontänen«,[5] ein böses Fliegermuster, was bleibt da noch als Warten in Angst, und – horch! – ein Sperling, der zwitschert seinen Namen und singt plötzlich durchdringend auf griechisch, singt von jenseits des Totenflusses, »daß es keinen Tod gebe«,[6] im diesseitigen Park tritt aber niemand anderer als Peter Walsh, der Mann im grauen Anzug, aus dem Gebüsch; eine der grandiosen Schnittstellen des Romans, in der nicht nur zwei einander unbekannte Figuren den Weg kreuzen, sondern auch zwei falsche Perspektiven aufeinandertreffen: Septimus irrt, indem er Peter für Evans hält, und Peter irrt – weniger drastisch zwar, denn er ist bei Vernunft –, indem er bei dem Paar einen verzweifelten Liebesstreit vermutet, wobei die Haltung, in der erzählt wird, als osmotisch bezeichnet werden kann: einschweben in die Köpfe der Figuren und hinausschweben, ohne ihnen autoritär in die Parade zu fahren, unauffällig dafür sorgen, daß alle Spiegelfechtereien von selbst in einen Rahmen fallen, und zwar im Kopf des Lesers; nicht zu vergessen –

DAS ist durchaus ein Wunder, wenn jemand den Wahn selbst erlitten hat und ihn nüchtern beschreibt; sind wir doch keine Sekunde im Zweifel, was für ein Kreuz es ist, mit Septimus leben zu müssen, und zweifeln ebensowenig, daß seine Erkenntnisse lächerlich sind, steht ja die Intensität der Eindrücke in schmerzlichem Kontrast zur Banalität ihrer Ausbeute bei diesem Weltretter und Schmerzensmann, der alles zugleich ist: Pedant und Ignorant, Kalte Seele und Heißer Brüter, Verbrecher und Unschuldslamm, vor allem aber ein an Granatschock leidender Seelenkrüppel, dem niemand helfen kann; und doch: in dem Kriegsveteran pulst das –

REBELLISCHE HERZ in die ignorante Friedenszeit hinein, findet einen Nachhall in Clarissa, ebenso in Rezia und Peter, in abgeschwächter Form sogar in Richard, vor allem aber in der Autorin selbst, und verbindet sie in der Ablehnung Sir William Bradshaws, denn die Ärzte, sie sind wahrlich zum Fürchten in diesem Roman: zunächst der ignorante Hausarzt mit seinen Durchhalteparolen, ein Würstchen zwar, doch machtvoll genug, das Initial für den Fenstersturz zu liefern, und der diabolische Bradshaw – diagnostisch ungleich fähiger, erkennt er sofort den Fall von »völligem körperlichen und nervlichen Zusammenbruch, jedes Symptom in fortgeschrittenem Stadium«[7], bringt jedoch kein Fitzchen Empathie für den Kranken auf, führt statt dessen

seine Allheilmittel ins Feld, die da heißen: Ruhe, Isolierung, Auf-
füttern, ignoriert, daß sich der Patient von der Last des Erlebten
befreien muß, der Arzt ein feines Ohr braucht und Geduld, um
behilflich zu sein, wofür die Ohren eines Emporkömmlings mit
zwanghaftem Sinn für Proportion nicht gemacht sind; nichts-
destotrotz – und das bewirkt die fabelhafte Ironie von Virginia
Woolf – sind wir momentweise geneigt, mit dem abscheulichen
Mann zu sympathisieren, wenn er all seine prophetischen Hei-
lande ins Bett steckt und darauf besteht, daß sie ihre Milch trin-
ken, sind aber dennoch froh, wenn er die Bühne verläßt, worin
er von Peter Walsh beobachtet wird, wie er vor einem Bild ste-
henbleibt und in die Ecke »nach dem Namen des Stechers«[8] sieht;
nun aber weg von diesem Stecherblick und zurück zur geheimen Verbindung zwischen Clarissa, Septimus und auch Virginia, nämlich zu deren Sympathie für den Selbstmord und ihrer
geringen Angst vor dem Totenreich, welches nur durch ein dünnes Häutchen geschieden ist –

VON DER WELT der Lebenden: Seht, sagt der Roman, wie es
die empfänglichen Seelen zu sich herüberwinkt, denn stark sind
die Toten, wenn sie unter den Lebenden umgehen, das spürt
Septimus mit allen Fasern, Clarissa zarter, weniger obsessiv, und
läßt beide an die Große Membran tappen; wer aber zu gereizt
oder zu schlaff ist für den Tanzboden dieser Welt, soll nicht warten, bis er vom Rand gestoßen wird, soll lieber das Risiko einge-
hen und sich wegwerfen, denkt Clarissa –

UND sieht darin einen bewundernswerten Akt der Befreiung,
was an ein frühes Stadium des Romans erinnert, in dem Clarissa
zum Ende der Party ebenfalls hätte Selbstmord begehen sollen,
wie ja bekanntlich Virginia Woolf mit Steinen in den Jacken-
taschen 1941 in den Fluß Ouse stieg und »auf gesittete Weise«
starb, mit »dankbaren Worten auf den Lippen«,[9] wie ihr Biograph
Lyndall Gordon es ausdrückte, wobei mit den dankbaren Wor-

ten die Abschiedsbriefe an Leonard und ihre Schwester Vanessa gemeint sind, die sie schrieb, um –

JEDEN MÖGLICHEN ANTEIL AN SCHULD auf sich selbst zu verlagern, denn der Wille, das Maß und die Vernunft können nicht immerzu herrschen, die Prozession der Schatten will in die Arme geschlossen sein; vergessen wir aber nicht, daß der Prozeß der Schattenannäherung und das Zurückzucken vor ihnen, wie von Virginia Woolf sechsundvierzig Jahre betrieben (gerechnet von ihrem dreizehnten Jahr) und von der unsterblichen Clarissa unentwegt –

VON Glockenschlägen skandiert wird: gleich zu Beginn, wenn Clarissa morgens auf die Straße tritt und Stranderinnerungen sie überkommen, schlägt Big Ben unwiderruflich »erst eine Warnung, melodisch«,[10] dann lösen sich die bleiernen Ringe dieser Warnungen langsam auf; elfmal schlagen die Glocken in einen royalistischen Frieden, bis das Dröhnen des Aeroplans sich wieder in die Ohren –

DER Leute bohrt; als nächstes schlägt Big Ben halb zwölf, wenn Peter Walsh Clarissa verläßt, und hier verwandeln sich die Glocken in kommentierende Taktgeber, denn sie schlagen »mit außerordentlicher Stärke zwischen sie«[11], so daß Peter von diesen jungmännlichen Glocken förmlich auf die Straße getrieben und ihrem steil herabfallenden Ton ausgesetzt wird, einem gewissermaßen scharfrichterlichen Ton, während im Gedenken an Clarissa der dezentere, weibliche von St. Margaret's erklingt und in die »Schlupfwinkel des Herzens«[12] gleitet, eines in der Imagination ermatteten und sogar toten Herzens, wobei spätestens hier klar wird: All diese Glocken gehören einer höheren Macht an und sind unbestechlich; schon lächelt Septimus dem vermeintlichen Toten im grauen Anzug zu, während Viertel vor zwölf geläutet wird; das Zwölf-Uhr-Schlagen führt wiederum Big Ben an, hinter sich die Schar der übrigen Glocken versammelnd, und Clarissa legt ihr grünes Kleid aufs Bett, was fast gleichkommt einer –

BRÄUTLICHEN HANDLUNG; während die Warren Smith' sich vor Sir William Bradshaws Haus einfinden, um das Urteil zu empfangen; dann zerteilen die Uhren der Harley Street »schnitzelnd und schneidend«[13] den frühen Nachmittag; als nächstes schlagen die Glocken von Big Ben einen zarten Ehekommentar, und zwar mit »Deutlichkeit und Würde«[14] einen dreifachen – der Türknauf dreht sich, und Richard tritt mit Rosen ein, wobei auch hier den Glocken zu trauen ist, denn was immer Freunde und Bekannte behaupten mögen, was immer die Erinnerungen zutage fördern: Mit intuitivem Geschick hat Clarissa den Richtigen gewählt, einen verläßlichen, klarsichtigen Mann mit Sinn für Gerechtigkeit, in dessen Schutz zu wandeln Clarissa liebt, weil das Mrs-Richard-Dalloway-Sein für ihren bedrohten Geist ein Gerüst gibt, um darin zu flattern, wie dies gewiß auch für Virginias Mrs-Leonard-Woolf-Sein zutraf –

NUN ABER WEITER in den mannweiblichen Endgültigkeiten, eine halbe Stunde voran, und wieder Big Ben, diesmal mit Trennungsschlägen zwischen Mutter und Tochter, und »herab, herab, mitten unter den Alltag fiel der Zeiger und erhob den Augenblick«,[15] und zwar in Gestalt der Haube einer alten Dame, womit in eine einsame, aber seltsam erleuchtete Zukunft geschaut wird, und wieder gibt es ein weibliches Hinterherschlagen, ein gewissermaßen verschlurftes Schlagen, das für Clarissa allerlei Krimskrams mitführt und im Ansturm der Lieferanten untergeht; der Hall der Schläge aber wird weitergetragen zu Miss Kilman –

IN DEN Qualen ihres Fleisches, denn wohl wahr: »Es ist das Fleisch«[16] – die Häßlichen, die Wahnsinnigen und Halbverrückten bringen es zum Ausdruck in ihren Erniedrigungsattacken und sind deshalb ekelhaft; dann aber, als wollten die Glocken diesmal nicht die Verantwortung übernehmen, hören wir sechs schwammige, aber einfühlsame Schläge, die etwas von Septimus' Stimme aus besseren Tagen an sich haben, durch die Filter von Rezias Beruhigungsmittel; doch Septimus ist nicht mehr, und wir sollten einen Moment innehalten und von den –

PARALLELEN ZEUGENVERHÄLTNISSEN lernen: Clarissa wird am Fenster von einer alten Frau erblickt, Septimus auf dem Sims von einem alten Mann (wer uns anblicken wird in jenem fahlen Moment, fragen wir lieber nicht); schon schrillt die Krankenwagenglocke, die den arglosen Peter veranlaßt, Tüchtigkeit und Gemeingeist der Zivilisation zu loben – und kommen zum letzten Glockenschlagen, das ertönt, nachdem Clarissa den Vorhang zugezogen hat und an den jungen Selbstmörder denkt; die bleiernen Ringe lösen sich auf –

UND FRISCH VON VORN: Clarissa kehrt zu den letzten Gästen zurück, um mit »For there she was«[17] den unglaublichen Schlußsatz zu liefern; auch wir müssen hier enden, obwohl noch einiges nachzutragen wäre von der Metamorphose, die dem Ehepaar Dalloway seit seinem ersten Auftritt in *Die Fahrt hinaus* widerfuhr, von Kitty Maxse und George Duckworth, von der Virginiaisierung Kittys und der Leonardisierung Georges, von drei lesbischen Reflexen: einem spröden, einem liebreizenden und einem fressenden, und natürlich – obschon die Wörter wie alle Wörter den Hühnerpfad des Nacheinander gehen müssen – vom Wunder der Gleichzeitigkeit, vom Wunder der Atmosphäre und der Schreibseligkeit, das die Toten zitternd in Schach hält, sie gleichsam –

DALLOWAYISIERT UND VERZÜCKT,

Franz Kafka
Der Bau

So ziemlich alle Schriften Franz Kafkas, die abgebrochenen wie auch die vollendeten, kann man nach sehr vielen verschiedenen Richtungen hin interpretieren, je nachdem, woher und wohin die Gesellschaftswinde gerade wehen. So auch seinen *Bau*. Die Vielzahl an möglichen Interpretationen macht ja gerade die anhaltende Strahlkraft und Stärke dieses Autors aus, der nach einem Jahrhundert überglänzt dasteht und – falls das koordinierte, komplexe Lesen nicht samt und sonders hinfällig werden wird – auch neuen Generationen in späteren Jahrhunderten Rätsel aufgeben kann.

Die Rätselhaftigkeit kommt daher, daß bei diesem Genie die persönliche Seinsverfassung mit der Lage des Menschen ganz allgemein und einer nie ganz aufgegebenen Suche nach Bestätigung durch ein höheres Wesen eine geheime Verbindung eingeht. Das höhere Wesen läßt sich allerdings nicht ausmachen, ja, kaum definieren. Franz Kafkas Gottsuche hat nicht ihresgleichen. Er ist ein besessener Sucher, dessen Gott sich in die unermeßliche Verschwiegenheit und Gleichgültigkeit zurückgezogen hat, und zwar mit einer solchen Unbedingtheit, daß flammende Zweifel aufkommen, ob Er überhaupt existiert oder je existiert hat. Natürlich ist diese sehr spezielle und zugleich unbedingte Art, den zurückgezogenen Gott im Unbemerklichen zu suchen, eine jüdische Spezialität, man denke nur an das *Zimzum*.

Behaustheit im Unbehausten, so könnte man etwas hochgestochen das Thema des *Baus* nennen. Hochgestochen deshalb, weil Franz Kafkas Texte ja gerade nicht auf abstrakten, will heißen: tönernen Füßen daherkommen, sondern gleichsam im Kriechgang vorankrabbeln, unter vielen Aufhaltungen sich vorwärtsmühen, wobei beständig unscheinbares Material gesammelt wird, das suggerieren soll, alles sei noch am rechten Platz. Trotzdem liegt eine ängstliche Verwunderung über dieser Sammelbewegung, die zugleich eine absichernde Bewegung ist.

Der Bau, die Höhle, die Kuhle, das Schlupfloch, das Zimmer, das Haus, sie sollen ja Schutz gewähren vor den Zumutungen der Außenwelt, die nichts als Gefahren bereithält für alles, was lebt, atmet und sich bewegt. Aber gerade in diesen Behausungen, die doch eigentlich Sicherheit und Schutz garantieren sollen, geht es dann besonders unheimlich zu, man denke nur an Gregor Samsa, der in seinem angestammten Zimmer die unheimlichste Verwandlung erleben muß, die einem Menschen je zugestoßen ist. Auch wenn dieser Samsa nur ein auf dem Papier existierender Mensch ist, vergißt man das bei der Lektüre sofort. Franz Kafkas Texte sind so stark, daß sie ihre Papierhaftigkeit völlig abstreifen und seine Gestalten sich gleichsam mit Blut befüllen und mit grandioser Selbstverständlichkeit daraus emanieren.

Der Bau erinnert aber auch an das Leiden und Sterben der Soldaten im Ersten Weltkrieg, an das schreckliche Verharrenmüssen in den ausgehobenen Gräben während des Stellungskrieges. Kafka kam während seiner Arbeit für die Arbeiter-Unfall-Versicherung mit den Kriegszitterern und anderen extrem Geschädigten dieser Kämpfe in Berührung. Sein Einfühlungsvermögen in die Leiden anderer Menschen war groß, er war diesbezüglich kein kalter Fisch, auch wenn seine Texte nicht gerade von Emotionen überquellen.

Schrecken der Höhle, Genuß der Höhle. Eine gewisse Höhlensehnsucht oder vielmehr die Sehnsucht, sich in einer geräuschlosen Behausung ohne Störquellen von außen aufhalten zu dürfen, war bei Kafka stark ausgeprägt. Wie empfindlich war der im Schoß seiner Familie alternde Junggeselle in puncto Geräusche, überhaupt Störungen durch die Außenwelt! Dafür liefert sein Tagebuch hinreißend komische Belege. Wunderbar sind sie ganz einfach deshalb, weil sich hier ein empfindlicher Mensch beklagt und die Störquellen dem Leser messerscharf vor die Ohren bringt, einer, der zugleich weiß, daß das alles reichlich übertrieben ist und mit einem einigermaßen vernünftigen, normalen Leben nicht in Einklang gebracht werden kann. Ein Sonderling, der auf seiner Sonderbarkeit besteht und seine Umgebung damit tyrannisiert, ist einfach nur ein schwieriger Geselle. Ein Sonderling, der um seine Sonderbarkeit weiß und sich eigentlich danach sehnt, diese zu verlieren und ganz so zu werden wie die habhaften, würzigen, lebenstüchtigen Menschen um ihn herum, und der obendrein die Begabung hat, dies als existentiellen Mangel bis in die feinsten Details zu analysieren, das ist ein ganz anderes Kaliber. So ein Mann war Franz Kafka. Und das Herrliche daran ist, er ging dabei mit Witz zu Werke, nicht als Griesgram, der den anderen ihr lautes, ungeniertes Leben aus tiefstem Herzen mißgönnt.

Zurückgezogen sein. Abgeschottet sein. Den Gefahren, die draußen lauern, umsichtig entgehen, warten, sich auf die Lauer legen, die Ohren spitzen. So könnte man das paranoide Programm des Wesens beschreiben, das sich einen scheinbar sicheren Bau erschaffen hat, einen idealen Rückzugsort vom gefährlichen Getriebe der Welt. Einen Bau mit vielen, vielen Gängen und einem besonders ausgestalteten Hauptplatz. Gewissermaßen war das auch ein Programm von Franz Kafka selbst, wiewohl er das Bedürfnis nach Abschottung als Lebenshemmung seiner selbst erkannte und immer versuchte, den hinderlichen Einschränkungen zu entrinnen, was ihm in seinen letzten Jahren auch gelang.

Nein, im *Bau* befindet sich nicht Franz Kafka. So weitgehend verschmelzen literarische Figuren niemals mit ihrem Schöpfer. Es befindet sich darin ein Tier, das nicht näher charakterisiert ist, vielleicht ist es ein Dachs. Jedenfalls ein Tier mit scharfen Reißzähnen. Als Dachs reicht es weit über seine Tiergestalt hinaus, der Dachs ist gewissermaßen ein Über-Dachs, begabt zur Reflexion, nicht nur begabt, mit feinen Schnurrhärchen zu wittern und die Ohren zu spitzen. Allen Tieren haftet bei Franz Kafka etwas an, das über die uns von ihnen bekannte Natur hinausgeht. Sie können sprechen, können denken, sie sind Zweifler, Forscher oder kuriose Philosophen, bisweilen gar kuriose Theologen.

Ein Leben, das aus lauter Vorsicht besteht, ist ebenfalls von Gefahren umlauert, davon ist gleich eingangs die Rede: »Freilich manche List ist so fein, daß sie sich selbst umbringt ...«,[1] heißt es da. O ja, listenreich angelegt, das ist dieser Bau. Obwohl alles schön abgesichert scheint, gibt es da ein immerzu drohendes *Aber* – eine weit abgelegene Stelle im Moos, einen gut verdeckten zweiten Eingang in den Bau, der Anlaß zu Sorgen bietet, gar an die eigene Sterblichkeit erinnert: »... mein Leben hat selbst jetzt auf seinem Höhepunkt kaum eine völlig ruhige Stunde, dort an jener Stelle im dunklen Moos bin ich sterblich und in meinen Träumen schnuppert dort oft eine lüsterne Schnauze unaufhörlich herum.«[2] Ein lebenssichernder listiger Bau, den das Geschöpf, welches ihn ersonnen hat, weiter und immer weiter vervollkommnet, hat die Tendenz, das Leben gleich ganz abzuschnüren.

Einen Anlaß zur Sorge gibt es immer. Die zweite Öffnung kann leider nicht zugeschüttet werden, denn das im Bau lebende Geschöpf braucht vielleicht einen zweiten Ausgang, falls ein Eindringling wider Erwarten es doch schaffen sollte, einen der Eingänge zu erobern. Die Vorsicht verlangt das alles, aber sie hat ihren Preis, einen sehr hohen sogar, denn von nun an sind alle Gedanken des Wesens von ihr besetzt. Es ist eine kräftezehrende, gedankenfesselnde Art der Vorsicht. Sie ist umfassend und hat die Kraft, das Wesen, das sich in ihr verfangen oder *verfitzt* hat (ein schönes Kafka-Spezialwort aus seinem *Odradek*-Fragment), irgendwann umzubringen.

Franz Kafka selbst war ebenfalls ein von zahlreichen Vorsichten umstellter Mensch. Noch bevor ihn die Tuberkulose heimsuchte, an der er dann auch starb, ersann er seltsame Programme, um seinen ihm mangelhaft erscheinenden Körper zu ertüchtigen, ja, regelrecht zu stählen, obwohl er für einen gutaussehenden Burschen galt, an dessen Körper eigentlich nichts auszusetzen war. Turnübungen am offenen Fenster in eiskalter winterlicher Frühe, ein irrsinnig komischer Kurzaufenthalt in einem Freiluftsanatorium, auf dessen Gelände nackte Männer durchs Gras schlichen, Essensvorschriften sonder Zahl, eine kurioser als die andere, darunter eine ebenfalls irrsinnig komische Wurstphobie. Franz Kafka lebte seine Ticks ziemlich verschwenderisch aus und brachte allein schon mit seiner Nußraspelei am Familientisch den starkzehrenden Vater auf hundertachtzig. Er war stur und verlangte sich einiges ab; doch man wird weit und breit keinen derart sorgenvollen Körperadepten finden, der gleichzeitig mit solchem Humor zu Werke ging.

Selbstironie war seine große Stärke. Obwohl Franz Kafkas Tagebücher zugleich sehr ernst gehalten sind und man als Leser von ihrem Ernst auch seelisch berührt wird, springt einen der Witz förmlich an. Sich selbst als absurdes Verwicklungswesen zu begreifen, das von einem entfernten, scheinobjektiven Standpunkt aus scharf und komisch ins Auge gefaßt wird, das macht ihm so schnell keiner nach.

Bis die damals als todbringend eingestufte Lungenkrankheit ihn nicht mehr aus den Fängen ließ. Doch Franz Kafka empfand diese Bedrohung auch als Erleichterung, denn sie befreite ihn mit einem Schlag von einer allzu unsinnigen, fein und immer feiner ausgetüftelten Körperdisziplin, und sie befreite ihn überdies von seinen Amtspflichten als Jurist bei der Allgemeinen Unfallversicherungsanstalt in Böhmen. Es ist ein kurioses Phänomen, daß begründete Todesangst vom Zickzackgerenne vieler eingebildeter Ängste erlösen kann.

Ängstlich, überaus ängstlich ist auch das Wesen im *Bau*. Obwohl anfänglich alles in Ordnung scheint. Der Bau wurde nach Selbstaussage des Tieres umsichtig angelegt; nach reiflicher Überlegung und mit unermüdlicher tierischer Körperkraft hat es im Erdreich gewühlt, sich viele Gänge gegraben und den Abraum der Erdbrocken und -krumen nach außen geschafft. Wer genau die Feinde des Tieres vielleicht sein könnten, erfährt man allerdings nicht. Ich glaube auch nicht so recht daran, daß die Feinde näher charakterisiert worden wären, wenn Franz Kafka die Erzählung zu Ende geschrieben hätte.

Die Bedrohung ist ungleich stärker, wenn der Feind weder einen präzisen Körper noch einen Namen hat. Sie driftet damit ins Unheimliche, steht gleichsam mit einem undurchschaubaren Verhängnis Höhererseits in Verbindung, und alle Vorsichtsmaßnahmen, die zur Abwehr der Bedrohung unternommen werden, seien sie auch noch so klug ersonnen, bleiben fragwürdig. Sicherheit will sich einfach nicht einstellen. Sicherheit bietet nur der Tod. Es dürfte nicht allzu überinterpretiert sein, wenn man hinter der Bedrohung, die von den namenlosen, körperlich nicht dingfest zu machenden Feinden des Tieres im Bau ausgeht, eine höhere, gottähnliche Gewalt vermutet.

Wunderbar selbstverständlich erscheint an diesem Text ein Verfahren, das der Autor häufig, ja, eigentlich immer verwandt hat: etwas Unmögliches oder nicht ganz Mögliches einfach zu behaupten, ohne Wenn und Aber. Einfach so. Es wird kein einziges Wort darüber verloren, daß es dabei vielleicht nicht mit rechten Dingen zugeht. Nichts wird erklärt, das Sonderbare nicht eigens als Sonderbarkeit ausgestellt. Das Tier im Bau kann denken, und weil es so wortpräzise denkt, sicher auch sprechen. So ist es nun mal, und damit basta. Ein simpler, aber durchschlagend wirksamer Trick. Ein Leser, der Kafkas Texte liebt, wird eine solche Erfindung, gegen die der menschliche Verstand gemeinhin rebelliert, nicht in Zweifel ziehen. Ein sprechendes, denkendes, paranoides Tier im Papier aufleben zu lassen, eines, das sich in Sorgen ergeht und von ihnen schier aufgefressen wird, das funktioniert nur, wenn gar nicht erst darüber gerätselt wird, warum das Tier denken und sprechen kann, zumindest im Text sollte darüber nicht spekuliert werden, der Leser darf sich natürlich seine Gedanken machen. Es ist der feststellende Behauptungswille des Autors, der Franz Kafkas Texte durchglüht und sie so unwiderstehlich macht.

Man denke nur an eines seiner Hauptwerke, den *Process*. Ein Gericht, das auf einem muffigen Dachboden tagt und mit allen Rollen besetzt ist, welche ein normales Gericht gemeinhin aufweist, das überdies mit einer riesigen Menge aufgekratzten Publikums aufwarten kann und von dem obendrein auch noch behauptet wird, es sei von durchschlagender Kraft und Wirkung, obwohl sich die Wirkung nur als Entkräftung und merkwürdige Hingezogenheit der Angeklagten zu ihrem nicht enden wollenden Prozeß zeigt, dessen Anschuldigungen wiederum sich aber nicht eigentlich definieren lassen, das gibt es nicht. Aber es ist eine der unheimlichsten Erfindungen, die je zu Papier gebracht wurden.

Nun, *Der Process* wurde so wenig beendet wie *Der Bau*, aber er ist natürlich schon über die längste Strecke romanhaft ausgestaltet und liest sich auch in der Art, wie die Teile vom Herausgeber angeordnet sind, wie ein vollendeter Roman. *Der Bau* hingegen existiert nur als ein in den Anfängen gestaltetes Stück, von dem Kafka alsbald wieder die Finger ließ. Warum, ist nicht ganz klar. Vielleicht ließ sich die Endlosschleife des Sorgenumkreisens nicht allzulang fortspinnen, ohne daß andere Figuren oder neue Erfahrungen belebend hätten hinzutreten müssen, um das Schwungrad der Sorgen neu anzufeuern, wer weiß.

Da sich der Autor allerdings von fast allen seinen Erzählungen und Romanen abkehrte, ohne sie zu vollenden, ist das Fragmenthafte im Falle des *Baus* nicht speziell verwunderlich. Man erinnere sich: Zu seinen Lebzeiten wurde nur sehr wenig veröffentlicht, unter anderem ein schmales Bändchen mit Kurzgeschichten, unter dem Titel *Betrachtung*.

Die äußeren Feinde sind dem Bewohner des Baus einigermaßen bekannt, wiewohl sie nicht näher charakterisiert werden. Da gibt es die Furcht, er könne »die Zähne des Verfolgers in [s]einen Schenkeln spüren«,[3] wenn er nicht schnell genug durch den Ausgang fliehe. Das Tier braucht die »sofortige Auslaufmöglichkeit«.[4] Aber es gibt auch die unheimlichen inneren Feinde. Diese sind mordsgefährlich, aber so unbekannt, daß »nicht einmal die Sage … sie beschreiben«[5] kann. Wenn man das Kratzen ihrer Krallen unter der Erde hört, ist man schon verloren.

Sorgen über Sorgen hat das Wesen im Bau, das sich von Kleintieren ernährt, den Waldmäusen etwa. Hört es so ein Tier rascheln, dann wird es »zwischen [s]einen Zähnen zur Ruhe«[6] gebracht – eine dieser unnachahmlichen Beschreibungen Kafkas, denn da ist nicht von Zubeißen und Fressen die Rede, sondern geradezu friedvoll die Ruhe des Todes imaginiert. Übereilt stürzt das Tier davon, um neue Vorratsplätze für seine Nahrung anzulegen, immer auf der Hut, es könnte jemand die Plätze entdecken und all seine Pläne zunichte machen.

Die phantasmagorische Kraft der scheinnüchternen Sätze Kafkas, die das alles aufrufen und die Handlung vorantreiben, sind bewundernswert: »... ich ... schleppe, trage, seufze, stöhne, stolpere und nur irgendeine beliebige Veränderung des gegenwärtigen, mir so übergefährlich erscheinenden Zustandes will mir schon genügen. Bis allmählich mit völligem Erwachen die Ernüchterung kommt, ich die Übereilung kaum verstehe, tief den Frieden meines Hauses einatme, den ich selbst gestört habe, zu meinem Schlafplatz zurückkehre, in neugewonnener Müdigkeit sofort einschlafe und beim Erwachen als unwiderleglichen Beweis der schon fast traumhaft erscheinenden Nachtarbeit etwa noch eine Ratte an den Zähnen hängen habe.«[7]

Natürlich macht's die Ratte, die noch an den Zähnen hängt. Aber das aufsehenerregende Detail wäre nicht so bemerklich, wenn der geordnete, leicht verschachtelte Satzbau zuvor nicht suggeriert hätte, daß hier nur schon bekannte Elemente fortlaufend aneinandergereiht würden.

Das scheinbar so umsichtige, kluge Tier wird aber auch von Freßattacken heimgesucht, dann räumt es mit den an seinem »Burgplatz« angesammelten Vorräten mächtig auf. Zumindest in sprachlicher Art kennt man solche Attacken auch aus Franz Kafkas Tagebuch, etwa wenn er die Auslagen einer Metzgerei betrachtet und die dort im Schaufenster ausgelegten Selchwaren derart intensiv mit den Augen verschlingt, daß der Leser sie gleichsam alle mitverzehrt.

Manchmal verläßt das Tier seinen Bau und geht draußen auf die Jagd, hernach belauert es den Eingang zu seinem unterirdischen Gehäus von außen: »Mag man es töricht nennen, es macht mir eine unsagbare Freude und es beruhigt mich. Mir ist dann, als stehe ich nicht vor meinem Haus, sondern vor mir selbst, während ich schlafe, und hätte das Glück gleichzeitig tief zu schlafen und dabei mich scharf bewachen zu können.«[8] Auch diese Radikalvorstellung der Selbstbeobachtung während des Schlafes läßt sich mühelos auf Franz Kafkas Eigenforschungen beziehen. Wer sich so umfassend selbst zu analysieren weiß, wem dabei nicht die kleinsten Regungen des eigenen Körpers entschnappen, der würde seine Beobachtungsenergie liebend gern auch noch auf den eigenen Schlaf loslassen, was ein Widerspruch in sich ist, denn der Schlaf lebt ja gerade davon, daß das Außengetümmel und die Introspektion abgeschaltet sind. Heute ist das durch die Installation einer Kamera, die auf das Bett des Schläfers gerichtet ist, natürlich möglich, zu Kafkas Zeiten war es das nicht.

Etwas regt sich im Bau. Es ist neu, ein feines, leicht zischendes Geräusch, das immer wieder Pausen einlegt und das Tier schier um den Verstand bringt, weil es die Ursache nicht finden kann. Vielleicht ist aber nur die Hör-Empfindlichkeit des Tieres gewachsen, und das Geräusch war immer schon da. Wilden Spekulationen sind Tür und Tor geöffnet.

Was mag es sein? Eine Herde winziger Tiere? Ein einzelnes pfeifendes Tier? Oder doch nur der Luftzug? Auf der Suche nach den Geräuschstellen gräbt der Baubewohner zur Probe überall herum, seine scharrenden Pfoten werfen Erdklumpen in die Höhe. Er verheert damit die sauberen Gänge seines unterirdischen Reichs, aber die Tiere, falls es überhaupt welche sind, findet er nicht. Natürlich ist der Bewohner bestrebt, die herausgerissene Erde wieder an die richtigen Stellen zu befördern und sie mit ihnen zu verkleben, aber das klappt weniger gut. Der Bau leidet, häßliche Buckel und Risse bleiben. Die Arbeit wird dem emsigen Arbeiter schwer: »... ich bin zu zerstreut, immer wieder mitten in der Arbeit drücke ich das Ohr an die Wand und horche und lasse gleichgültig unter mir die kaum gehobene Erde wieder in den Gang zurückrieseln.«[9]

Aber das Zischen bleibt. Unerschütterlich zischt es fort und fort. Und schreckliche neue Entdeckungen bleiben nicht aus. Das Geräusch scheint stärker zu werden, es scheint näher zu rücken!

Allerdings sind die Stärkeunterschiede so fein, daß der Lauscher ganz irre davon wird, ob das überhaupt stimmt, ob die überfeinen Sinnesorgane ihm vielleicht bloß eine Geräusch-Komödie vorspielen. Er erkundet Gänge, in denen er sich die längste Zeit nicht mehr aufgehalten hat, Anlaß für einen weiteren erstklassigen Kafka-Satz: »Wieder lasse ich mich von meinen Gängen wegführen, komme in immer entferntere, seit meiner Rückkehr noch nicht gesehene, von meinen Scharrpfoten noch völlig unberührte, deren Stille aufwacht bei meinem Kommen und sich über mich senkt.«[10]

Ist das Zischen gar von einem Zischer verursacht? Einem Feind mit der schrecklichen Gabe, zu zischen und den Baubewohner verrückt zu machen? Der Gedanke wird wieder verworfen wie so viele andere Gedanken, welche die Angst ins Hirn schwindelt. Stammt das Zischen von vielen kleinen Tieren oder nur einem einzigen großen? Oder ist das Ganze vielleicht doch nur ein technisches Geräusch, das mit dem Luftzug zusammenhängt? Fragen über Fragen, die sich über dem besorgten Gemüt des Baubewohners türmen. Wenn es ein einziges großes Tier ist, dann wäre die Lage jedenfalls überaus gefährlich. Vielleicht arbeitet es in einiger Entfernung selbst an einer Grabung und nähert sich dem Bau.

Es kommt jemand heran! Das Schlimmste muß befürchtet werden. Ein Wesen unbekannter Art nähert sich dem *Bau*, vielleicht stößt es mit seinem Rüssel Erdstücke heraus, vielleicht zieht es die Luft durch seinen Rüssel, und dieses Lufteinziehen bewirkt das Geräusch, das sich zu hören gibt. Gedanken jagen einander im Flug – ist es ein Gegner, der sich da herangräbt, oder einer, mit dem sich vielleicht noch so etwas wie eine Verständigung wird erreichen lassen? Aber so etwas wie Verständigung scheint es nicht zu geben, der Baubewohner ist sich plötzlich sicher, »... daß wir in dem Augenblick, wenn wir einander

sehen, ja wenn wir einander nur in der Nähe ahnen, gleich be-
sinnungslos, keiner früher, keiner später, mit einem neuen anderen Hunger, auch wenn wir sonst völlig satt sind, Krallen und
Zähne gegeneinander auftun werden.«[11]

Die paranoiden Anfälle wechseln ab mit Zuständen der Er-
schöpfung, in denen zumindest vorübergehend so etwas wie
Selbstberuhigung gelingt. Zum Beispiel, wenn sich das Tier an
seinem Burgplatz an einem schönen Stück enthäuteten Fleisches
gütlich tut. Aber die Beruhigungsphasen werden immer kürzer.
Die Erzählung schließt mit der Vorstellung, daß es vielleicht am
wahrscheinlichsten ist, daß der Feind, der da andernorts gräbt,
gar nicht weiß, daß es nahebei einen anderen Bewohner in seinem Bau gibt.

Die Erzählung blieb unvollendet, sie endet nach einem Kom-
ma mit dem Relativpronomen *das*, worauf kein weiteres Wort
folgt. Was genau Franz Kafka zur Aufgabe des Textes bewog, ist
nicht genau zu ermitteln. Eine Apotheose, eine Aufwallung, die
einen Schluß hätte herbeiführen können, ist nicht in Sicht. Wer
weiß, vielleicht hat Franz Kafka ursprünglich an eine Begegnung
mit dem sich annähernden Feind gedacht, aber dann wäre das
tumultuöse Sich-Aufbauschen der Paranoia mit einem Schlag entkräftet worden. Eines ist klar: Ohne das Dazwischentreten anderer Figuren oder eine jähe Wendung im Dasein des Baubewohners ließ sich die Geschichte nicht mehr allzulang fortspinnen.

Bekanntlich hatte Franz Kafka die allergrößten Probleme mit
den Schlüssen seiner Geschichten und der Romane. Der Schluß
mußte für ihn alles bergen und enthalten, was sich vorher an Pro-
blemen und Vermutungen angehäuft hatte. Eine Art superbe
Apotheose hatte er vor Augen, die alles in sich zurückschlang,
was an Materialien, an Begegnungen, an Befürchtungen und
Hoffnungen der handelnden Personen vorher in den Text einge-
tragen worden war.

Es ist sehr schwer, sich mit einer so unerbittlich perfekten Vorstellung an den Schluß einer Erzählung oder eines Romans heranzumachen, zumal Franz Kafka ganz offensichtlich nicht zu den Autoren gehörte, die nach einem festgelegten Plan schreiben, in dem der Schluß bereits vorprogrammiert ist. Erwartet man unermeßlich viel vom Schluß, der damit gleichsam zu einem Über-Schluß wird, bekommt das Schreiben eine äußerst vertrackte Schlagseite, weil die bereits vorhandene Schönheit des Textes nicht erkannt und genossen werden kann und damit auch die Selbstgewißheit erlischt, der Schluß werde es schon irgendwie richten.

Irgendwie, irgendwas, das kam für Franz Kafka aber nicht in Frage. Eine seiner ganz großen Stärken ist die Unbedingtheit, sich das Äußerste abzuverlangen. Damit wurde er zweifellos zu dem Jahrtausendautor, der er nun mal ist. Auch wenn der Großteil seiner Texte leider nur Fragment geblieben ist.

Rudolf Steiner
Wohin mit dem Hut?

Wer sich auf die intrikaten Beziehungen zwischen Groß und Klein versteht, wird der folgenden Behauptung beipflichten: Der vornehmliche Erdenzweck Rudolf Steiners bestand darin, in Franz Kafkas Tagebuch aufzutauchen. Daß dafür eine kirchenhafte Schule gegründet, Schrulliges verkündet, Tausende von Anhängern geschart, Mysterienspiele ersonnen und Bauwerke errichtet werden mußten, die fatal an Totenschädel erinnern – dem Erhabenen beliebte es, sich zu amüsieren und eben jenen gewaltigen Aufwand in Gang zu setzen für nicht mehr und nicht weniger als eine anmutige Herde von Buchstaben in Franz Kafkas Tagebuch, die in der gedruckten Version etwa fünf Seiten füllen.

Witzig fädelte der Erhabene die Sache ein, sorgte dafür, daß das Steinergeschöpf sprießen konnte, gönnte ihm die Vernebelung der Köpfe von zig Anhängern, überließ dann aber Seinem nobelsten Stellvertreter auf Erden das schlußendliche Witzereißen. Erinnern wir uns: Kafkas Scherze nähern sich auf leisen Sohlen und gehen auf das Opfer nieder wie ein Fallbeil.

Da ist der Eintrag vom 28. 3. 1911: Steiner-Jünger machen den Auftakt, zwei Frauen voran, die Frau eines Malers »mit zwei breiten großen Vorderzähnen oben«, und die Frau Hofrat Bittner, »der das Alter ihr starkes Knochengerüst ... hervortreibt«. Ein kleiner Gedankenstrich folgt der Hofrätin auf den Fuß, und wir erfahren: »Dr. Steiner wird so sehr von seinen abwesenden Schülern in Anspruch genommen.« Zweiter Gedankenstrich, und es kommt noch toller: »Beim Vortrag drängen sich die Toten so sehr an ihn. Wißbegierde?«[1]

Nun, ich habe für Totengeflatter einiges übrig, für diese immateriellen Lederhauche aus der Luft, die so zuverlässig wie sublim die Literatur auf- und heimsuchen. In der Verknappung, noch dazu, wenn um Menschen aus Fleisch und Blut so geknappt wird, wird's komisch, zumal die Passage von den beiden klabauterhaften Frauen eingeleitet wird, Zahnfrau und Knochenfrau, die ja nur noch nothalber im Fleische stehen und womöglich schon bald zu den drängenden Toten gehören werden.

Danach wird so manches Meisterliche erzählt vom Meister Steiner, aber immer knapp. Er schläft bloß zwei Stunden. Er stand Christus nahe. Vorsehungshaft wird um ihn gestorben. Da werden zwei Liter Mandelmilch in den Meistermagen gegossen und Früchte hinterhergeschickt, die in die Höhe wachsen. Von Franz Kafka ist bestens bekannt, wie sehr ihn exzentrische, asketische Nahrungsregeln anzogen, wie er mit seiner Nußraspelei am Familientisch den Vater, einen Fleischesser und Starkzehrer, auf die Palme brachte, sogar den gutwilligen Schwestern damit auf die Nerven ging. So endigt der Passus auch mit einer Nahrungsempfehlung: »Frau Fanta: Ich habe ein schlechtes Gedächtnis. Dr. Steiner: Essen Sie keine Eier.«[2]

Davor ist ausführlicher die Rede von den abwesenden Jüngern, mit denen der Meister »vermittelst Denkformen« verkehrt, »die er zu ihnen schickt, ohne sich nach der Erzeugung weiter mit ihnen zu beschäftigen. Sie nützen sich aber bald ab und er muß sie wieder herstellen.«[3] Auch hier geht's ziemlich abschüssig zu. Bei den geheimnisvollen Verkehrswegen, auf denen Botschaften vom Sender zu den Empfängern forteilen, ist man zunächst hoch oben, da werden Offenbarungssamen wie im Fluge gestreut. Doch das Interesse flaut rasch ab, und die Wirkung ist bald nur noch so lala.

Nun zum Kernstück, dem Besuch Franz Kafkas bei Dr. Steiner. Der Dr. Kafka ist natürlich höflich genug, den Meister durchgehend mitsamt Titel auf seine winzige Tagebuchbühne zu stellen, einmal, weil es damals so Sitte war, vielleicht aber auch, weil es einfach schöner, will heißen: komischer ist.

Eine Frau wartet schon, drängt Kafka aber zum Vorgehen, weil sie den berühmten Mann am Ende ganz für sich haben will oder noch zu aufgeregt ist für die Begegnung und sich erst sammeln muß. Steiner kommt aus dem Korridor, Kafka geht hinter ihm her. »Sein an Vortragabenden wie gewichst schwarzer Kaiserrock ... ist jetzt bei Tageslicht ... besonders auf Rükken und Achseln staubig und sogar fleckig.«[4] O weh! Wer mit dem Blick fürs Detail begabt ist, auf dem lastet dieser Segen wie ein Fluch. Kafka nähert sich dem Meister nämlich durchaus in demütiger Absicht, er erwartet sich von ihm ja lebensweisende Auskunft, etwas Großes also. Und jetzt? Läuft da nicht ein gewöhnlicher Schmutzian vor ihm her? Ein schäbiges Allerweltsgeschöpf? (Schmutzian: auch so ein bezauberndes Kafka-Wort, wenn auch kein von ihm erfundenes. Auf Schmutzianwegen Kafkas Trennlinie zwischen rein und unrein, heilig und unheilig zu verfolgen wäre ein lohnendes, wenn auch von Rudolf Steiner wegführendes Thema.) Im Nu ist die anfängliche Demut wie fortgeblasen. Im Zimmer angekommen, kann Kafka sie nicht mehr fühlen, und es beginnt ein Possenspiel, das man sich von Chaplin nachgespielt wünscht – die nicht gefühlte Demut sucht Kafka »durch Aufsuchen eines lächerlichen Platzes für [s]einen Hut zu zeigen; ich lege ihn auf ein kleines Holzgestell zum Stiefelschnüren.«[5]

Die beiden sitzen inzwischen am Tisch, der mit Papieren und Heften besät ist. Es ist Franz Kafka aber nicht möglich, seine Blicke schweifen zu lassen, weil Rudolf Steiner ein magischer Blickhalter ist, ein Mann mit den Radaraugen der Macht, der das Gegenüber bannt. Und Kafka, der die Gewalt des eigenen zerlegenden Blicks kennt, ist sehr auf der Hut; hält Steiner einmal den Augenkontakt nicht, »so muß man auf die Wiederkehr des Blickes aufpassen«.[6]

Steiner eröffnet das Gespräch mit lockeren Sätzen: »Sie sind doch der Dr. Kafka? Haben Sie sich schon länger mit Theosophie beschäftigt?«[7] Es folgt eine lange Antwort des Autors, eine vorbereitete Ansprache offenbar, wie er sich selbst bei der Niederschrift glauben machen will. Das gesamte Berufsdilemma wird ausgebreitet. In wohl formulierten Sätzen wird jongliert mit der Literatur, den Beamtenpflichten und zu allem Überfluß auch noch der Theosophie.

Daß diese Kunstübung mit drei Bällen haargenau so zur Aufführung gelangte, darf bezweifelt werden, sie wirkt eher wie eine Selbstversicherung nach einer Begegnung mit therapeutischem Charakter.

Der Dr. Steiner hört zu, nun offenbar nicht mehr mit den Machtspielen des Blickhaltens beschäftigt. Es folgen auch keine Ratschläge wie etwa der an Frau Fanta, keine Eier mehr zu essen.

Aber, Teufelnocheins, es ist riskant, einen Beobachter wie Kafka aus den Augen zu lassen, ihm die Freiheit des eigenen Blicks zu gewähren. Das sollte sich sogleich rächen: »Er nickte von Zeit zu Zeit, was er scheinbar für ein Hilfsmittel einer starken Koncentration hält. Am Anfang störte ihn ein stiller Schnupfen, es rann ihm aus der Nase, immerfort arbeitete er mit dem Taschentuch bis tief in die Nase hinein, einen Finger an jedem Nasenloch«[8]

Die Sache endigt ohne Punkt. Wozu Punkt, wenn der Erdenzweck des Rudolf Steiner damit erfüllt ist und seiner Verwandlung in ein Ätherleibchen nichts mehr im Wege steht.

Roberto Bolaño
2666

Riefe man die Bücher, die er geschrieben hat, zu Charakterzeugen seines Lebens auf, käme heraus: Roberto Bolaño war ein Frechdachs, ein Empörer, ein Mann mit einem noblen Herzen, ein hoch amüsanter, wild verzwirbelter chilenischer Macho, der die Frauen und die Bücher liebte. Leider mußte er mit fünfzig Jahren sterben. Seine eigenen Bücher fassen nach dem kalten Glutkern der Hölle, dem zuckenden Herzen der Grausamkeit. Der Mann aber, der danach faßt, ist empfindsam, voller Abscheu gegenüber Brutalitäten jeglicher Art, ein Empörer, der sich niemals damit abfinden will, daß die Welt so scheußlich ist, wie sie ist. Ich folge dem Erzähler Bolaño meistens bedingungslos. Seine Bücher haben bei mir von Anfang an Vertrauen erweckt.

Bei ihm schleppen die Helden Bücher so selbstverständlich mit sich herum, als wären sie selbst Kinder und die Bücher ihre Teddybären. So unangestrengt, so wenig mit Imponiergehabe behaftet, hat kaum je ein Autor seine Figuren mit einem intellektuellen Rüstzeug ausgestattet. Roberto Bolaños Helden werkeln mit Büchern herum, um sich damit über Wasser zu halten, nicht, um den Leser einzuschüchtern. Was seinen Umgang mit Büchern betrifft, ist Bolaño der leichtfüßige, augenzwinkernde Erbe von Jorge Luis Borges. Man könnte denken, von Buch zu Buch erzähle hier ein schlauer Frechdachs mit Heiterkeit fort. Dem ist aber nicht so, schon gar nicht in dem posthum erschienenen Roman *2666*.

Worum geht es? Um Mord. Nicht einen, sondern viele, viele, viele. Was genau geschieht, ist nicht in einem Satz zu sagen, denn der große Roman gleicht einem Steinbruch mit einem kompakten Mittelstück, das auf alle anderen Teile seinen bösen Schatten wirft. Im ersten Teil wandeln vier Germanisten, ein Italiener, ein Spanier, ein Franzose und eine Engländerin, auf den Spuren eines verborgenen Autors, der Deutscher ist und – Gott sei's geklagt! – das etwas alberne Pseudonym Benno von Archimboldi trägt. Der Mann taucht im fünften und letzten Teil dann selbst auf. Die Literaturwissenschaftler werden alle in amouröse Abenteuer mit der einzigen Frau unter ihnen verwickelt. Wie das geschieht, ist mit unheimlicher, auf leisen Sohlen daherschleichender Eindringlichkeit erzählt. Eros ist auch mitverantwortlich für den ersten überraschenden Gewaltausbruch in diesem Buch. Die Enthemmten sind gebildete Buchmenschen. Spanier und Franzose werden in London von einem pakistanischen Taxifahrer derart in Rage gebracht, daß sie ihn aus dem Auto zerren und halb totprügeln. Auf der Suche nach Archimboldi landen die Germanisten schließlich in Santa Teresa, einem Ort an der mexikanisch-amerikanischen Grenze, dem wahren Herzen der Finsternis. Leider hören wir von diesem intrikaten Germanistenquartett im weiteren Verlauf des Buches nie wieder.

Santa Teresa gleicht Ciudad Juárez zum Verwechseln genau. Das ist die Stadt, die in aller Welt Aufsehen erregt hat, da in ihr seit 1993 eine schwindelerregende Serie von Frauenmorden stattgefunden hat und stattfindet – fast alle bis heute unaufgeklärt. Nach einem Vorspiel in Spanien befinden wir uns in den Teilen zwei, drei und dem langen Block von Teil vier in ebenjener verkommenen Grenzstadt im Norden Mexikos. Zunächst lernen wir den Philosophieprofessor Oscár Amalfitano kennen, der mit seiner halbwüchsigen Tochter Rosa dort lebt, in einem halb wahnhaften Exil zwischen Staub, Tequila, Stimmenhören, Philosophie und blutroten Sonnenuntergängen. Einer Idee von

Marcel Duchamp folgend, der ein *unglückliches ready-made* seiner Schwester zum Hochzeitsgeschenk gemacht haben soll, hängt er das *Geometrische Vermächtnis* des spanischen Dichters Rafael Dieste draußen an die Wäscheleine. Beim Betrachten, wie Wind und Wetter das Buch zausen, schmiegt sich um den auf verlorenem Posten stehenden Mann eine knisternde Vergeblichkeitshülle.

Dann folgt das Herzstück, Mordstück. Sehr sachlich, sehr nüchtern wird eine Tote nach der anderen aufgelistet, welche Verstümmelungen sie erlitten hat, welche Kleidungsreste an ihr gefunden werden. Meistens sind es junge Arbeiterinnen, oft Kinder noch, die in den Maquiladoras, billigst produzierenden grenznahen Kleinbetrieben, ihren Hungerlohn verdient haben; einige arbeiteten als Kellnerinnen oder Prostituierte. Bolaño schafft es, in wenigen dürren Sätzen, Frau für Frau, Mädchen für Mädchen wieder zum Leben zu erwecken und ihnen, wenigstens behütet und umzirkt von der Schrift, ein Minimum an Würde zurückzugeben.

Das Ganze wird durchkreuzt von Figuren, die sich mehr oder minder um Aufklärung bemühen: korrupte Polizisten, eine TV-Hellseherin, ein ehemaliger Black-Panther-Aktivist, ein amerikanischer Kleinstadtsheriff, mexikanische Journalisten, samt und sonders Leute, denen es allenfalls gelingt, von dem mörderischen Morast eine winzige Kruste abzuheben. Nur zwei Polizisten wollen es wirklich wissen: der schweigsame Außenseiter Lalo Cura und ein eher unmaßgeblicher Kommissar, hinter dem sich vielleicht ein wenig der Autor versteckt. Er trägt den schönen Namen Juan de Dios Martínez. Auch er will's wissen, und zwar unbedingt. Kommt aber damit nicht weit. Er ist kein abgebrühter Mann, sondern ein fast zittriger Ausnahmemensch, über den die Ungeheuerlichkeit der Verbrechen seelisch transportiert wird. Der Anblick von zwei kleinen geschundenen Schwestern, beide

Leichen fast noch im Kindesalter, setzt ihm derart zu, daß ihm schwindlig wird, er lange braucht, sich zu beruhigen.

Alles, was sich in Santa Teresa zuträgt, ist mit einer Eindringlichkeit geschildert, die ihresgleichen sucht. Die Landschaft, das Wetter, die Müllkippen, die staubigen Wege, verrotteten Bars, das Sexgesindel, Drogenprotze und Schlepperbanden, das lebt derart habhaft, daß einem beim Lesen förmlich der trockene Wind ins Haar greift. Der Chilene Roberto Bolaño, der vor dem Diktator Pinochet floh, hat viele Jahre in Mexiko verbracht und kannte sich dort aus. Auch sein anderer Großroman – *Die wilden Detektive* – spielt in Mexiko.

Additive Erzählverfahren sind in aller Regel unglücklich. Ich liebe sie eigentlich nicht. In Bolaños Roman gibt es sie vielfach. Gleich eingangs tourt die Gruppe der Literaturwissenschaftler von Germanistenkongreß zu Germanistenkongreß. Das ist ein ziemlich zäher, wenig verlockender Anfang, und es sind mindestens zehn Kongresse zuviel. Die pure Addition besitzt aber Kraft, da es um die Frauenmorde geht. Die Aufzählung, wer wann wo von wem gefunden, mit Namen oder namenlos, zwölf, dreizehn, sechzehn oder dreiunddreißig Jahre alt, dazwischen all die rauchenden, sich Tequila hinter die Binde kippenden Polizisten, Müllreste, Tierkadaver, die ärmlichen Plastikkleidchen, die an den Frauenleichen kleben, das Chaos, die Dummheit, Schlamperei und Untätigkeit der Behörden, das alles entfaltet seine böse, böse, alles durchdringende Kraft. Und zu ganz großer Form läuft die Addition auf, da hintereinander Polizistenwitze aufgelistet werden, einer brutaler und vulgärer als der andere. Allerspätestens da weiß man Bescheid, daß von solchen Gesetzeshütern keinerlei Hilfe zu erwarten ist. Sie sind so verroht wie die Frauenschlächter selbst.

Trotz der berstenden Fülle an Personen, die seinen Roman bewimmeln, Toten wie Untoten, gelingt es Bolaño, exakte Skizzen der Figuren aufs Papier zu werfen. Um ihre Kurzauftritte, sei es auch nur für zwei Seiten oder einen Abschnitt, ist eine dichte Atmosphäre gewoben. Seine Toten leben und wollen uns unbedingt noch etwas sagen. Man hört ihr Geschrei, während sie verscharrt werden und sich die Aktendeckel über ihnen schließen. Sie vibrieren förmlich.

Metaphernsicher, mit Sinn für rasante dramaturgische Schnitte (auch den locker eingestreuten Kürzestdialog beherrscht er hinreißend), dabei höchst ambivalent zwischen Frechheit, Wahn, Zynismus, Trauer, Wut und Komik schwankend, berichtet dieser chilenische Vielfraß und Alleskönner vom Bösen. Der deutsche Übersetzer Christian Hansen ist ebenfalls hoch zu loben. Er hat Bolaños rasch dahineilende Sätze in ein sehr gelenkiges Deutsch überführt und sich vor affigen Floskeln gehütet.

Doch eine Crux gibt es. Sie betrifft den fünften und letzten Teil, worin die Biographie des deutschen Wehrmachtssoldaten Hans Reiter nachgereicht wird, der nach dem Krieg Buch um Buch unter dem Pseudonym Benno von Archimboldi veröffentlicht. O weh – das ist derart überstopft mit Sonderbarem, schon allein Mutter und Vater (sie einäugig, er einbeinig) sind überaus sonderbar, ganz zu schweigen vom Helden selbst. Aber auch alle mit ihm in Verbindung tretenden Figuren sind sonderbar und wirken dadurch erfunden, womit jeder Wahrscheinlichkeit der Boden entzogen wird.

Man merkt, daß Roberto Bolaño Deutschland nur aus Filmen, Büchern und Wikipedia kennt. Deshalb zettelt er im fünften Teil eine nervöse Kolportageorgie an. Gegen Erfindung ist grundsätzlich nicht das geringste einzuwenden. Aber Erfindung braucht Ruhe, sie muß im Autor selber wachsen und sich anreichern dürfen. Diese Erfindung aber zickzackt hektisch durch so ziemlich alle Schauplätze des Zweiten Weltkrieges (gottlob nicht auch noch den afrikanischen); alles, aber auch wirklich alles soll irgendwie mitgenommen werden – die Vernichtung der Juden, die Vita eines jungen Sowjetophilen, Beichte eines SS-Schergen, Beichte eines bayerischen Bauern, der seine Frau in die Schlucht gestoßen haben will, zertrümmerte Städte, Gefangenenlager, die Nachkriegszeit, Adelskreise, das Verlagswesen, ja, sogar noch die deutsche Wiedervereinigung. Schier grotesk, wenn die Figuren aus unerfindlichen Gründen plötzlich zu Monologarien anheben und eine Beichtschallplatte nach der anderen abgespielt wird. Der Erzähler, der vorher das meiste diszipliniert im Griff hatte, über dessen kleine Anfälle von Geschwätzigkeit man gutmütig hinweglesen konnte, hat hier nichts mehr im Griff. Kurzum: Murks. Welcher vermutlich dem frühen Tod Bolaños geschuldet ist, der den Schlußteil bestimmt nicht sorgfältig überarbeitet hat, vor allem aber keinen Abstand mehr zu ihm gewinnen konnte. Deshalb mein Rat: Stellen Sie auf Seite 769 einfach das Lesen ein. Sie müssen nicht unbedingt wissen, was es mit Benno von Archimboldi auf sich hat. Er ist bloß ein Papierwicht aus Papierdeutschland und ein alberner Schriftsteller obendrein, wie die idiotischen Titel seiner Romane beweisen.

Der Philosophieprofessor Amalfitano räsoniert mit einem lesebegeisterten Apotheker darüber, ob die abgeschlossenen Meisterwerke den rostigen Romanschlachtschiffen vorzuziehen seien – eine Diskussion *Bartleby* versus *Moby Dick*. Der Apotheker schätzt *Bartleby* höher. Bolaño, der im Hintergrund eindeutig für *Moby Dick* votiert, führt den Apotheker als einen gebildeten Banausen vor, womit er indirekt sein eigenes ästhetisches Programm bekräftigen will. Die Trümmerstätte ist für ihn das Anziehende, nicht das Meisterwerk, welches Perfektion anstrebt und suggeriert. Ich denke da anders. Das Unfertige, Fragmentarische, Geschwätzige, vielfach Geklitterte hat längst die Alleinherrschaft übernommen. Ein Meisterwerk benötigt absolute

Konzentration, und die ist in auseinanderschwirrender Zeit schwer zu gewinnen. Perfektion wird kaum mehr angestrebt, geschweige denn erreicht. Schon um ihrer Seltenheit willen sollte man sie höher schätzen. Das Interessante an ästhetischen Konzepten ist jedoch: Wann immer man sich zu einem bekennt, spaziert eine Ausnahme vorüber und lacht einen aus. Theorie her oder hin, *2666* ist ein ungeheuerlicher Wal von einem Roman, er bläst seine Fontänen hoch in den Äther. Sehr zu empfehlen!

Thomas Mann
Doktor Faustus

Mit neunzehn Jahren habe ich den *Doktor Faustus* zur Hand genommen und ihn alsbald enttäuscht weggelegt, weil mir das
Auftreten des Teufels zu altertümelnd erschien. Auch die Um-
standskrämerei des Chronisten Serenus Zeitblom ging mir auf
den Wecker, allein der Name des behäbigen Mannes kam mir
übertrieben zeigedickfingrig vor. Den *Zauberberg* hatte ich bereits während der Schulzeit mit großem Vergnügen verputzt,
beim *Faustus* hat es nicht funktioniert. Jetzt, dreiundvierzig Jahre später, ist es zu einer interessanten Wiederbegegnung gekommen. Und nun hat es gefunkt! Längst bin ich eine geduldige Leserin, die man nicht mehr mit gekonnten Effekten ködern muß.
Das Außerordentliche des Romans, die Zeitströmungen vor dem
Ersten Weltkrieg, das Chaos danach und die hochgeputschten
Aggressionen, die den zweiten katastrophalen Krieg einläuteten,
derart treffend einzufangen, wahrlich, das ist eine Großtat ohnegleichen. Wobei ein gekonnter Trick das Ganze strukturiert. Die
blinde Zerstörungswut, die Wirrnis der verhängnisvollen Jahrzehnte, von einem eher behäbigen Chronisten schildern zu lassen, der zur geistigen Schmerbäuchigkeit neigt – das haut hin!
Geistige Verlotterung in allen Facetten vorzuführen, inklusive
verhängnisvoller Liebesscharmützel, dafür hatte Thomas Mann
ein Händchen.

Den Inhalt des Romans, den Abgrund, in den sich die Hauptfigur, der Komponist Adrian Leverkühn begibt, muß ich einem
kundigen Leser nicht erklären. Musik spielt darin eine große
Rolle, eine damals neue, in verstörten Ohren erklingende Musik, die sich vom Erbe Monteverdis, Pergolesis, Johann Seba-

stian Bachs, Mozarts und vieler anderer Komponisten allmählich löste. Zuweilen eine exzessive Taumel- und Bruchmusik, die sich neue Sphären erschloß und das Publikum überforderte.

Leverkühn begeht kein geringes Wagnis, indem er sich von der Nachfolge Gustav Mahlers befreit, wobei seine Musik zwar nach Althergebrachtem klingen will, aber eben nur zum Schein, damit das darin Verstörende um so nachhaltiger wirkt.

Was die Beschreibung zeitgenössischer Kompositionen angeht, bietet Thomas Mann ein erstaunliches Wissen auf, er hat sich mit geschärften Ohren den zu Beginn des zwanzigsten Jahrhunderts hochmodernen Komponisten hingegeben. Von Gesprächen mit Theodor W. Adorno angeregt und geleitet, hat er das Gedankengut des Philosophen kunstvoll in den eigenen Roman verwoben, pointiert auf die eigene Romanfigur hin. Die Zerstörung der monumentalen Form und des schönen Scheins, die eine innere Geschlossenheit repräsentieren, wird bei Leverkühn zum Programm. Es geschieht zugunsten einer aufgetummelten Energie, die den Schrei nachahmt und an die katastrophale Zerstörung im Gefolge der Schlachten des Ersten Weltkrieges erinnert, diese bisweilen vorausahnt.

Töne, die nicht der Süße der Harmonik huldigten, sondern das Aufgekratzte, das Crashhafte suchten, waren für einen Teil der Avantgarde perfekt, die ihr eigenes Treiben als Kunstreligion verstanden wissen wollte und es damit adelte. Insbesondere Arnold Schönbergs Aufgabe der Dur-Moll-Tonalität griff das in der Tradition wurzelnde Komponieren an. Das Verlassen der gewohnten Harmonik sorgte dafür, daß dem Hörer nicht mehr so häufig ein beseligendes Schwingen in der Ruhe, ein Verschleichen melancholischer Passagen in seinen Ohren vergönnt war. Neu waren so manche Töne und wurzelten doch stärker in der Spätromantik, besonders in deren expressiver Gestik in Bezug auf Rhythmus und dynamische Gestaltung, als es dem Gefühl der Menschen entsprach, die sich selbst sehr neu vorkamen.

Manch einer der aus den herkömmlichen Bahnen seiner Vorväter gescheuchten Bürger lieferte sich im Zickzack der Erregung den verrücktesten Scharlatenen aus, etwa dem Muttersohn und Hohepriester Alfred Schuler, der unentwegt von der Blutmagie oder *Blutleuchte* delirierte. Wo dem Blut magische Fähigkeiten zugetraut wurden, war in Deutschland der Rassenwahn und der Haß auf die Juden nicht allzufern. Er sollte allerdings erst zehn Jahre später zu voller Ausprägung kommen. Alfred Schuler verstarb 1923. Nicht zu vergessen: Der Geisterseher Schrenck-Notzing, der aufregende Séancen abhielt, bei denen merkwürdige papiergefältelte Jenseitswesen aus dem Mund eines weiblichen Mediums emanierten oder, wenn sich dieses in Gebärstellung, geplagt von entsprechenden Schmerzen, auf einem Stuhl wand, unter dessen Rock hervorkrochen. Die kuriosen Hervorbringungen wurden *ideoplastisch* genannt und photographisch dokumentiert. Es ist witzig, sich die heutzutage sofort erkennbaren Manipulationen anzusehen. Mit Photographien bedecktes Zeitungspapier wurde zur Kugel geballt und ein wenig ausgezogen, so erhielt man Knitterbilder, welche die Verstorbenen repräsentieren sollten.

Solcherlei Ekstasen mitsamt den entsprechenden Figuren, die sich in der Münchner Gesellschaft herumtrieben, waren Thomas Mann bekannt, nicht immer vom persönlichen Kontakt her, aber vom Hörensagen sehr wohl. Er verkehrte in bedeutenden Salons, in denen sich ihm reichlich Anschauungsmaterial für den Jahre später verfaßten Roman bot. Vom Getreibe in den bürgerlichen Häusern, die von solchen Figuren bevölkert wurden, erzählt der Roman gewitzt und packend, was um so komischer wirkt, als sich der übervorsichtige Serenus auch hierbei um dezente Worte müht, was nicht immer klappt. Die Begegnungen mit dem nervösen Gschwarl, das nicht mehr von sozial gesicherten Plätzen aus agiert und den Blick auf eine überschaubare Zukunft verloren hat, ist präzis aufs Korn genommen. Die verwirrten Leute faseln von der Ästhetik des reinigenden Feuers und wissen nicht, welchen Brand sie mit ihrem orgiastischen Flammenpathos entfachen. Alle sind plötzlich energiegeladene Künstler und wollen nicht mehr Bürger sein. Die rhetorischen Feuersbrünste, die dabei hochschießen, sind jedoch kalt. Auch den in sich verkapselten Narzißten Leverkühn umweht die Künstlerkälte der Zeit. Seine idealistische Selbstprojektion wird von einem fatalen Heroismus gestützt. Schopenhauer, Nietzsche, Wagner lassen grüßen. Gottlob geht die Sprache des Chronisten dabei nicht auch noch triebschüssige Wege. Ihm sind Ordnungsliebe und argumentative Stimmigkeit nicht verlorengegangen. Und da er auch in puncto Eros ein Mann der Vernunft ist, wird vor den Augen des geneigten Lesers so mancher Liebeshändel, so manche Verstiegenheit und Idiotie in ruhiger Weise ausgebreitet, wobei die Figuren auf noble und dennoch wirksame Weise demontiert werden, wie es nun mal das Kerngeschäft des hochmögenden Autors war.

Auftritt des Teufels! Was mir in jungen Jahren wie eine altbackene Schmonzette vorkam, begeistert mich jetzt. Weil ich ein anderes Verständnis für den Zeitritt der Figur aufbringen kann, die Verwandlung genieße, die eine bekannte Figur mit hergebrachten Insignien und altertümelndem Sprachgestus in einen Sportboy und hochmodernen Lässigkeitsflegel durchläuft, der salopp spricht, zunehmend daherquatscht. Wenn er zunächst umständlich spricht, soll das Leverkühn in Sicherheit wiegen, daß er die Gefahr, die von dem Gesellen ausgeht, nicht allzu ernst nehmen muß. Dann argumentiert der Teufel rattenscharf. Naturgemäß versteht er sich auf das intrikate Ping-Pong der Dialektik. Der eishauchumwehte Kerl verkündet alsbald, auch im

Reich der Hölle, dem sich Leverkühn verschreiben wird, habe man eine besondere Beziehung zum Klang. Er versteht sich auf das Geschäft, den Komponisten zu ködern. Wert wird auf infamen Schall gelegt: ein abgedichteter Keller, »tief unter Gottes Gehör«, wie es heißt, ist erfüllt von »Gilfen und Girren, Heulen, Stöhnen, Brüllen, Gurgeln, Kreischen, Zetern, Griesgramen, Betteln und Folterjubel«. Gleichzeitig ist von »Höllengejauchz und Schandgetriller« die Rede und vom »ungeheuren Ächzen der Wollust«.[1] Lodernde Schmerzen und lodernde Freuden gehören zur Hölle. Zahnwehhaft zugespitzt, schmerzstechend laut ist es dort. Bisweilen sind die Stimmen ins Gurgelnde herabgedimmt. Nebenbei bemerkt: der von Eisigem und nicht von Feurigem umwallte Verführer hat einen mächtigen Verwandten in Dantes Inferno, worin Luzifer ebenfalls von Eis umgeben ist. Dante verstand sich glänzend darauf, die schaurigen Töne des Abgrunds mit onomatopoetischer Verve in seine Verse zu schmuggeln. Kein Wunder, daß die *Commedia* eine Vielzahl moderner Komponisten inspiriert hat. Die Teufelsszene nimmt zum Schluß eine überraschende Wendung. Wenn Adrian wieder geordneten Sinnes ist, sitzt da kein Teufel mehr auf dem Sofa, sondern wiederum Rüdiger Schildknapp, der muntere Freund mit den maroden Zähnen, der auch anfangs dort gesessen hat. Allerdings ist die Präsenz des Teufels so stark, daß der Leser Schildknapp schnell vergißt und nicht daran glaubt, daß die Erscheinung des Teufels ein reines Trugbild war. Michael Maar hat übrigens solide nachgewiesen, daß der mittlere Teufel bezüglich Mundpartie und Geheimratsecken Gustav Mahler verblüffend ähnlich sieht. Und mit Mahlers gewaltigem Erbe mußte sich der Komponist Leverkühn befassen. Es wollte ja übertroffen sein.

So manch einer der Musik gewidmeten Abschnitte ist vielleicht etwas lang geraten, weil Thomas Mann sich nicht enthalten konnte, sein Wissen im Roman zu verbacken. In jungen Jahren hat mich das oft zum Schnellstlesen verführt, heute genieße ich diese in etwas altväterlichem Duktus einherlaufenden Passagen, schmause vergnügt am üppigen Bildungsmahl, das mir der Autor serviert. Wenn der Stotterer Wendell Kretzschmar einen Vortrag darüber hält, weshalb Beethoven zu der Klaviersonate op. 111 keinen dritten Satz geschrieben hat, und der erregte Mann diese auf einem Piano »schollernden Klanges«[2] seinen Hörern vorträgt, ist das von unnachahmlichem Witz. Zugleich verweist Kretzschmar auf die Taubheit des Komponisten, den beginnenden Zerfall. Und dies wiederum ist ein vorausweisendes Wetterleuchten bezüglich der Zerstörung, die Adrian Leverkühn einst erleiden wird. Der behäbige Stil, in dem das verfaßt ist, paßt natürlich auch zum Chronisten, den Thomas Mann sich erwählt hat, eine von Natur aus besonnene Natur, ein älterer Mann, der nun, da er vom nahen Ende des Zweiten Weltkrieges auf das zerstörte Land und auf dessen enorme Schuld blickt, sich die vergangene Jugendzeit mit dem schwierigen, in sich verkapselten Freund Adrian nicht mehr ungetrübt vergegenwärtigen kann.

Daß bei der Katastrophe, die Millionen von Menschen das Leben kostete, sei es in den Konzentrationslagern, sei es im Feld oder in den zerbombten Städten, die Verführungskraft eines mittelalterlichen Teufels im Spiel war, der mit gekonntem Sprung und überzeugender Verwandlung im zwanzigsten Jahrhundert landet, ein Bursche, der sich die lauernden Aggressionen verunsicherter Menschen zunutze machte, diese Grundidee des Romans ist nicht so harmlos, wie sie auf den ersten Blick scheinen mag. Die Fähigkeit, extreme Grausamkeiten zu begehen, haben Menschen durch die Jahrhunderte hindurch immer wieder an den Tag gelegt. Den Teufel in den Roman einzuschleusen, der sich perfekt darauf versteht, sich den jeweils gegebenen Verhältnissen anzupassen, ist keine nur spielerische Idee, zumal es Thomas Mann in keiner Weise darum zu tun war, seine Figuren von der Verantwortung für Völkermord an den Juden, für Kriegsmord und Zerstörung von Hab und Gut zu entbinden. Der altbekannte Bosheits- und Grausamkeitstummler, ausgestattet mit quecksilbriger Energie, war schon immer die stellvertretende Figur für die in den menschlichen Seelen nistende Gewalt. Der Teufel hat nicht nur im Bund mit der Syphilis in Hirn und Seele des Adrian Leverkühn Wurzel geschlagen, er ist auch im gesellschaftlichen Verkehr präsent, knüpft die Fäden im Hintergrund und invadiert die zunehmend brutale Sprache der Salongäste. Sakrales ist dabei im Spiel, nicht in kirchlich rituelle Bindung geschlossen, sondern als aufbrausende Verlästerung des Guten, Wahren und Schönen. Sakral konnotiert sind auch die Neuschöpfungspläne, die allenthalben grassieren. Aus radikaler Zerstörung soll wie Phönix aus der Asche das ganz Andere, Frische, Junge, Macht- und Kraftvolle entstehen. Neben sorglosem Geplapper, das von Gemeinplatz zu Gemeinplatz hüpft, hüllt sich das Kraftmaxentum in eine eiserne Modernitätsrhetorik. Etliche mindere Teufel, die sich in den Salons herumtreiben, huldigen zumindest rhetorisch ihrem großen Gebieter. Den Teufel in Gestalt von Adolf Hitler auftreten zu lassen, wäre übrigens keine gute Idee gewesen, es hätte einen grausam gearteten Menschen geadelt und ihm die faszinierende Weihe übernatürlicher Bosheit verliehen.

Da der Chronist vom Gipfelpunkt der Zerstörung aus seinen Bericht verfaßt, wetterleuchtet der Schrecken auch in die Schilderung der davorliegenden Zeit hinein, zunächst dezent, dann jedoch mit anschwellender Dringlichkeit. Es ist ein ausgezeichneter Coup, daß Thomas Mann dafür eben keinen Chronisten erwählt hat, der schon früh die Gefahren in vollem Umfang erkennt, die von den aggressiven Launen und Strömungen der zwanziger Jahre und schließlich von Hitlers NSDAP ausgehen, sondern einen Vorsichtsmenschen, der seine Worte umsichtig wählt und nicht zu scharfen Urteilen neigt. In spießiger Form mag er in der Figur des Serenus Zeitblom ein wenig sich selbst karikiert haben. Der Autor war ja nicht zwingend der Mann des akut analysierenden politischen Verstandes gewesen, der das Verhängnis präzis hätte voraussehen können. Ein starkes Unbehagen an den Verhältnissen hat er jedoch sehr wohl gespürt. Vorsichtiger als seine beiden ältesten Kinder erfaßte er, mit welcher Rasanz sich seine Landsleute der Zerstörungsorgie hingaben und was das für deren Opfer bedeutete.

Es heißt, Leverkühns Werk treibe mit *Dr. Fausti Weheklag* auf den Höhepunkt zu. Von einem »zermalmenden Klage-Werk«[3] ist die Rede. Das klingt nach zerstoßenem Eis, klingt auch ein wenig nach Anton Weberns Dodekaphonie. Es ist jedenfalls nicht schade darum, was da in klirrender Kälte zermalmt wird. So etwas zu komponieren, über so etwas zu schreiben, ist mit Schuld behaftet. Vorauslaufend wird eine Tragödie in Kauf genommen, um daraus ästhetische Funken zu schlagen. Man malt nicht folgenlos den Teufel an die Wand – in der Schundliteratur vielleicht, aber nicht in großen Werken, die sich durch ein empfindliches Witterungsvermögen auszeichnen, das die Nemesis auf den Plan ruft. Innerhalb des Romans wird schon mit harter Todeswährung bezahlt, wenn das reizende Knäblein Echo qualvoll an der Meningitis sterben muß.

Bekanntlich ist die Familiengeschichte Thomas Manns stark vom Selbstmord geprägt. So läßt er denn auch Selbstmord und Mord von den instabilen Töchtern der Frau Rodde begehen, und das ist mehr als ein gekonnter Schachzug. Das dunkle Gewölk des Eros verdichtet sich dabei zu einer mächtigen Triebkraft. Mit dem Phänomen des Selbstmordes innig vertraut, ahnte der Autor sehr wohl, wie eng verschwistert Selbsttötung und Mord

sind. Zugleich ist das eine vorausweisende Chiffre auf beide Tö-
tungsarten, die zeitgleich mit Adrians Verdämmern ein ganzes
Land heimsuchen werden. 1940 stirbt der Komponist.

Wertvolle Hinweise verdanke ich dem Musiker Jürgen Trinkewitz.

Dante Alighieri
Die Göttliche Komödie

Aus der Vielzahl der deutschsprachigen Interpreten, die sich Dantes *Divina Commedia* gewidmet haben, ragen zwei heraus: Romano Guardini und Erich Auerbach. Natürlich haben auch zahlreiche Übersetzer, welche die Commedia ins Deutsche übertragen haben, ihre Werke mit üppigen Kommentaren versehen, 1954 etwa Hermann Gmelin, der die *Commedia* in Blankversen übersetzt und gleich drei Kommentarbände dazu verfaßt hat. Vor Gmelin nehmen sich die Übersetzungen in bezug auf den mitgelieferten Kommentar eher bescheiden aus. Der deutschsprachige Raum hat weltweit die meisten Übersetzungen hervorgebracht: sechsundfünfzig Komplettübersetzungen und siebenundzwanzig Teilübersetzungen, darunter die berühmte von Stefan George – kommentarlos, versteht sich. Bei den Georgeanern mußte man wissen und durfte dieses Wissen nicht profanieren, indem man es Krethi und Plethi zugänglich machte. George her, George hin: einen Mangel an Deutungen des großartigen Werks in unserer Sprache gibt es nicht.

Was ist nun das Besondere an den Einlassungen von Romano Guardini und Erich Auerbach, die beide die *Commedia* nicht übersetzt haben? Der katholische Theologe Guardini hat sich naturgemäß mit der religiösen Weltschau, getragen von Augustinus und Thomas von Aquin, befaßt, zugleich war er ein herausragender Literaturkenner und Literaturliebhaber. Kaum weniger von der Theologie inspiriert und ebenfalls von hohen Gnaden beseelt, ging Erich Auerbach zu Werk. Auch er hatte ein intensives Verhältnis zur Literatur, keinesfalls nur ein zerpflückendes, sondern ein integratives, das die Erhabenheit eines großen Werks nicht durch den Kommentar profanieren will, sondern es mit Deutungen umzirkt, die das Verstehen auf eine Bühne heben und damit den Genuß auf den verschlungenen Pfaden von Wissen, gepaart mit Euphorie und Traulichkeit, erhöhen. In seinem Fall kann man durchaus vom Glanzgefunkel des Kommentars sprechen. Der Mann war ein herausragender Stilist, der sich der wunderbaren Dichtung Dantes klug und herzinnig widmete. Eine kleine Invektive sei am Rande dazu verfeuert: ein Romanist, der sich nur darauf versteht, wagnislos und furztrocken zu schreiben, sollte sich von Dante besser fernhalten.

Bevor ich auf Auerbachs *Dante als Dichter der irdischen Welt* zu sprechen komme, noch eine kleine Geschichte in eigener Sache. Im Hamburger Literaturhaus habe ich fünf Jahre lang an der Einladung zu einem Kongreß von jeweils 15 Schriftstellern und 15 Literaturkritikern mitgewirkt. Ein Text war zur Vorbereitung zu lesen, jeder Teilnehmer mußte sich darauf beziehen. Ich schlug *Mimesis* vor, und zwar das erste Kapitel: *Die Narbe des Odysseus*. Das hat ganz gut funktioniert, weil die Opulenz mythischen Erzählens im Falle von Homer gegen die Knappschaftsform der jüdischen Bibel steht.

Die Helden Homers erzählen ausführlich, wie es um sie steht. Die Stammväter, Könige und Propheten der Bibel eher nicht. Ein grundsätzliches Problem des literarischen Schreibens ist damit tangiert. Zur Illustration führt Auerbach bezüglich einer Jagdszene des Odysseus so kleidsame Wörter ins Feld wie »lieblich« und »subtil geformt«, er spricht von einem »eleganten Behagen« oder dem »Reichtum idyllischer Bilder«.[1] Solche Zuschreibungen würde man nur selten beim Aufrufen einer biblischen Stelle wählen – wohl in beiden Testamenten nicht, mit Ausnahme einiger Passagen der Gottesrede im Buch Hiob und im Johannes-Evangelium sowie einiger Psalmen und des Hohen Liedes.

Knapp versus exuberant. Schlagender Wahrheitsanspruch versus läßliches Spiel. Wobei in beiden Grundformen die Vergangenheit als massives Gerüst und Stärkung der Gegenwart herhalten kann, es aber nicht muß.

Bis in unsere Tage haben sich die verschiedenen stilistischen Grundhaltungen fortgezeugt. Marcel Proust, Heimito von Doderer und Thomas Mann auf der einen, Franz Kafka und Samuel Beckett auf der anderen Seite – die beiden Gruppen sind diesbezüglich Antipoden. Die quälende Sprengkraft des biblischen Erbes mitsamt dem Rückzug Gottes haben die letztgenannten Autoren in Szene gesetzt. Proust und Doderer nicht, aber auch nicht Thomas Mann, trotz oder vielmehr gerade wegen seines überaus voluminös geratenen Josephsroman nicht. Auch bei ihm gilt: *lieblich, subtil, elegant, reich*, aber nicht Knall auf Fall. Thomas Manns Sätze gehen nicht wie Prügel nieder, zwischen ihnen klaffen keine Löcher, in denen eine glühende Gotteserkenntnis ausgebrannt wird, wo hinter einer bitter enttäuschten Gottesabkehr eine Schutthalde wächst oder eine herabgekühlte Interpretation die Wand mit Eiskristallen auskleidet. Den Taumel im leeren Raum der Gottesferne zu beschreiben ist und bleibt die Spezialität der schlagkräftigsten Autoren des zwanzigsten Jahrhunderts. Dies nur nebenbei.

Mit den Jugenddichtungen Dantes und seinem *Convivio* bin ich nie recht warm geworden. Das mag für Spezialisten interessant sein, für Literaturliebhaber, die sich weniger hingebungsvoll der Exegese verbunden fühlen, eher nicht. Hätte Dante seine poetische Leistung nicht mit der *Commedia* gekrönt, wäre er heutzutage außer in Fachkreisen wohl ebenso vergessen wie seine damals berühmten, etwas älteren Mitstreiter, der Bologneser Guido Guinizelli und die Florentiner Guido Cavalcanti und Brunetto Latini.

Natürlich hat Dante von seinen Vorgängern profitiert, die

den umwerfend neuen Stil der provenzalischen Dichtung den italienischen Verhältnissen anverwandelten. *Hochform, Hochzucht, Auslese*[2] sind die Wörter, die dazu bei Erich Auerbach fallen. Esoterische Abwehr gegen die Zumutungen des gemeinen Lebens und die edle Bemeisterung drangvoller Leidenschaften waren im Spiel, hie und da auch die Feier der Natur. Orientalische Einflüsse, insbesondere im Hinblick auf die Naturbeobachtung, machten sich geltend. Der Marienkult in veredelter Form mitsamt Lilien und Rosengerank, vorausdeutenden Fingerspitzen und anmutiger Ergebenheitsneigung des Kopfes, war weit verbreitet. Durchleuchtet von biblischen Themen wandte sich die Poesie der heldenhaften Verklärung im Diesseits zu. Auerbach kannte sich in der provenzalischen Dichtung, die in den zwanziger Jahren bei den Romanisten Furore machte, exzellent aus. Der Dichter und Übersetzer Rudolf Borchardt hat davon profitiert, als er Ende des Jahrzehnts in Italien Dantes *Commedia* in ein erfundenes Deutsch zu übersetzen begann, das viele provenzalisch klingende Wortschöpfungen aufnahm und dabei versuchte, den Vokalreigen des italienischen Originals im Deutschen zu erhalten. Vom Klang her ist diese Schmiegsamkeit an den Originaltext außerordentlich gelungen. Wer die *Commedia* allerdings nicht aus anderen Übersetzungen oder vom Original her kennt, hat Mühe, die Verse auf Anhieb zu verstehen.

Man darf davon ausgehen, daß die Eindämmung der Leidenschaften und die radikale Abwendung von der Vulgarität weder den hochfliegenden provenzalischen noch den italienischen Dichtern im wirklichen Leben gelang. Was den Provenzalen aber gelang, und was ihrer Dichtung zugrunde lag, hat Auerbach treffend beschrieben: »… die Magie des Landes selbst, die gewordene Einheit von Landschaft und Lebensform, die den Dichtern Selbstgefühl, Heimatfreude, Abenteuersinn und den geheimnisvollen Zauber der geformten Wirklichkeit verlieh; sie gab ihnen die Kraft, das bloß Allegorisch-Didaktische in einer neuen Vision des Wirklichen aufgehen zu lassen.«[3] Auerbach analysiert sehr präzise, wie die Adaption des Provenzalischen im *Dolce Stil Nuovo* gelang, wie sich auch in Florenz ein *Geheimbund der Auserwählten* gründete, die mit erhabenem Stilflorett fochten, allerdings weniger ritterlich, nicht ganz so elegant wie man es im Reich der Franken vorgemacht hatte. Immer seltener blieben die Florentiner in ihrer Dichtung bei der Sprache der Gebildeten, dem Latein – es ein wenig würzend, sich dabei meist im hohen Gefild der klügelnden poetischen Überredungskunst einer Geheimlehre ergehend, teils steif, teils ein wenig salbend im Ton. Zum Gutteil mußten die Liebesverwicklungen hie wie da als Vorwand für einen hoheitsvollen Gefühlskult herhalten. Sich in der Sprache des Volkes der Drastik des Verlassenseins, der sättigenden Liebe zweier Körper, gar der bestürzenden Vulgarität auszuliefern, diese Kunst war unter den Gebildeten noch nicht geboren. Das war Sache der Puppenspieler und Schausteller auf den Jahrmärkten. Davon ebenfalls zu profitieren sollte erst später das Verdienst Dantes werden. Die poetischen Liebeshändel, wofern man sie überhaupt so bezeichnen will, dienten eher der Illustration von mageren Philosophemen oder als Kulisse für elegante Tumulte und klügelnde Seelenergüsse. Haarspaltereien finden sich darin oft.

Zweifellos ragte das Talent Dantes schon damals hervor. Auerbach betont, daß es sich um einen selbstbewußten jungen Mann gehandelt haben muß. Wer, wenn nicht ein äußerst selbstbewußter Dichter, hätte sich in reiferen Jahren an eine derart hochmögende und zugleich bis in jeden Lautfitzel hinein durchkonstruierte Jenseitsreise gewagt, in der er sich selbst an die Seite Vergils stellt, diesen zunächst demütig um Erklärung bittet und bescheiden neben ihm einherwandelt, zunehmend aber als Person auftritt, um die sich das gesamte Geschehen kristallisiert. Mehr und mehr gewinnt man beim Lesen der *Divina Commedia* den Eindruck, daß die sowohl grausamen als auch erhebenden Schauspiele samt und sonders aufgeführt werden, um einzig und allein den Dichter Dante Alighieri zu belehren und ihn gleichzeitig zu erhöhen.

In der Hölle treten die Figuren augenblicksweis mit stärkster Präsenz und scharf konturiertem Charakter hervor. Einige sind aktiv, handeln grausam, sinken dann aber wieder zurück in einen unbestimmten Dämmer, wo die endgültig Abgeschiedenen, jeglicher Hoffnung beraubt, entschleichen. Sobald der Wanderer eine Station der Reise verlassen hat und sich vor seinen erschreckten oder verwunderten Augen eine neue auftut, ist es um die zuvor ans Licht gezerrten Figuren geschehen. Ein scharfes Richtschwert hängt über der Hölle. Sie kennt kein Erbarmen, allenfalls das Erbarmen Dantes angesichts der Leiden von Paolo und Francesca im fünften Kreis der Hölle, was dazu führt, daß der Wanderer in Ohnmacht fällt und sich damit dem Verlangen entzieht, gegen Gottes unbarmherziges Gericht aufzubegehren.

Furcht und Zittern, aber auch Milde, Vergebung und eine zunehmend erlöste Weise des Erkennens walten im Purgatorium, eine Schau, die sich Etappe für Etappe stärken muß, um den durchfluteten Himmel der Glückseligkeit überhaupt zu ertragen. Alles spitzt sich zu in diesem »... christliche[n] Drama der einmaligen irdischen Zeitspanne, in der die Entscheidung fallen muß« über »... die unentrinnbare Gestalteinheit, die Schicksals- und Formverbundenheit von Seele und Körper, die sich in der Auferstehungslehre bekundet.«[4]

Die Gestalteinheit der toten Figuren ist gewahrt, allerdings mit schemenhafter Drift ins atomare Wimmelkomposit von Scheinleibern, wie sie eher dem Hades entsprechen als der ungleich habhafteren christlichen Vorstellung. Blut rinnt nicht mehr durch die Adern eines befleischten Körpers, er wirft auch keinen Schatten mehr. In Schwebform und dennoch klar konturiert tritt ein Höllenbewohner ans flammende oder aschedurchstäubte Fahllicht. Charaktereigenschaft, Vitalität und Gefühl bleiben erhalten. Der Rohling spricht vulgär, der Intrigant schlangenhaft, der einstmals Hochgestellte distinkt, der Wüterich in unmäßigem Zorn. Im Hintergrund ertönen Geflüster und Schreie.

Eine wie von Leuchtfeuern durchschossene Volkssprache löst sich von der Derbheit, ohne ihren kraftvollen Ursprung zu verleugnen. In der Hölle wird stärker gelitten als auf der Erde, das jeweils ureigene Böse einer verdammten Person ist mit zwei, drei sprachlichen Schlachthieben hingehauen. Sünden sind präzis erfaßt, die darüber verhängten Strafen antworten mit verschiedenen, aber jeweils exakt darauf bezogenen Leibqualen. Schneidend scharf. Nichts ist verwischt, nicht die ans grelle Licht gezerrte Charaktereigenschaft des Sünders, nicht seine Pein. Der Pilger Dante tritt im ersten Teil der *Commedia* als äußerst gewissenhafter, strenger und detailgetreuer Protokollant des Grauens auf.

Auerbach sieht sein Straftheater in ein »dunkles Pathos«[5] gehüllt. Nur im ersten Kreis der Hölle geht es zwar nicht heiter, aber straffrei und lauter zu, denn hier sind die in vorbildlicher Würde einherwandelnden Heiden und die ungetauften Kinder untergebracht, die sich nichts haben zuschulden kommen lassen.

Aber der christlichen Botschaft konnten sie noch nicht teilhaftig werden, deshalb winkt ihnen keine echte Erlösung. Nach moderner Auffassung ist das zwar ungerecht, aber als Beckmesser, einer Wagneroper aus dem neunzehnten Jahrhundert entsprungen, dürfen wir über die *Commedia* nicht urteilen.

Das große Werk wurde in der Emigration geschrieben, in etwa ab 1302. Man darf bezweifeln, das es je entstanden wäre, hätte sich der Dichter in Florenz zur siegreichen Partei zählen und ein ehrenhaftes Amt bekleiden dürfen. Die schmerzliche

Erfahrung der Flucht wird zu einer grausamen Wiege, in der die Sinne geschärft werden, der Haß lodert und sich die Sehnsucht zu schwindelerregenden Flugmanövern aufschwingt. Hoch und Niedrig entfachen eine turbulente psychische Dynamik. Der erniedrigte Bittsteller trägt den Kopf, den noch kein Lorbeerkranz ziert, bereits sehr hoch. Gottlob hatte Dante in den verschiedenen Adelshäusern, die ihn aufnahmen, erlesene Bibliotheken zur Verfügung. Bevor er gezwungenermaßen sein unstetes Wanderleben begann, hatte er sich bereits an den Ausläufern der thomistisch geprägten Scholastik geschult. Aber nun öffnet sich das zur Starre neigende Lehrgebäude der Theologie den Erfahrungen eines im Diesseits gefährdeten Menschen. Gewißheiten geraten ins Taumeln, eine neue dichterische Aufgabe stellt sich ein, die dem erzwungenen Wanderleben mit Hilfe einer erlösungsdurchwirkten Konstruktion Paroli bietet.

In schwingenden Dreierschritten bereiten sich im Kopf des Dichters die ersten Terzinen vor. Dem göttlich gestalteten Kosmos wird alsbald die streng durchgeführte Ordnung des Langgedichts korrespondieren. Drei Teile der *Commedia*, drei Mal fünftausend Verse, die obwaltende und alles überstrahlende Trinität und eine hinreißend rhythmische Gliederung der sich aneinanderschlingenden Dreizeiler, sie fügen sich zu einem spirituellen Klang, in dem erst durch das Gehen, Klettern, Bootfahren und Drachenreiten, später durch das Emporfliegen des Jenseitspilgers ein göttlich durchtränktes Sein mit dem erdverhafteten Leben innigen Kontakt aufnimmt. Ein Kapitel faßt 33 Terzinen, die drei Teile der *Commedia* enthalten jeweils 33 Kapitel, nur eines, das Anfangskapitel, erfährt eine gewisse Sonderstellung, es steht für sich, aber nicht ganz. Man kann es ebensogut der Hölle zuschlagen, die dann auf 34 Kapitel kommt, was wiederum auf eine luziferische Zahl deutet. Um einen Schritt weist die 34 über das Lebensjahr Christi hinaus, der mit 33 Jahren gestorben sein soll. Insgesamt wird mit den Kapiteln die Zahl 100 erreicht.

Mir ist kein Dichter bekannt, der sich derart streng (oder zwanghaft) einer so ausgefeilten Struktur unterworfen hat und zugleich fähig war, ein erstklassiges poetisches Schaumschiff nach dem anderen vom Stapel zu lassen.

Erich Auerbach faßt das riskante Unternehmen so zusammen: »Gestützt auf die höchsten Autoritäten der Vernunft und des Glaubens, wagte es sein dichterischer Genius zu unternehmen, was noch keiner vor ihm gewagt hatte: die gesamte irdisch-historische Welt, die zu seiner Kenntnis gelangt war, als schon dem endgültigen Urteil Gottes unterworfen und somit an ihren eigentlichen, ihr nach der göttlichen Ordnung zukommenden Platz gestellt, als schon gerichtet vorzustellen, und zwar so, daß er die einzelnen Gestalten in ihrem eschatologischen Endgeschick nicht etwa ihres irdischen Charakters beraubt oder auch nur ihn abschwächt, sondern indem er die äußerste Steigerung ihres individuellen irdisch-historischen Wesens festhält und sie mit dem Endgeschick identifiziert.«[6]

Ordnung heißt das Zauberwort, das uns die *Commedia* erschließt. Doch bisweilen, an den Stellen zugespitzter Dramatik, wird der »Damm des reimenden Versendes überflutet«.[7] Man darf getrost hinzufügen: Solche Dammbrüche, aber auch auffällige Versstückelungen finden sich höchst selten in Dantes großem Poem, und wenn sie auftreten, sind sie kalkuliert eingesetzt. Keineswegs gehorchen sie einer überschwenglichen Laune oder gar der Gereiztheit des Dichters. Fahrlässigkeit ist so ziemlich das Unwahrscheinlichste, was man ihm unterstellen kann.

Auerbach hat ausführlich beschrieben, was es mit dem Stil Dantes auf sich hat: »Fast jede Zeile der Komödie verrät die gewaltige Anstrengung, und in den harten Fesseln von Reim und

Silbenzahl bäumt und windet sich die Sprache; die Gestalt mancher Verse und Sätze erinnert an einen Menschen, der in sonderbar gezwungener Stellung versteinert oder erfroren wäre, deutlich und ausdrucksvoll im Übermaß, aber ungewohnt, erschreckend und übermenschlich; hier liegt die Wurzel der populären Vorstellung, die Dante mit Michelangelo verbindet; die Abweichung von der natürlichen Wortstellung, die Dante häufiger und härter verwendet als irgendein anderer mittelalterlicher Stilist, und die er ohne jede harmonische Milde, neben anderen rein prosaischen Sätzen und oft mit gemeinen prosaischen Worten vorbrechen läßt, mag ihn die antike Poetik und Vergil gelehrt haben; doch Vergil besaß die harmonische Milde, und die klassischen Sprachen besaßen eine Tradition der poetischen Wortstellung, die es gestatteten, das Kunstmittel sogleich als solches zu erkennen, zu prüfen, zu bewundern oder zu tadeln. Dante schuf sich diese Tradition selbst, und wenn er Sätze zertrümmert, Worte herausstellt oder überkreuzt, das Zusammengehörige auseinanderreißt oder das gewöhnlich Getrennte zusammenfügt, so ist das bei ihm eine von den ästhetischen Erwägungen ... ganz unabhängige instinktive Eroberung des konkordanten Ausdrucks; und so unmittelbar, wie sie geschaffen wurden, so fahren seine Worte dem Leser an die Kehle ...«[8]

Dante Alighieri war ein scharfsichtiger Sammler von Erfahrungen, der seine Wanderschaft unter Zwang antreten mußte. Als Entrechteten führte sie ihn an verschiedene Höfe Oberitaliens, deren Besitzer ihm erlaubten, sich für einige Zeit bei ihnen aufzuhalten. Diese Erfahrungen fließen in die *Commedia* ein, sie bilden deren realistisches Unterfutter und lassen den aus seiner Heimatstadt Florenz Vertriebenen die Zornpeitsche schwingen (und er schwingt sie mit Inbrunst, zumindest im ersten Teil seiner imaginären Reise). Der Leser fühlt sich dadurch von Anbeginn an nicht in ein waberndes, sondern in ein klar gefügtes Jenseits versetzt, das keineswegs im Ungefähren herumtrudelt.

Besonders in der Hölle sind die meisten Sünder zu stechender Lebhaftigkeit und Unrast verdammt. Der Besucher aus der Oberwelt verlockt die Mehrzahl der dort unten Kasernierten zur Selbstvorstellung – trotz ihres anfänglichen Widerstrebens. Sie zeigen sich wütend in ihr Schicksal verbissen oder in larmoyanter Auflösung begriffen. Nur wenigen Sündern merkt man den ursprünglich edlen Kern ihres Wesens an. Allen voran Francesca da Rimini, aber auch Brunetto Latini und Odysseus.

Der kurze Auftritt eines Höllenbewohners enthüllt schlaglichtartig seinen Charakter. Alles wirkt real. In den Klüften erkennt man Gebirgsformationen, die es tatsächlich gibt; werden Tiervergleiche herangezogen, hat man die Viecher sofort vor Augen. Frösche, Schlangen, Vögel, Schafe, aber auch Mischwesen wie die Harpyen oder Geryon, den Drachen mit dem farbintensiv schillernden Schuppenkleid, sie wirken echt, auch wenn einige von ihnen nur zu metaphorischen Zwecken in Erscheinung treten. Das Feuer, brodelnde, dampfende Lava, kratzendes Gestrüpp, die Zinnen der turmbewehrten Stadt Dis, Sturm, Kälte, Eis, aber auch labende, linde Lüfte, ein Blumengerank, dem wohlriechende Düfte entströmen, oder eine in vollendeter Schönheit und Sanftmut hingebreitete Aue, das alles ist uns wohlbekannt.

Dantes dichterisches Genie schuf im Exil, aus der Unbill eines profanen Wanderlebens voller Entbehrung und Trübnis, ein glanzvolles Sprungbrett, mit Hilfe dessen er sein triumphales Alter ego, das bis heute die Zeiten überdauert hat, zu guter Letzt in den Himmel katapultierte. Doch dieser Himmel wölbt sich keineswegs über einem verblasenen Nirgendwo. Sonne, Mond und Sterne und als Höhepunkt die Schwirrnis der Engel um das göttliche Zentrum der Rosette sind präzis und anschaulich beschrieben. Die zahlreichen Künstler, die die *Commedia* illustriert haben, insbesondere Botticelli, hatten keine Schwierigkeiten, den Aufbau des Himmels mit der Bekrönung durch das Empyreum wiederzugeben.

Das Glanzgewebe der Poesie führt den Pilger durch die drei Welten des Jenseits, durch Hölle, Purgatorium und Himmel, mit dem Effekt, daß er sachte, sachte, Schritt für Schritt, ahnungsvoll auf die eigenen Sünden zu blicken beginnt und zugleich von überwältigenden Einsichten durchflutet wird, die nur das eine Ziel kennen: der Erlösung zuzustreben.

Der Weg dahin ist allerdings mühsam. Auf jeder Etappe droht eine neue Erschütterung, die Angst ist oftmals überwältigend. Im Purgatorium führen die erklommenen Stufen des Riesenberges nach und nach zur Erleichterung. Die den Pilgern auferlegten Mühen lohnen sich. Sie erlauben es Dante, sich vom Haß auf seine bereits gestorbenen Widersacher zu lösen. Wut und Rachsucht fallen von ihm ab. Er läßt es nun endgültig sein, sich als Büttel Gottes aufzuführen und den einen oder anderen Sünder selbst zu züchtigen.

Natürlich konnte der Poet, anders als ein Theologe, es sich erlauben, an der christlichen Jenseitskonstruktion waghalsige Änderungen vorzunehmen. Obwohl im Jahr 1300, in dem die Reise stattfindet, das Weltende noch gar nicht gekommen ist, das Jüngste Gericht also noch aussteht und alle Verstorbenen, die Guten wie die Bösen, noch in ihren Gräbern ruhen, sind die schweren Sünder schon endgültig abgeurteilt und für immer und ewig in die Hölle verbannt. Das ist alles andere als hasenrein, weil es mit der zur damaligen Zeit überaus präsenten Vorstellung einer zwar über das erste Jahrtausend hinweg aufgeschobenen, aber immer noch drohenden Apokalypse kollidiert. Mit den religiösen Vorstellungen seiner Zeit konform geht jedoch Dantes Auffassung, das Leidensmaß der Sünder ins Unermeßliche zu steigern und den beseligenden Genuß der Erlösten in Dimensionen zu führen, die sprachlich kaum mehr erfaßt werden können.

Tumultreiche Sadismen der Hölle in Verse zu fassen ist eine leichtere Übung, als sich der im Himmel waltenden Glückseligkeit zu widmen. Dem Genie Dante gelang beides. Einige der erlösten weiblichen Seelen des Mondes scheinen nur als funkelnde Lichtperlen auf, denen keine ausschweifende Rhetorik zuzutrauen ist. Dennoch herrscht auch im Himmel die Mitteilsamkeit vor. Der Pilger bleibt wißbegierig bis zuletzt. Ein jedes Wesen muß sich ihm zu erkennen geben, in jedem Fall muß es antworten, wenn es als Einzelnes auftritt. Nur Gott hält sich außer Sichtweite in der inneren Verborgenheit der himmlischen Rosette auf.

Auerbach schreibt: »Die große Ähnlichkeit der leuchtenden Erscheinungen, die durch die gemeinsame Glückseligkeit bedingt ist, schließt hier die Erhaltung der persönlichen Gestalt nicht aus; die Gestalt ist den Augen ganz oder nahezu verborgen, aber sie ist da und findet den Weg sich kundzugeben. Die Kundgabe ist zarter und fließt unmittelbarer als in den beiden anderen Teilen; aber ebenso wie dort hat sie ihre Wurzel in der einmaligen Übereinstimmung von Erdenleben und Endgeschick und findet ihre Gelegenheit in der Begegnung mit dem lebenden Dante.«[9]

Hermann Hesse, 1935

Robert Walser tot im Schnee, 1956

James Ensor, *Einzug Christi in Jerusalem*, 1895

Rembrandt, *Simeon im Tempel mit dem Christuskind*, 1669

Roelant Savery, *Waldesdickicht nach einem Sturm*, nach 1630

Adolf Wölfli, *Foliantten=Marsch. Stooss No. 4 ½-8 ½*, 1915

Achilles Rizzoli, *The Primal Glimse at Forty/That You Too May See Something You've Not Seen Before*, 1938

Achilles Rizzoli, *Mother Symbolically Recaptured/The Kathredal*, 1937

Gerhard Altenbourg, *Versunken im Ich-Gestein*, 1966

Clemens Brentano
Wenn der lahme Weber träumt, er webe

Wenn der lahme Weber träumt, er webe,
Träumt die kranke Lerche auch, sie schwebe,
Träumt die stumme Nachtigall, sie singe,
Daß das Herz des Widerhalls zerspringe,
Träumt das blinde Huhn, es zähl die Kerne,
Und der drei je zählte kaum, die Sterne,
Träumt das starre Erz, gar linde tau' es,
Und das Eisenherz, ein Kind vertrau' es,
Träumt die taube Nüchternheit, sie lausche,
Wie der Traube Schüchternheit berausche;
Kömmt dann Wahrheit mutternackt gelaufen,
Führt der hellen Töne Glanzgefunkel
Und der grellen Lichter Tanz durchs Dunkel,
Rennt den Traum sie schmerzlich übern Haufen,
Horch! die Fackel lacht, horch! Schmerz-Schalmeien
Der erwachten Nacht ins Herz all schreien;
Weh, ohn' Opfer gehn die süßen Wunder,
Gehn die armen Herzen einsam unter![1]

Wie kein anderes berührt mich dieses Gedicht. Tief und erschreckend faßt es an mein Herz. Schon als ich vor Jahrzehnten
mit ihm bekannt wurde, war ich hingerissen und betrübt zugleich, mehr sogar: die Zeilen haben mich in Schrecken versetzt!
Zunächst ist das ein zutiefst melancholisches Gedicht, dessen anfänglich hin- und herströmendes Wagalaweia etwas Einlullendes
hat. In trauriger Schönheit fließt es dahin. Jedes der aufgerufenen Wesen, Tiere ebenso wie die Menschen und deren Eigen-

schaften, sind beschädigt. Die Schöpfung ist nicht nur unvollkommen, sie ist verletzt. Alles leidet an gravierenden Mängeln, die das Leben beschweren. Daher die Flucht in eine Traumwelt, die das Leid zum Verschwinden bringt und auf glanzvolle, aber zugleich anrührend bescheidene Weise die Schäden behebt, das Fehlende ausgleicht und mitunter einen gloriosen Schein darüberbreitet.

Ist es nicht wunderbar, wenn eine kranke Lerche, die gewiß dem Tode nahe ist, davon träumt, sie *schwebe*. Gottlob träumt sie nicht davon, daß sie schwebt. Damit würde die gaukelhafte Leichtigkeit des Traumgebildes sofort zerstört. Wenn eine stumme Nachtigall gar davon träumt, sie singe mit solcher Kraft, »daß das Herz des Widerhalls zerspringe«, ist das ein Vorbote der gewaltsamen Einschläge, die am Ende kommen. Glas zerspringt, wenn schneidend hoch gesungen wird. So ein Gesang ist dem Schrei nah. Doch die folgenden Zeilen vertuschen zunächst die Gefahr, die da aufklingt, zugunsten eines weiterlaufenden Beruhigungstrotts. Wagalaweia eben oder kunstreiches Schlaflied.

Doch dann! Wird alles, salopp gesagt, von der Platte gefegt. Allein die mutternackt daherlaufende Wahrheit setzt Panik frei. Grell, hell, ein Tanz mit diabolischem Beigeschmack führt ins Dunkel. Alles zuvor Geträumte wird nicht nur über den Haufen gerannt, es kommt noch schärfer mit dem Wechsel der Anrede und der schier unglaublichen Zeile: »Horch! die Fackel lacht, horch! Schmerz-Schalmeien …« Diese Schalmeien gellen durch eine aus allen süßen Träumen gerissene Nacht. Brentanos Schlußzeile hat die Kraft, das trauergeneigte Gemüt eines Menschen, der sich von dem Gedicht forttragen läßt, in tiefe Melancholie zu stürzen.

Man zeige mir bitte ein Gedicht von so leidenschaftlicher Kunstfertigkeit, das mit den Gefühlen der Menschen derart radikal umspringt und dabei mit einem Sprung im katastrophalen zwanzigsten Jahrhundert landet. Die aufgetummelten Dichtungen vor und nach den bitteren Erfahrungen des Ersten Weltkrieges nehmen sich im Vergleich dazu schwächlich aus. Auch wenn sie das Getöse der Kanonen und die zerfetzten Leiber noch so wortreich, verkargt oder silbenzerstückelt herbeschwören – dem Dichter Brentano können sie nicht das Wasser reichen. Zumindest nicht in bezug auf den radikalen Umschwung von einem zauberischen Wiegenlied der Melancholie in die Katastrophe.

Andrej Platonow
Die Baugrube

Ein Buch, das wie ein Schlachthieb auf den Leser niederfährt. Aber leiseleise, keineswegs begleitet von Schreien und Brüllen nähert sich das in ungerührte Buchstaben verwandelte Werkzeug des Todes. Hat man den Roman ausgelesen, ist man nicht mehr derselbe wie zuvor. Roman, was für ein harmloses, liebes Wort für dieses Buch. In einem Roman kann man wie in Hausschuhen herumlaufen, kann sich ärgern, kann sich freuen, kann ihn in die Ecke werfen, kann in ihm gedanklich herumschlampen oder mit zuckenden Fingerchen und aufgetummelter Hirnaktivität vor dem Einschlafen nach ihm fassen und danach für gewöhnlich auch wegdämmern.

Nicht so, wenn man zur *Baugrube* greift. Hier wird man gefoppt. Erheblich mehr als das. Regelrecht zerlegt. Wir befinden uns in der sowjetischen Provinz, nicht in Moskau, nicht in Leningrad, sondern in einem bitterarmen bäuerlichen Gebiet, in dem es nur kleine Städte gibt. Das Eschaton ist angebrochen. Na ja, denkt man zunächst, der arme Herumtreiber Woschtschew, mit dem der Roman beginnt, hat wohl kein allzu glückliches Leben zu gewärtigen, ist in dem von kommunistischer Auftriebsenergie erfaßten Land irgendwie nicht recht am Platz. Mal sehen, wohin es den Streuner verschlägt. Aber bald wird einem auffallen, daß hier keine einzige Figur am rechten Platz ist, auch wenn sie in noch so enthusiastischer oder verbohrter Weise von sich glaubt, sie sei's. Vom aufgejagten Frohsinn, von pionierhaft erklingenden Schalmeien, einem mit heißen Bäckchen vorgetragenen Eifer, von den rauschenden Schwingen eines Glaubens an die strahlende Zukunft läßt sich der Leser bald nicht mehr beruhigen. Dahinter lauert etwas, das nicht nur die Figuren des Romans, sondern ihn selbst erwürgen will. Man ahnt, daß etwas furchtbar schiefgeht, wenn die Funktionäre Stöße von Papier damit bekritzeln, wie die Bevölkerung in ganzen Transporten dem Sozialismus zuzuführen sei.

Ich wurde mit dem Roman bekannt, als vor mehr als zwanzig Jahren Hanns Zischler einer kleinen Schar von Zuhörern daraus vorlas. Im Garten, im milden Sonnenschein bei Kuchen und Tee in bequemen Sesseln sitzend, umgeben von einem Blütenflor, der die dienstfertigen Insekten zu Höchstleistungen ansporrnte, schien alles gut. Welch ein Irrtum! Zunächst hörte ich einfach nur wohlwollend zu, wie man gut gelaunt, umgeben von sympathischen Leuten, bei Summsumm und Gezwitscher eben zuhört. Aber nach etwa einer Viertelstunde bekam das, was uns hier von einer wohltönenden Stimme zu Gehör gebracht wurde, für mich etwas Nagendes, als hätte sich ein Oger meines Herzens bemächtigt und würde es langsam, sehr langsam auffressen.

Ich kenne keinen anderen Roman, der unter dem Segel des wahrhaft und wahnhaft geglaubten Guten so ungebrochen dahinfährt. Was ist das treuherzige, vielfach gegebene Versprechen seines Inhalts? Dem hochmögenden Rußland und schließlich der ganzen Welt wird einst das Paradies beschert werden. Nichts weniger als das. Zugleich fahren alle, die eine Seele besitzen und von Fleisch umhüllt sind, also auch Tiere, in die Grube. Ein Pferd duldet für den Kommunismus entsetzliche Qualen. Solange sie noch leben, sind die Menschen gezwungen, das Hohe Lied des Kommunismus anzustimmen. Wäre der Roman in surrealer Manier verfaßt, hätte der Autor vielleicht einen kleinen Chor der Hühner eingefügt, die emsig vom Segen der Neuen Zeit gluckern und krähen. Aber Platonow begnügt sich damit, an den Genossen Woschtschew den Befehl ergehen zu lassen, »zu wetteifern um das höchste Glück der Stimmung«.[1] Und zwar ohne daß ein einziges auf Ironie getrimmtes Sätzchen den Leser zur Vorwarnung frech angrinsen würde.

Natürlich kommt auch ein böser Mensch darin vor. Shatschew, der körperlich versehrte Mann auf dem Rollbrett, ist bösartig, anfangs sogar sehr. Aber auch dieser gräßliche Mensch ist umflort vom Entschuldigungsgemurmel, der Kommunismus sei noch im Aufbau begriffen und könne darum noch nicht perfekt sein, auch wenn er auf stetigem Wege der Erlösung zutreibe. Erlösung von was? Einem derart grauenhaften Leben, daß man sich spätestens ab Seite fünfzig fragt, warum sich nicht alle Figuren einfach auf den Boden legen, das Atmen einstellen und sterben. Ohne Hoffnung auf Erlösung. Einen Gott, der sie in Seine Hut nehmen könnte, gibt es nicht.

Andrej Platonow war ein Ingenieur, der, mit Bewässerung befaßt, auch an Großprojekten, wie der Errichtung eines Staudammes, beteiligt war. Er war keiner der typischen Intellektuellen der Zeit, die großteils aus kunstsinnigen und leseeifrigen Familien stammten. Die *Baugrube* konnte zu seinen Lebzeiten nicht verlegt werden. Man staunt, daß er 1951 an der Tuberkulose eines natürlichen Todes sterben durfte und nicht in einem Lager verreckt ist. Ich gebe Joseph Brodsky völlig recht, der ihn als den größten Schriftsteller der Sowjetunion bezeichnet hat, Boris Pasternak und Michail Bulgakow, um nur zwei Beispiele zu nennen, weit überlegen. Natürlich sind solche in die Höhe des Absoluten gestemmten Zuschreibungen immer problematisch. Soll man deshalb Pasternak, der unter anderem ein sagenhafter Könner der Beschreibung der vielfachen Erscheinungen des Schnees war, als einen minderen Schriftsteller bezeichnen?

J-jjj-ein oder vielleicht trotzdem. Ich kann mich an kein Buch erinnern, das mich mit einigen gut plazierten Hieben derart in Beschlag genommen hätte, daß meine Hände beim Weiterlesen zu zittern begannen und ich tagelang verstört durch die Gegend lief, fast, als hätte ich eine schwere Kopfverletzung erlitten. Bis vor drei Wochen habe ich das Buch nicht mehr angefaßt. Es erschien mir zu gefährlich.

Eine der Hauptfiguren ist ein kleines Mädchen, eine Waise, die von Arbeitern adoptiert wird, die eine Riesengrube ausheben, damit dort ein stolzes Gebäude errichtet werden kann, das vom Sieg des Sozialismus künden soll. Das Mädchen ist so etwas wie die entzückende fleisch- und beingewordene Skulptur des Kommunismus oder vielmehr dessen Maskottchen. Unschuldig ist das ernsthafte Ding bis in die feinen Knöchelchen seines mageren Leibes hinein. Und doch strömen aus seinem Mund die ungeheuerlichsten Worte, denen höchst grausame Taten folgen. Lieb, klein, unschuldig ist Nastja. Ihre Sätze sind mörderisch. Ihr ganzes Wesen ist durchherrscht und umlodert von todbringender Abstraktion. Als »Element der Zukunft« wird sie in die Baracke der Arbeiter verbracht.

Auch die Worte des Mädchens befördern den glückseligmachenden Kommunismus, auf daß niemand mehr leide. Nur müssen vorher Hekatomben unerbittlich ins Gras beißen, besonders die Bauern, die mit dem Schimpfwort *Kulak* belegt sind. Sie verhungern, verrecken auf unsägliche Weise zusammen mit ihren Tieren. Oder werden auf ein Floß verfrachtet, um flußabwärts ins Meer zu treiben. Das alles hat mit Surrealismus wenig zu tun, obwohl der Bär, der gegen Schluß des Romans als eifriger Schmied und Meister der Kollektivierung auf den Plan tritt, nach den Skurrilitäten dieser phantasmagorischen Strömung der Literatur riecht. Er riecht allerdings hauptsächlich nach verbranntem Haar, weil er als Schwerarbeiter immer nah an die Esse heranmuß, deren Feuer sein Fell versengt. Für gewöhnlich wohnt dem Surrealismus immer ein Schuß Gaukelei bei, oft läuft er Gefahr, sich im schwankenden Gebäude der aufeinandergetürmten Phantasmen zu verlaufen. Nicht so bei Platonow. Das bißchen Surrealismus, mit dem er aufwartet, kommt gegen die Knochenmühle des ins Böse gewuchteten Realismus nicht an.

Eine schärfere, unerbittlichere Abrechnung mit dem Stalinismus, die derart unter die Haut geht, wurde, zumindest in Romanform, nie geschrieben. Die Wirkmacht der *Baugrube* ist gerade deshalb so groß, weil an keiner Stelle die Richtigkeit der unentwegt verkündeten Parolen angezweifelt wird. Getändel, Arabesken, der Funkenschlag von Sarkasmus und Ironie fehlen gänzlich. Der Leser kann keinen überlegenen Standpunkt einnehmen, der das Ganze übersieht und in Frage stellt. Es handelt sich um eine permanente Übersollerfüllung des Plans der Grausamkeit, die der Roman unter dem Sturmsegel der Gerechtigkeit konsequent betreibt, über alle Hindernisse hinweg.

Grundsätzlich ist man in diesem Roman immer froh, wenn wieder einer ins Gras hat beißen müssen. Gestorbensein, das heißt nichts anderes, als vom Leiden erlöst zu sein, auch wenn danach nichts folgt, keine Erhebung in den Himmel, kein Stoß hinab in die Hölle. Wer gestorben ist, kann weder mit Mitleid noch mit Trauer rechnen. Weg ist weg. Die im Elend verreckte Mutter des Mädchens bekommt nicht mal einen Erdaushub, geschweige denn einen Sarg. Der Keller, in dem ihr Leichnam liegt, wird zugeschlossen. Fertig. Grausiges Detail, das im Kopf des Lesers hängenbleibt: die Frau liegt mit nackten Beinen da, von einem Wildwuchs an Behaarung überzogen. Der Tod hat die Haare im Übermaß herausgetrieben. Einst war sie ein hübsches begehrtes Mädchen. Jetzt befindet sich kein einziger Zahn mehr in ihrem Mund.

Dieses Buch wurde gewiß nicht geschrieben, um Ruhm zu erlangen, gar, um das eigene Ego zu päppeln. Platonow konnte schwerlich davon ausgehen, die Zensoren augenzwinkernd hinters Licht zu führen, auf daß sein Buch veröffentlicht werden würde – trotz der unentwegt wiederholten Behauptung, der

Kommunismus stünde kurz davor, das Edelste und Beste im Menschen hervorzubringen. Komischerweise liest sich das Buch so, als habe Platonow selbst daran geglaubt, deshalb ist die Wirkung der *Baugrube* ja so durchschlagend. Die vielbeschworene Illusion der glückmachenden Gerechtigkeit ist riesengroß. Doch das glatte Gegenteil ist der Fall. Viele Figuren sind brutal und denunzieren sich gegenseitig. Ihre Konversation ist mehr als nur ein bißchen absurd. Die Sprachregelungen des neuen Regimes schlagen voll durch und führen zu einer floskelhaften Abstraktheit der wörtlichen Rede, die schwindelerregend und grausam ist, weil sie zugunsten höherer Weihen über alles, was lebt und sich regt, auch über Leichen, locker hinwegschreitet. Der unsägliche Jargon, die Schlagwortreihung, die absurden Abkürzungen, die zu vollgültigen Wörtern geadelt werden, der permanente Befehlston, nein, das ist leider nicht komisch, weil das Zeugs nicht von einem Komödianten zu Gehör gebracht, sondern von einem Schriftsteller akribisch gelistet wird, der hinter jedem dieser Worte die unerhörte Grausamkeit blitzartig erscheinen läßt. Denn das Neusprech führt nur einen im Gepäck: den Tod.

Besonders gern spricht das Mädchen davon, wer den Tod verdient. Es sind viele. Sehr viele. Nein, in diesem Fall ist der Tod kein Meister aus Deutschland, er wird unentwegt fortgezeugt im Plappermäulchen eines sowjetischen Kindes. Der junge Kommunismus, dieses frohgemute Unschuldslamm, ist höchstselbst verkörpert in diesem Kind und gebiert Ungeheuer am laufenden Band.

Auch von der Natur weiß der Roman nichts Günstiges oder gar Schönes zu sagen. Lehmschmierig oder knochentrocken ist der Boden, Pflanzen führen keine Tänze in schäumender Blütenpracht auf, kein zartes Geraschel der Blätter gibt sich zu hören, wogendes Gras bewegt die Gemüter nicht. Der Mond senkt keine traumerfüllte Sehnsucht in die Herzen der Menschen, die Sonne lächelt nicht mild auf ihre geschundenen Körper herab. Kein Liebesgelispel trägt der Wind durch die Flure. Der Himmel ist leer. Es lohnt nicht, den Blick zu den Sternen zu erheben. Der Ingenieur der *Baugrube* denkt, daß sich in deren Innerem auch wieder bloß Erzadern finden ließen, wofür nichts anderes als ein weiterer Plan des »VSNCH«, des Obersten Rats der Volkswirtschaft benötigt würde. Alles ist schwerlastend. Düster. Die zusammengebrochenen Flechtzäune um die Bauernhöfe künden von mangelnder Sorge und nacktem Elend. Alles wirkt starr oder kraftlos und welk. Sätze wie diesen trifft man häufiger an: »… müde zog sich die Geduld hin auf der Welt, als befände sich alles Lebende irgendwo inmitten der Zeit und der eigenen Bewegung.«[2] Gleich zu Beginn steckt der Herumtreiber Woschtschew ein welkes Blatt in ein geheimes Fach seines Sacks, in dem er »alle möglichen Unglücks- und Vergessenheitsdinge verwahrte«.[3] Im Winter wird es dann vollends schlimm, der friedliche Schnee hüllt zwar die Erde in einen kalten Schlaf, aber um die Ställe des Viehs herum dampft es vom Blut der größeren Tiere, die von den Bauern für ein allerletztes Mahl geschlachtet worden sind. Schwärme von Fliegen hocken auf den noch nicht erkalteten Kadavern und umsurren sie. Fliegen, die es sonst im Winter nicht gibt. Die vollgefressenen Bauern wanken herum, um sich zu übergeben, dem Tode nah. Oder sie legen sich gleich in die vorbereiteten Särge. Hunde reißen Fleisch aus der Hinterhand eines noch lebenden Pferdes. Spätestens bei dieser Szene mußte ich die Lektüre für einige Tage unterbrechen.

Apropos Fliegen im Winter. Das dürfte keine Erfindung des Autors sein. Ströme von Maden quollen auch aus so manchem Keller der im Zweiten Weltkrieg zerbombten Häuser, in denen sich Leichen befanden, die nicht hatten geborgen werden können. Winters wie sommers, Fliegen überall. Auch in meiner ansonsten so ordentlich und putzwütig verfaßten Heimatstadt Stuttgart.

Joseph Brodsky schrieb über Platonows Romane, sie »überträfen bei weitem jegliche Forderung der Sozialkritik und könnten nur in Einheiten gemessen werden, die mit Literatur sehr wenig zu tun hätten … weil sie dem System fast genau das antäten, was das System seinen Untertanen angetan habe«.[4] Wohl wahr. Daraus besteht das Ungeheuerliche des Romans. Er ist zugleich große Literatur und Nicht-Literatur. Warum? Weil die eingebauten Distanzmittel fehlen, die dem Leser für gewöhnlich den Genuß erlauben – selbst bei größtmöglichem Verhängnis, dem die Figuren anheimfallen. Man kann das sehr gut am Beispiel der Romane von Franz Kafka illustrieren. Auch diese herrlichen Texte befahren das Meer der absoluten Rettungslosigkeit, aber die darein verfitzte Komik kann fortlaufend Heiterkeitsfrösche im Herzen des Lesers knallen lassen.

Über den haarsträubenden Unsinn, den die Figuren bei Platonow verzapfen, wird man schwerlich lachen können. Jedes Wort tötet mindestens hundert Menschen. Jeder Satz gebiert ein höchst reales Ungeheuer. Brodsky trifft es genau: »Platonow schreibt in der Sprache des ›qualitativen Wandels‹, in der Sprache größerer Nähe zum Neuen Jerusalem. Genauer, in der Sprache von Paradieserbauern oder, wie im Fall der *Baugrube*, von Paradiesschauflern.«[5] Mit den abertausend Schauflern, die damals wirklich umgekommen sind, kann man schwerlich leiden. Eine schwindelerregende Zahl an Opfern überschreitet das menschliche Maß an Mitgefühl, zumal, wenn es um ein historisches Ereignis geht, das beginnt, im Dämmer der gewissenlosen Zeit zu versinken. Aber die in Platonows Roman dem Tod überlassenen Figuren sterben heute, sterben jetzt auf den Seiten, die der Leser gerade zwischen die Finger nimmt. Sie beschweren dessen Herz und stören seinen Schlaf.

Fjodor Dostojewski
Die Brüder Karamasow

Ein böser, egoistischer Säufervater, drei Söhne, die er von zwei verschiedenen Frauen hat. Sie sind die Hauptgesellen des Romans, alle anderen Figuren schlagen im großen Romanmeer kleinere Wellen, auch wenn sie, wie zum Beispiel die konträr gesetzten Frauen Gruschenka und Katarina Iwanowna, bedeutend sind.

Um den Autor, Fjodor Michailowitsch Dostojewski, tobt ein kleiner innerrussischer Literaturkampf, angefeuert von Vladimir Nabokov. Anton Tschechow, der Feinwerker, arbeitete die Konflikte subtil aus dem charakterlichen Untergrund seiner Figuren heraus und blieb dabei zurückhaltend (um so ergreifender wirken die zerstörerischen Explosionen), Lew Nikolajewitsch Tolstoi ging ungleich analytischer bei der Charakterisierung seiner Romanfiguren vor. Nabokov hatte nicht ganz unrecht mit seiner Verachtung, die er gegenüber Dostojewski zum Ausdruck brachte, und der Liebe, die er für Tschechow und Tolstoi hegte. Dostojewskis Szenen haben manchmal etwas Groschenromanhaftes und sind dann primitiv geschrieben. So auch die Szene zwischen Katarina Iwanowna und der Gruschenka. Sie läßt an Drastik nichts zu wünschen übrig. Katarina, die Feinsinnige und sozial ungleich Höhergestellte, fängt da ein süßliches Gehätschel und Getätschel mit der vulgären jungen Frau an, daß man als Leser unwillkürlich die Augen verdreht. Und claroclaro, die volkstümlich dralle Gruschenka mit dem breiten Gesicht, die die Männer an der Nase herumführt, stellt urplötzlich eine Bösartigkeit zur Schau, die sich gewaschen hat. Um wenige Jährchen gealtert, kann man sie sich gut als geizige Puffmutter vorstellen, die ihre jungen Huren ausbeutet und Nacht für Nacht den Geldsäckel abtastet. Katarina wiederum, die Feine, wirkt reichlich hysterisch. Eine Knallerbsenszene, soviel ist klar. Wiewohl ich seine Abneigung verstehe, kann ich Nabokov, dessen Urteil ich gemeinhin getreulich folge, nicht ganz beipflichten. Irgendwie freut man sich beim Lesen doch über den Effekt, den der Frauenhader macht. Mir geht es jedenfalls so.

Aber der Effekt verraucht schnell, wenn man Gruschenka wiedertrifft. Bös-edel, bös-gut, bös-gemein, zicke-zacke, und dann Liebe, nichts als heulsusige Liebe eben doch zum verworfenen Dmitrij, das geht in einem späteren Kapitel in einem so fort. Groschenroman eben. Die Männer verderben die Frauen, die ursprünglich gut waren. Dann verderben die von Männern verdorbenen Frauen wiederum andere Männer. Und dann sind sie urplötzlich wieder mal gut. So einfach ist das. Es gibt keinen einzigen Roman aus der englischsprachigen, der französischen, italienischen, spanischen Welt, welcher zur erstklassigen Literatur des 19. Jahrhunderts zählt, in dem solche Herzschmerztrutschen anzutreffen sind. Tumb, neurotisch, Gehirne maximal walnußgroß.

Mir geht auch die religiös-antireligiöse Haltung Dostojewskis auf den Wecker. Wiewohl man nicht leugnen kann, daß er zu den intensiven Gottesgrüblern zählt, die es sich nicht leicht machen. Bei ihm kommen noch die ödesten, unverbesserlichsten Sünder unversehens in den Geruch der Heiligkeit. Ihr Böses beinhaltet gleichsam einen auf den Kopf gestellten Erlösungstaumel. Derart exzessiv ausgekostet, pervertiert diese Fixierung auf bestimmte Formen der Sünde plus Erlösungsbonus allerdings die christliche Botschaft. Salopp gesagt, der Russe Dostojewski wähnt die Säufer, die eine Spur der Verwüstung hinter sich lassen, schlußendlich im Himmel. So auch den Vater der drei Karamasow-Brüder, die verschiedener nicht sein könnten.

Der Vater ist ein egoistischer Trinker mit gedunsenem Körper, rotem, verquollenem Kopf, scheußlich anzusehen, wobei nicht recht zu verstehen ist, weshalb der alte Wüstling immer noch als Frauenheld durch den Roman geistert.

Sein ältester Sohn Dmitrij folgt der rüpelhaften Verderbensspur, die der Vater gelegt hat. Er ist impulsiv, ebenfalls ein Säufer und Tunichtgut, besitzt aber nicht die lauernde Geldschlauheit des Vaters. Und ja, er hat auch eine ehrenhafte Seite. In ihm flackert bisweilen der Wunsch auf, anders zu sein; die Kraft dafür wird er jedoch niemals aufbringen. Russisches Stereotyp: böse Säuferschale, guter Kern. Dmitrij steht am stärksten im Geruch der Dostojewskischen Sünden- und Erlösungsheiligkeit. (Und ist in meinen Augen dadurch eine zeitweise penetrante Figur, die ausufernd erklärend angelegt ist, so daß der Papierwüstling, der unentwegt auf den Abgrund zustromert, etwas Abgeschmacktes bekommt. Was diese Figur angeht, verstehe ich Nabokovs Abneigung. Zumal sie ein scheußliches Klischee der russischen Seelenverfaßtheit bedient, dessen sich andere berühmte russische Autoren klugerweise enthalten haben.) Im Panoptikum von Dostojewskis Abgrundmalerei ist es kein Wunder, daß Dmitrij mit Haut und Haar auf Gruschenka fixiert ist und die Liebe der edlen Katarina Iwanowna, die wiederum auf ihn fixiert ist, ausschlägt. Was diese Unglücksgewitter der Liebe und des Sexes angeht, beibt Dostojewski definitiv auf der Groschenromanseite. Tolstoi und Tschechow haben ungleich glaubhaftere und komplexere Liebesverstrickungen zu Papier gebracht, die sich des Grausamkeitskitsches enthalten.

Iwan wiederum, der zweitälteste Sohn, ist kalt. Berechnend. Allerdings intelligent. Ihn hält Dostojewski wohl für den schlechtesten der drei Söhne, weil sich der Mann in der Gewalt hat und ein sardonisch intellektuelles Spiel um Fragen der religiösen Wundergläubigkeit treibt. Ein kaltsinniger Teufel also. Definitiv nicht erlösungstauglich. Einerseits. Andererseits ist Iwan unglücklich und seinem jüngsten Bruder aufrichtig zugetan. Sein Gotteshader erzählt auch von einem schweren Leiden. Das nimmt ihm etwas von der Herzenskälte.

Der Jüngste, Alexej, genannt Aljoscha, ist eine gute Seele. Einer, der seines geliebten Staretz wegen in einem Kloster weilt, das er alsbald – auf Geheiß des sterbenden Meisters – verläßt. Der junge Mann will alles verstehen und alles verzeihen. Er übt sich in schier überirdischer Geduld, wiewohl ihm das besonders seinem verworfenen Vater gegenüber hart ankommt. Die Eingangsszene, in der sich der Vater im Kloster gegenüber dem verehrten Meister unmöglich benimmt, stellt den jungen Mann auf eine harte Probe der Geduld. Sie ist feinfühlig gestimmt und zugleich spannend gebaut. Der nichtswürdige alte Schwätzer schwätzt sich um Kopf und Kragen, der übermüdete, todgeweihte Staretz läßt ihn gewähren, indessen Alexej vor Peinlichkeit schier im Boden versinkt.

Auch so manche Nebenfigur ist erstklassig in die Erzählung gewoben. Der verrückte Pater Ferapont etwa, ein Einsiedler der flackernd gefährlichen Sorte, der den Teufel leibhaftig gesehen und verscheucht haben will. Krudes, Volkstümliches, Aggressives mischt sich in der Figur. Man darf sich ihn mit brennenden Äuglein, gern mit einem Gerstenkorn geziert, vorstellen – ein gefährlicher Mann, hätte er mehr als nur begrenzten Romaneinfluß. Und ganz gewiß einer, der im heutigen Rußland in größerer Zahl, bewimmelt von brandgefährlichen Ideen, wieder auferstanden ist. In solchen Szenen ist Dostojewski packend. Da gelingt es ihm, dem Leser mit wenigen Sätzen eine Figur lodernd vor Augen zu stellen. Aber in puncto Dialoge geht es des öfteren ausufernd zu. Der besoffene Dmitrij hat einen heruntergekommenen Unglücksvogel, einen unehrenhaft aus der Armee entlassenen Hauptmann, schwer beleidigt. Alexej sucht ihn zu Hause auf, um das Unrecht wiedergutzumachen. Familiärer Armutskitsch schlimmster Sorte ist dabei im Spiel. Und der Hauptmann schwafelt dann während eines Spaziergangs seitenlang auf Alexej ein. Man möchte ihm unentwegt zurufen: Halt endlich die Klappe! Schwatzschwatz, das geht her, das geht hin und hört überhaupt nimmer auf. Schwer zu glauben, aber die Selbsterklärungswut erfährt noch eine gewaltige Steigerung, indem sich wenig später der liebesunglückliche Iwan seinem jüngeren Bruder anvertraut. Das Selbstgeschwätz ist dann gleich zwanzigmal so lang. Da geht's um Iwan selbst, um Gott oder Nichtgott, darum, warum mit über dreißig so ziemlich alles vorbei ist, um Greuel, die Türken und Tscherkessen begangen haben sollen, um ein von den Eltern gefoltertes Kind, um einen Mörder namens Richard, um abgeschmackte Weisheiten à la *in jedem Menschen verbirgt sich ein Tier*, um unglückliche Liebe, um … um … um … warum ist die Banane krumm, und warum macht Gott sie nicht gerade.

Und dazwischen wird gefragt, ob Alexej errate, weshalb er, Iwan, das alles erzähle. Natürlich errät der es nicht. Wie auch. Es ist ja bloß ein rhetorischer Schnörkel, um seitenlang weiterschwätzen zu können. Halbklug, halbdumm, eine Buchstabenstrapaze, überflüssig wie ein Kropf. Franz Kafka hätte nicht mehr als fünf Sätze gebraucht, um den haltlos vor sich hinfiebernden Schwafler treffsicher zu charakterisieren.

Anders sieht es mit der von Iwan verfaßten Geschichte aus, darin ein Großinquisitor den neuerlich unter den Menschen umhergehenden Jesus festsetzt und ihn ebenfalls den Flammen des Scheiterhaufens überantworten will. Sie bildet so etwas wie die gedankliche Achse des Romans, ein reflektierendes Zwischenstück. Iwan erzählt sie dem Bruder Alexej frei, will sie aber selbst verfaßt haben. Mittels rhetorischer Kniffe wird hier eine Spielart der modernen Diktatur entworfen. Ihr sitzt der christliche Glaube bloß wie ein Käppchen obenauf. Die Schreckensphantasie ist nicht ohne, beinhaltet sie doch so manches, was in den Diktaturen des 20. Jahrhunderts auf grauenhafte Weise Wirklichkeit geworden ist, natürlich ohne christliche Tünche. Kern all dieser Diktaturen ist in jedem Fall, in der von Iwan erfundenen wie der wirklichen, daß die beherrschten Einwohner zu Kindern gemacht werden, die keinen eigenen Willen entwickeln und bekunden dürfen. Erst recht keine eigene politische Haltung. Abweichler, Leute, die nicht ins Schema passen, sind zu beseitigen. Die Phantasie ist für meinen Geschmack zwar ebenfalls zu weitschweifig vorgetragen, aber darin flackert etwas sehr Gefährliches auf, geradeso, als hätte Dostojewski einen Blick ins 20. Jahrhundert geworfen, ohne die schnell an ihm vorbeihuschenden Bilder recht zu verstehen. Als hätte er daraus eine Geschichte komponiert, um sie dem scheinabgebrühten Zweifler Iwan, der sich mit dem eigenen Unglauben plagt, in den Mund zu legen. Der Großinquisitor, der auf vermessene Weise das wahnhaft Gute will, aber nichts als Böses hervorbringt, dem massenhaft Menschen zum Opfer fallen, ist eine ausgezeichnete Figur. Lauernd, intelligent, selbstgewiß, in einer bösen Verkehrung des Messianischen an seine Aufgabe gebunden. Ohne Zweifel, hier trifft Dostojewski einen Nerv der kommenden Zeit. Auch Hitler und Stalin waren sendungsbewußt, die aggressive Verkehrung eines Volksideals, wenn auch mit höchst unterschiedlichen Komponenten, war ihnen gemein. Daß derart rigide Ideologien, seien sie nun religiös, faschistisch oder kommunistisch orientiert, geradewegs in die Paranoia führen, merkt man bereits dem Großinquisitor an. Dessen aggressive Tiraden, dessen Großbaupläne einer Zwangsgesellschaft, werden durch einen Kuß Jesu ad absurdum geführt. Das ist eine sehr feine Pointe der Geschichte.

Aber folgen wir dem Roman noch eine kleine Strecke: Nachdem der von Alexej verehrte Staretz gestorben ist und seine Leiche aufgebahrt in einem kleinen Raum liegt, in dem es alsbald fürchterlich zu stinken anfängt, kommt es zu einem großen Aufruhr. Der verrückte Einsiedler Ferapont taucht auf, natürlich glühend, den dürren Zeigefinger ausgestreckt. Böses fährt aus ihm heraus, in einem Anfall von Höllenwahn behauptet er, der gerade verstorbene Staretz befände sich dort. Er ist kaum zu bändigen. Alle noch verbliebenen Drähte der Vernunft schmoren durch. In dieser Szene zeigt sich Dostojewski als Meister. Die durchgedrehten Reden, die dem abgezehrten Glühkopf aus dem Maul fahren, das Gefuchtel, das Stechen mit dem Zeigefinger, alles ist derart plastisch vor die Augen des Lesers gerückt, daß man als staunender Zuschauer sofort mittendrin steckt. Auf die abwegige Seite des Religiösen, die Monstren gebiert, verstand sich Dostojewski wie kaum ein anderer Romancier.

Eine etwas spätere Höhepunktszene, die ebenfalls erstklassig ist, spielt sich zwischen der reichen Witwe Chochlakoff und dem verzweifelten Dmitrij ab. Er ist gekommen, um von ihr dreitausend Rubel zu erbitten. Die verdrehte Frau stellt ihm nun glänzende Aussichten vor das fieberhaft arbeitende Hirn. Gold! Er wird als Goldschürfer großes Glück haben, das sieht sie voraus und hängt ihm gleich noch ein Heiligenbildchen vor die Brust. Rubel rückt sie natürlich nicht heraus, worauf im aufgetummelten Dmitrij die Zornfackel entzündet wird. Das Ganze ist gaga aber hochwirksam. Als Leser wird man mitten in die Szene gezogen, und ja, man fühlt mit dem verzweifelten Dmitrij, packt gedanklich einen Kerzenleuchter und haut sie der schlaudummen Chochlakoff über die Rübe. Mit dem Mann geht's fortan steil bergab. Auch die abschüssige Fahrt, die der Durchgedrehte unternimmt, fast, als wäre sie ihm Höhererseits angehext, ist vorzüglich beschrieben. Wut, Verzweiflung, törichter Glücksschwindel, Neben-der-Kapp'-Sein, alles geht wild durcheinander. Keine Frage, hier ist der Dichter in seinem Element. Ein Lehrstück über Verzweiflungstäter, das bis heute Gültigkeit besitzt. Der Gruschenka stellt Dimitrij nach, wähnt sie in den Armen seines Vaters, schleicht ums Haus und schlägt dabei dessen Diener nieder, der blutüberströmt am Boden liegenbleibt. Blutbesudelt ist der verzweifelte Dimitrij dann selbst, weil er sich über den Verletzten beugt, von dem er glaubt, der liege in den letzten Atemzügen, was ein Irrtum ist, denn der alte Mann erholt sich wieder.

Und dann geht's schleunig weiter. In einem Wirtshaus auf dem Lande, zu dem Dimitrij mit gejagten Pferden hat fahren lassen, befindet sich die geliebte Gruschenka mit ihrem ehemaligen polnischen Liebhaber, der sie vor einigen Jahren hat sitzenlassen. Das abschüssige Wirtshausgelage ist gelungen, inklusive Nebenfiguren, die daran teilnehmen. Ein exzellentes Szenengewoge, in welchem der in der Erinnerung Gruschenkas so überaus begehrenswerte polnische Liebhaber inzwischen zu einer weichlich dicklichen Ganovengurke verkommen ist, vor der sich die Frau regelrecht ekelt. Alles ist klasse. Die Kartenspielerei mit Tricks, die mühsam gebändigte Aggression zwischen den Männern, das Verschwendergehabe Dimitrijs, der der festen Überzeugung ist, er werde sich in wenigen Stunden umbringen. In ihrer Zügellosigkeit und Verzweiflung ist das Elend der Männer und der Frau mit Händen zu greifen. Auch in der großen Verhörszene am Morgen, in der Dimitrij von nachgereisten Kriminalbeamten des Mordes an seinem Vater beschuldigt wird, zeigt sich Dorstojewski als Schriftsteller ersten Ranges. Hier sitzen die Dialoge an der richtigen Stelle – zum Beispiel, wie der betrunkene Dimitrij langsam zu sich kommt, erst gar nicht begreift, wessen man ihn beschuldigt. Da bekommt die eher gräßliche Figur ihre Würde zurück. Er glaubt ja, den Diener getötet zu haben, aber nicht den Vater, obwohl er in der Absicht, den Alten auf frischer Tat mit Gruschenka zu ertappen und ihn dann womöglich zu töten, um dessen Haus geschlichen ist.

Nun, die Indizien sprechen gegen ihn. Falls der geneigte Leser den Roman noch nicht kennen sollte, folge er dem Geschehen nun auf eigene Faust. Es lohnt sich, soviel sei versprochen.

Heimito von Doderer
Die Dämonen

Das ist ein Kaventsmann von einem Roman! Üppig, vielgestaltig, von einem Figurenheer bewimmelt, das seinesgleichen sucht, und dabei ist doch Kurs gehalten, und zwar beharrlich auf den Leser zu. Heimito von Doderer war ein Tausendsassa, er konnte einfach alles. Atmosphären, Wetterlagen, Landschaften, Gesichter, Hauszeilen, Wohnungen, Körperhaltungen, Wirtshäuser, Viecher, das politische, philosophische und lebenspraktische Gedankenschießen in den Köpfen seiner Figuren um das Jahr 1927 herum, Reflexionen des Autors dazu als gewitzter Dreh obenauf – er kann's! Eine der großen Stärken des gewichtigen Romans ist das weit gespannte Netz des Sozialen, in welchem die Figuren sich tummeln oder zappeln. Da gibt's Hofräte und Huren, Arbeiter, Winzer, Diener, Salondamen – bevorzugt dicke Damen in den Caféhäusern beim Studium von Modemagazinen –, Banker, Erbinnen, Zeitungsredakteure, Zeichner, Kieberer, Mörder, Schulmädchen, Rittmeister, Wirtinnen, junge Wissenschaftler, die noch nicht genau wissen, wohin mit sich und ihrer Wissenschaft, Musiker, Polizisten, Kriegskrüppel, Kellner, eben so ziemlich alles, was in der Stadt Wien um 1927 ein Wesen hat und sein Unwesen treibt. Nur die Priester sucht man vergebens.

Zuverlässig begegnet man auf jeder Seite Formulierungen von einer Qualität, wie sie nur die ganz, ganz großen Könner zuwege bringen. Man jauchzt innerlich bei der Lektüre. Doderer schüttelt sie gleichsam aus dem Ärmel. Sie wirken aber niemals gesucht, das Gleichgewicht zwischen ruhig dahinfließenden Sätzen ohne allzugroßes Erregungspotential und hochzielenden Merksätzen ist mit traumwandlerischer Sicherheit gewahrt. Apperzeption hieß das Zauberwort Doderers. Gemeint ist eine Aufmerksamkeit, die alle Sinne einspannt, was dazu führt, das Äußeres ungehindert ins Innere vordringen kann, es zu einem produktiven Schmelzprozeß zwischen innen und außen kommt.

In den ersten beiden Dritteln des Romans treibt ein Pulk jüngerer Leute, angeführt von einem schon älteren, daueralkoholisierten Rittmeister, sich in dessen schnellem Automobil auf den Straßen, in den Wohnungen der eher feinen Gesellschaft und in diversen Wirtshäusern der Umgebung von Wien herum. Es sind Entwurzelte, die der Krieg gebeutelt hat, denen er den Lebensmumm aber nicht hat nehmen können. Die gesellschaftliche Lage hat sich verändert, das Regelwerk eingespielter sozialer Gewißheiten ist dahin. Die Eheschließung ist kompliziert geworden.

Im letzten Drittel treibt alles auf einen Aufruhr zu, der Wiener Justizpalast steht in Flammen, Leute werden erschossen. Spannend sind die Straßenschlachten beschrieben, auch die gefahrvollen Wege, die einzelne Figuren durch eine Stadt nehmen, die urplötzlich kopfsteht. Eine Figur, mit der wir inzwischen vertraut sind, wird dabei erschossen: ein Ungar, Gyurkicz mit Namen, der für eine Zeitung zeichnet. Wir haben ihn als einen oberflächlichen Gesellen kennengelernt, dessen Sprüche einem hohl und sogar unangenehm in den Ohren klingen. Aber welche Wendung hat der Autor da von langer Hand vorbereitet! Als Liebesleidendem wächst Gyurkicz eine überraschende Dignität zu, und gar im Sterben erst, da wird der Mann groß. Es ist, als hätte uns der Autor dieses bis dahin eher zweifelhafte Geschöpf auf einen Schlag erst richtig zu bemerken gegeben. Fast eine himmelhohe Perspektive auf einen Menschen, der im Leben nicht hat erkannt werden können, von Gott aber wohl.

Die letzten Seiten des Riesenromans fallen auf den ersten

Blick eher gnädig aus – die richtigen Liebespaare kommen zueinander, und es sind derer gar nicht wenige. Aber in der Dämmerung der Zeit, die sich alsbald herabsenkt, verliert sich die Horde der Figuren, und das wiederum ist ein sehr melancholischer Schluß.

Einen Nachteil hat die Lektüre: Man ist für längere Zeit verdorben für zeitgenössische Romane. Weit und breit keiner in Sicht, der auf derart vorgeschobenem Apperzeptionsposten stünde, der horcht, sieht, fühlt, schmeckt, riecht, denkt wie ein Doderer und das dabei Eingeheimste ohne Verlust zu Papier bringen könnte.

Das Nibelungenlied

Machtvoll ist sie, die Nibelungensaga, eine Geschichte von höfischem Glanz, höfischem Macht- und Sittenkodex, Täuschungsmanövern, intrikaten Verführungsspielen, männlichem Mut und männlicher Feigheit, dem mörderischen Haß einer Frau und nicht zuletzt einem riesigen Gemetzel. Gut geschürzt ist der Knoten um die ausbrechende Feindschaft – psychologisch mit erstaunlichem Wissen um die dunklen Seiten der menschlichen Seele und dem keineswegs harmlosen Unterfutter des Eros, das eine mächtige Gewaltseite birgt. Zunächst gemächlich erzählend, dann handfest vorwärtsdrängend mit einem turmhohen Berg an geschlachteten Leibern, mit einer Blutsauerei ohnegleichen. Es beginnt klein und endet groß. Wollte man die aufgeführten Zahlen der Getöteten addieren, käme man auf eine schwindelerregend hohe Zahl. Zartheit ist dabei eher selten im Spiel, wenn aber doch, dann ist sie von ergreifendem Charme, ergreifendem Wohlklang, durchaus fähig, das Herz des Zuhörers, der dem bewegenden Sange lauscht, zu rühren.

Wenig aufsehenerregend ist zunächst das In-Erscheinung-Treten von Jung-Siegfried – die eingesprengten Berichte über seine Heldentaten gehorchen einem bekannten Muster. Kurios ist nur, daß ein starker junger Recke mit einem schwertbewehrten Zwerg zu kämpfen hat (und natürlich gewinnt, sonst wäre die Geschichte ja hopplahopp zu Ende). Daß dabei ein Schatz gewonnen wird, ein unermeßlich großer selbstverständlich, ist nicht allzu verwunderlich, wie überhaupt im Fortgang der Geschichte mit Riesenschätzen, will heißen mit Gold und Edelsteinen nur so um sich geworfen wird. Natürlich ist das auch die Fabel von sagenhaft reichen Leuten, die sich einen aufwendigen Hofstaat leisten können, geschützt von tausenden Vasallen.

Gold, die edle Materie, ist darin nicht einfach nur Gold, das den Reichtum befestigt. Sie ist die mit magischen Kräften aufgeladene Zauberwährung, ist der Hort, der den hohen schicksalsmächtigen Glanz einer Herrschaft im Mittelalter begründet. Freigiebigkeit gehört dazu, ein Herrscher muß das Gold mit vollen Händen unter seinen treuen Vasallen verteilen. Geschenke an andere herrscherliche Bündnispartner (oder Feinde) dienen dazu, die eigene Macht zu demonstrieren. Nur wer gehörig verschwenden kann, ist ein überragender König. Der ins Überirdische zielende Glanz des Goldes umspielt gleichsam das Haupt des weltlichen Herrschers, nicht die Dornenkrone und nicht der Heiligenschein.

Greifen wir gleich mitten ins Geschehen. Wir tun es mit Hilfe von Peter Wapnewski, der das *Nibelungenlied* in einer Radioserie für den Sender Freies Berlin grandios eingelesen und kommentiert hat, wobei er zwei Versionen zu Gehör brachte – die mittelhochdeutsch überlieferte Fassung und eine Übertragung von Karl Simrock aus dem 19. Jahrhundert. Die Kenntnis der Etappen der Geschichte sei vorausgesetzt. Erstaunlich ist so manches an dem großen Epos, am erstaunlichsten vielleicht die Wandlung Kriemhilds. Eine Frau, die durch ihren unseligen Plapperatismus alles ins Rollen bringt und gleich darauf Siegfrieds größtem Feind das Geheimnis der Verwundbarkeit ihres Mannes anvertraut, wird zu einer Kippfigur. Aus einer eher dummen, zumindest beschränkten, wenn auch schönen Königsschwester wird eine von langer Hand planende Rachefurie, die keine Grenzen kennt. Kurios auch, daß von Kriemhilds und Siegfrieds Sohn kaum die Rede ist. Man würde erwarten, daß hier nun stante pede ein neuer Recke aus den Windeln herauswächst, der das Rachegeschäft mit Macht betreibt. Aber nein, kaum geboren, schon vergessen; das Bürschlein verschwindet sogleich im Dunkel des Nirgendwo, ja sogar des Fast-nie-Dagewesenen.

Eine der Hauptursachen für das um sich greifende Verhängnis ist eine Lüge, deren durchschlagende Konsequenzen wir in unserer modernen Welt nicht mehr so leicht begreifen können. Siegfried wird Brünhild als Vasall von König Gunther vorgestellt. Und diese Vorstellung wird dadurch unterstrichen, daß Siegfried Gunthers Pferd am Zügel führt, was er als ebenbürtiger Königssohn, der er ist, natürlich nicht tun sollte. Brünhild mag vielleicht im ersten Augenblick ein wenig erotisiert nach dem blonden Recken Ausschau gehalten haben, aber nachdem sie erfahren (und auch gesehen) hat, daß er im Dienst des Königs Gunther steht, ist es damit vorbei, was wiederum nicht heißt, daß nicht auf allergeheimsten Schleichwegen ein Restchen davon in der Seele der außerordentlichen Frau weiterwesen mag. Aber man mache sich klar: Liebeshändel über derartig eindeutig gezogene soziale Grenzen hinweg kamen schwerlich in Frage.

Auslöser für den Streit zwischen Kriemhild und Brünhild vor der Kirche, der Streit, welche der beiden Frauen vor der anderen den geweihten Raum betreten darf oder ob sie ihn womöglich zusammen betreten, ist ja gerade, daß die erzürnt daherschwatzende Kriemhild verrät, wer Siegfried in Wirklichkeit ist, nämlich ein dem König Gunther ebenbürtiger Mann, ja, daß sie sogar verrät, daß niemand anderer als er Brünhild im Kampf besiegt hat, was bedeutet, daß die Königin von Xanten keineswegs das Recht hat, vor Kriemhild den geweihten Raum zu betreten. Sie weist einen Ring und den Gürtel vor, den Siegfried Brünhild nach dem Kampf abgenommen hat (übrigens ein dingfester Fingerzeig, daß Siegfried sich sehr wohl auch erotisch der kriegerischen Frau bemächtigt haben wird, auch wenn er gegenüber König Gunther das Gegenteil behauptet). Daß Siegfried die Rivalin wahrscheinlich auch sexuell erobert hat, kümmert Kriemhild dabei allerdings wenig. Daß sich die Frage des sozialen Rangs in einem Vortrittsrecht äußerlich abzeichnet, ist uns heute fremd. Noch fremder ist uns, daß sich darüber ein derart mörderischer Streit entzünden kann. In der Gesellschaft des Hochmittelalters ist das aber glasklar. Die sozialen Trennlinien der Gesellschaft wurden unablässig betont – durch ein komplexes Gestentheater, durch Kleidervorschriften und streng codierte Anredeformen. Die Strenge solcher Gliederung ist gleichsam der Garant des mittelalterlichen Weltbildes, das auf irdische Weise eine exakt gestufte Himmelsordnung nachzuahmen sucht. Jeder Gruß, jede Geste, jedes Kleidungsstück, jede Körperhaltung verweist auf den Platz, den ein Mensch in der Gesellschaft einnimmt. Wehe, es gerät dabei etwas in Unordnung, wehe, es gibt sich einer als Vasall aus, der keiner ist.

Auch wenn das abwegig scheint, weil die Quellen des *Nibelungenliedes* in vorchristlicher Zeit liegen und die späteren Bearbeitungen eine eher oberflächliche Christianisierung erkennen lassen, könnte man sarkastischerweise behaupten, es handele sich um eine halbchristlich inspirierte Machtordnung ohne Jesus, der bekanntlich mit den intrikaten Mitteln des Gleichnisses gegen festgeschriebene soziale Rangordnungen aufbegehrte. Die komplette Wormser Gesellschaft würde man, jesuanisch erlöst, wohl kaum im Himmel antreffen, Siegfried erst recht nicht, obwohl auch er ein Kirchgänger ist, weil das zum höfischen Ritual gehört.

Ein klein wenig erlösungstauglich erscheint da allenfalls der nette, flinke, um Frieden bemühte Bruder des Wormser Königs: Giselher. Und später, im letzten Teil des Dramas, natürlich der tapfere Rüdiger, der deutlicher die Wirkungen einer Christianisierung erkennen läßt, weil seine Vorstellung von Schuld zwiefach, sogar dreifach konnotiert ist. Sie ist zum einen in das starre Verpflichtungsnetz der höfischen Vasallentreue gespannt, Treue, die er König Etzel und Kriemhild schuldet; zum anderen bindet ihn sein Versprechen des unversehrten Geleits, das er den

Wormsern gegeben hat. Und es bindet ihn das über allem thronende himmlische Gesetz, einen Eid nicht brechen zu dürfen. Es kommt zu der unwahrscheinlichen Szene kurz vor Schluß, in der sich Kriemhild und Etzel *vor ihm niederwerfen*, um Rüdiger an den ihnen gegebenen Eid zu erinnern. Die dies betreffenden Gedichtzeilen werfen so ziemlich alles über den Haufen, was wir geglaubt hatten, vom höfischen Zeremoniell zu wissen. Sobald die Geschichte auf das mörderische Finale zutreibt, wird Rüdiger zur interessantesten Nebenfigur, einer extrem tragischen obendrein. Der durch und durch ehrenhafte Mann muß zwischen zwei Arten der Untreue wählen. Tertium non datur. So oder so wird ihm seine Wahl von höherer Seite spätestens nach dem Tod als schwere Sünde angerechnet werden. Sein Tod folgt schnell.

Kommen wir auf Siegfried zurück. Er handelt unverantwortlich. Daß er ausgerechnet seiner schwatzhaften Frau das Geheimnis um Brünhilds Eroberung anvertraut und ihr die Bettbeute des nächtlichen Gerangels mit dem stolzen Weib schenkt, ist mehr als dumm. Es ist unziemlich prahlerisch, verletzt zumal den Ehrenkodex, der besagt, daß all dies strikt geheim bleiben muß, weil dadurch natürlich auch das Ansehen von König Gunther schwer beschädigt wird. Siegfried ist ein munterer, selbstgewisser Schlagetot, mehr nicht. Gunther wiederum ist nicht gerade das Vorbild eines macht- und ehrenvollen Herrschers. Schlimm genug, daß er die Tarnkappentricks Siegfrieds nötig hat, um Brünhild zu freien, schlimm ist auch sein späterer Wankelmut, der verhindert, daß er dem auf Rache sinnenden Hagen von Tronje bei dessen Mordplan rechtzeitig in den Arm fällt. Gunther ist undankbar, und dieser Charakterzug macht ihn klein, macht ihn zu einem unbedeutenden Herrscher. Wobei dies psychologisch klug und differenziert gesehen ist.

An dem Mann nagt natürlich sein Versagen, daß er mit Brünhild nicht selbst auf kräftige Weise hat handgemein werden können, daß er beim ersten kläglichen Versuch, die widerspenstige Frau zu besiegen, von ihr mit dem Gürtel umwunden an einem Nagel aufgehängt wurde. Lächerlicher geht's kaum. Sehr plausibel, daß er Siegfried, der für ihn als Frauenbezwinger eintritt, im Geheimen haßt. Aber auch wiederum nicht offen genug, um selbst den Verrat an Siegfried ins Werk zu setzen – er läßt es gleichsam durch Hagen, dem er nur lau widerspricht, geschehen, ohne daß er sich selbst die Hände schmutzig machen und die Schuld am Mord auf die eigene Kappe nehmen muß. Das nennt man feige. Allerdings kommt beim Untergangskampf der Nibelungen ein anderer Gunther zum Vorschein, der tapfer kämpft bis in den Tod.

Hagen wiederum ist nicht einfach so der Bösewicht, als der er gern dargestellt wird. Der Mann ist bis in die Knochen treu. Und das galt zur damaligen Zeit als ehrenhaft. Er ist der treue Vasall Brünhilds und des Wormser Königs. Dessen Schwester Kriemhild hat sich durch die Heirat mit dem Xantener Recken Siegfried hinweggebegeben und sich damit in eine andere Verpflichtungsordnung gestellt, von der diejenige Hagens nicht mehr berührt wird. Kurzum: Der eiserne Hagen handelt keinesfalls als Verräter, sondern als pflichtbewußter Mörder, der seine Königin rächt. Einer, der lauthals pöbelt und der gegnerischen Partei beim Showdown seine Verwünschungen entgegenruft, ist er allerdings auch. Nein, der Mann kennt kein Pardon. Er ist natürlich das glatte Gegenteil eines höfischen Diplomaten. Indem er den kleinen Sohn von Kriemhild und Etzel tötet, besiegelt er das Schicksal der Wormser. Sein eigenes selbstverständlich auch. Und er weiß es. Hagen handelt nicht unbesonnen. Selbst sein Zorn, seine Beleidigungen sind kalkuliert. Er ist der unerbittliche Untergeher, eine archaische Figur, die sich weder um Gott noch den Teufel schert. Und zweifellos: Darin ist der Mann groß, wenn auch nicht gerade sympathisch.

Gerade diese Figur verleiht dem Ganzen eine enorme Sprengkraft. Hagen ist viel gescheiter als Siegfried, mutig obendrein. Nicht nur ein Schlagetot, der bei der erstbesten Gelegenheit zum Schwert greift. Er bereitet den Mord klüglich vor, indem er sich bei der – sagen wir es rundheraus – dummen Kriemhild einschmeichelt, um von der Frau die Stelle zu erfahren, an der Siegfried verwundbar ist. Und als brave Näherin stickt sie auch noch ein Kreuzel aufs Gewand ihres Mannes und befördert dadurch seinen Tod. Aufregend an der Geschichte ist wiederum die Wandlung Kriemhilds. Ginge es mit rechten Dingen zu, müßte sie nach dem Tod des geliebten Helden in sich gehen, weil sie ja selbst durch ihre unbedachten Äußerungen eine schwere Schuld auf sich geladen hat. Aber nein. Es kommt anders. Die Frau badet in tiefgreifender Trauer um den ermordeten Mann, zeigt jedoch keinerlei Schuldbewußtsein. Dabei ist eine massive – modern gesagt: Verdrängung im Spiel. Und diese radikale Verdrängung ist es, die der Racheraserei keinerlei Grenzen setzt, allerdings kommt sie erst viele Jahre später zum Ausbruch. Vorher wird sie kalt genossen, in Gedanken hin und her gewälzt, befeuert noch durch einen weiteren Frevel: Die Wormser Sippschaft raubt ihr den Schatz der Nibelungen, über den sie als Witwe verfügt. Betrieben wird das wiederum von Hagen, der die Gefährlichkeit der Frau durchaus erkennt, zumal, wenn man sie über eine große Menge an Gold verfügen läßt, das natürlich zu Rachezwecken gebraucht werden kann. Der von Siegfried einst gestohlene Schatz wird nun wiederum geraubt. Soviel ist klar: Auf diesem Schatz liegt ein Fluch. Den an kaltem Feuer über eine lange Zeitstrecke hindurch warmgehaltenen Rachephantasien ist es geschuldet, daß Kriemhild quasi unter der Hand zu einer großen Figur wird, deren Blutrunst eine Riesenschar Männer zum Opfer fällt, sie selbst natürlich auch.

Moderne Interpretationen neigen dazu, den Konflikt zwischen Brunhild und Kriemhild als Zickenkrieg zu deuten. Das ist absurd. Damit werden die Nibelungen zu einer krakeeligen Kleinbürgerposse. Das sind sie aber nicht. Es steht etwas ganz anderes auf dem Spiel, womit die kleinbürgerlich/bürgerliche Gesellschaft der Moderne nichts mehr anzufangen weiß: Offenkundig zur Schau gestellte, immerzu betonte Rangfragen haben in der spätmittelalterlichen Gesellschaft eine enorme Bedeutung. Wer vor wem einhergeht, welche der Frauen zuerst die Kirche betritt, ist alles andere als nebensächlich, weil es den jeweiligen sozialen Status bezeichnet und befestigt. Verstöße dagegen verletzen das Gefüge, den klar definierten inneren Aufbau der Gesellschaft. Es ist also kein Wunder, daß der große Streit zwischen den Königinnen Brünhild und Kriemhild über eine solche – in unseren heutigen Augen eher zu vernachlässigende – Frage entbrennt. Queen Elizabeth II. mag bei Verstößen gegen das, was das höfische Zeremoniell vorschreibt, *not amused* sein, ein Krieg, der einige tausend Männer das Leben kostet, wird daraus aber gewiß nicht.

Die von zwei Männern betrogene Brünhild wähnt noch immer, Siegfried sei ein Vasall ihres Gemahls. Mag sein, daß ihr der blonde Recke beim ersten Augenschein gefiel, was aber nicht von Bedeutung ist, weil allein der vorgespiegelte niedere Rang dieses im Gefolge König Gunthers mitgeführten Mannes das Entfachen des Begehrens ausschließt. Wir sind heute viel zu schnell bereit, in der Begegnung zwischen Brünhild und Siegfried ein erotisches Affärenmodell zu wittern, das in unserer Gesellschaft gang und gäbe ist – mit dem kleinen Unterschied, daß es weniger Verbote gibt und Frauen in aller Regel nicht im Ringkampf besiegt werden müssen.

Ein kleiner vorstädtischer Nachbarschaftsstreit, wer das schönere Auto, die schönere Frau oder das gepflegtere Vorgärtchen besitzt, mag zu Groll und Verdruß führen, Tausende von Männern kommen dabei aber nicht zu Schaden. Moderne Inszenierungen – man kann das sehr gut bei Schillers *Don Karlos* beobachten – verstehen meist nichts mehr von der Bedeutung höfischer Rituale aus einer Zeit, die definitiv nicht die unsrige ist, oder sie vernachlässigen sie mit voller Absicht, weil sie das für Kinderkram halten, der moderne Zeitgenossen nichts mehr angeht. Aber wie will man dann den Ehrenkodex des Kampfes verstehen, der im *Nibelungenlied* abertausend Männer das Leben kostet?

Noch ein Wort zu Brünhild. Sie verschwindet aus dem großen Lied nach dem Eklat vor der Kirche und ist damit quasi abgetan. Auch das verweist glasklar auf einen Stoff, der nicht mehr der unsrige ist. Ein modernes Drama würde nun ausfalten, sich geradezu darin suhlen, was fortan in der Ehe von Gunther und Brünhild an Konflikten losbricht. Das *Nibelungenlied* schert sich darum einen feuchten Dreck.

Kommen wir zur großen Blutsudelei, die der Schluß aufbietet. Glaubt man dem Lied aufs Wort, sollen zigtausend Männer im Kampf gestorben sein. Wie schon erwähnt, läuft eine bisherige Nebenfigur dabei zu großer Form auf: Rüdiger. Er ist ebenso tapfer wie alle anderen Recken auch, gleichwohl ein Mann unbedingter Treue und Ehre, von einem Gewissen geplagt, das deutlich den Einfluß des Christentums zeigt. Rüdiger ist die einzig wirklich tragische Figur im *Nibelungenlied*. All die anderen schwertführenden Kämpfer, die im großen Gemetzel untergehen, sind es nicht. Peter Wapnewski merkt hier zu Recht an, das Mittelalter kenne im genauen Wortsinn keine tragische Situation, es sei eine tragikferne Zeit gewesen. Aus einer Gebundenheit an zwei sich widersprechende Eide gibt es kein Entrinnen. Rüdiger glaubt an den Gott der Christenheit, glaubt auch daran, daß er bei einem Eidbruch im Jenseits zur Verantwortung gezogen werden wird. Er ist ein rechtschaffener und zugleich mutiger Grübler, dem meine ganze Sympathie gilt.

Ist Rüdiger, der sich schweren Herzens zum Kampf entschließt, erst tot, geht es Schlag auf Schlag. Es rollen die Köpfe nur noch so vom Fließband, eine Enthauptungsorgie krönt den Schluß. Kriemhild bringt den blutigen Kopf ihres Bruders Gunther vor die Augen des gefangenen Hagen. Sie entreißt ihm Siegfrieds Schwert und enthauptet ihn damit. Alsdann wird die Königin wiederum vom alten Waffenknecht Hildebrand durchbohrt.

Starker Tobak, ohne Zweifel. In wunderbare Poesie gekleidet. Ein rhapsodischer Gesang, der sich bisweilen nüchtern, bisweilen schwelgerisch fortwindet, gegliedert in jeweils vier Langzeilen. Wir mögen ein kitzlig-nonchalantes Vergnügen am Schwerterklirren und an den Blutfontänen, die aus zerbrochenen Rüstungen springen, gehabt haben. Wir hatten gedacht, Enthauptungen mit dem Schwert gehörten der Vergangenheit an. Wir konnten diese Art der Metzelei als comicartiges Hauen und Stechen nehmen, das uns ein bissel gruselt und zugleich erheitert. Theaterblut fließt in Strömen, kein wirkliches. Niemand hat damit gerechnet, daß solche Grausamkeit in unseren Tagen wieder derart Konjunktur gewinnen könnte. Nicht im Comic, sondern real und gefilmt. Auch nicht mit erhabenen Kämpfern in Rüstungen, die wie im Rausch aufeinander einschlagen, sondern vollzogen an gedemütigten Menschen im Hemd, die gezwungen werden, sich vor ihrem Henker niederzuknien.

Christian Friedrich Daniel Schubart
Ein schwäbischer Erziehungsroman

Erste Vorbemerkung: Es ist nicht leicht, einen Toten herzube-
schwören und ihn in der Blüte seines Könnens vorzuführen,
wenn dessen Talente so sehr im Spontanen wirkten, daß uns
seine schriftlichen Verlassenschaften nur einen müden Abglanz
davon bieten. Christian – Friedrich – Daniel (wir wollen jeden
seiner schönen Vornamen im einzelnen auskosten), Christian
Friedrich Daniel Schubart war eine Wirtshauskanone. Er unterhielt die Leute, bis ihnen vor Lachen die Bäuche schmerzten,
sprach dazwischen aber auch ernst, sanft, eindringlich oder griff
nach einem Instrument und setzte die Unterhaltung auf musi-
kalische Weise fort. Berühmte Virtuosen von damals bezeugten:
Der Mann war ein begnadeter Flügel-, will heißen Cembalospie-
ler, spielte auch hervorragend Orgel, spielte Waldhorn und
Geige und zeigte auf diesen Instrumenten vor allem eins: seine
mitreißende Improvisationsgabe. Wenn wir nach dem Vortrag
das Wirtshaus unten aufsuchen, werden wir uns mit Musik aus
der Konserve begnügen und die Unterhaltung recht und schlecht
selber bestreiten müssen, einen solchen Tausendsassa wie ihn
aber schmerzlich vermissen.

Zweite Vorbemerkung: Gott hat noch keinen Menschen so
gemacht, wie ich ihn gemacht hätte. An diese Vorbemerkung
werde ich mich zu erinnern haben, denn ich bin eine denkbar
ungeeignete Person, um einen Hallodri wie Schubart angemes-
sen zu würdigen. Meine Abneigungen sollten Sie kennen, um
den einen oder anderen Pfeil, den ich verschießen werde, abzu-
fangen und auf mich rückzulenken. Also, geradeheraus gesprochen: Ich verachte Alkoholiker, kann Männer nicht leiden, die

monologisieren, ebensowenig Männer, die alle fünf Minuten ankündigen, daß es mit ihnen zu Ende gehe, am meisten aber sind mir Männer zuwider, die unentwegt flennen. Wollte man seinen Briefen Glauben schenken, war Schubart zu mindestens dreihundert Malen dem Tode nahe, und aus seinen Augen strömten solche Tränenfluten, daß sie das Bett des Neckar hätten füllen können. Liest man die Briefe in Serie, möchte man ihm all Augenblick zurufen: Bitte heul dies eine Mal nicht! Nicht schon wieder eine Todesankündigung, an die eh kein Mensch mehr glaubt!

Dritte Vorbemerkung: Sie sollten natürlich wissen, woraus ich meine Weisheit geschöpft habe: zunächst, wie es sich gehört, aus Etlichem von Schubart selbst, seiner Lebensbeschreibung, seinen Briefen, Gedichten, Erzählungen, Stücken aus der Chronik. Auch war mir vergönnt, in Marbach einen flüchtigen Blick auf einige Proben seiner Handschrift zu werfen. Ansonsten habe ich mich auf die Schriften folgender Herren verlassen: auf Wilfried Schoeller, der den Rebellen und politischen Journalisten in den Vordergrund stellt, auf Peter Härtling, der ein wunderbares Vorwort zu einer Auswahl von Schubart-Gedichten schrieb. Von Kurt Honolka wiederum stammt eine ausführliche und vor allem ausgewogene Biographie, die Schubart gleichrangig als Musiker, Dichter und Journalisten würdigt. Dann möchte ich noch einen zauberhaften kleinen Text nennen, den Peter Lahnstein im Rahmen seiner sechsfachen Schwabenportraits verfaßt hat. Er beschwört gleich eingangs den mitteilungsfreudigen Schatten Schubarts wie eine Motte, die gar nicht anders kann als sich der Lampe nähern, in seinem Falle, um zu schwatzen, zu plaudern, um endlich!, endlich! wieder einmal in Gesellschaft zu sein: »Wie sollen wir wissen, wo dein Schatten weilt? Nichts wissen wir. Wenn wir aber glauben, daß Gott den Sündern gnädig sei, dann muß es deiner Seele wohl ergehen, denn du bist ein

Mensch gewesen, wie er im Buch der Bücher steht; alles Menschliche war dir dreifach zugemessen. Willig läßt sich dein Schatten beschwören und freudig. Wenn ein Schatten an seinem Stummsein leidet, dann deiner; unerschöpflich mußtest du dich mitteilen im Leben, unersättlich war dein Hunger nach Lob und Preis und Teilnahme. Und wäre er der ärgste Pfuscher: wer abends in seinem Gehäus sitzt, Schubarts Namen aufs Papier bannt, um dessen Lampe kreist in taumelnden Schwüngen ein dunkler Falter, hergerissen, sehnsuchtsvoll.«[1]

Die erste Bekanntschaft mit Schubart verdanke ich jedoch einem anderen Medium: dem Radio. Mitte der neunziger Jahre wurde in Berlin ein Schubart-Hörspiel ausgestrahlt, das mich sofort in seinen Bann zog – wie kaum ein anderes Hörstück je. Heinz von Cramer, der große Könner, hat hier Regie geführt und sich dabei ganz auf die Stimme Martin Schwabs verlassen, der den Schubart im Kerker so inniglich inbrünstig, so knirschend frömmlerisch und mit flammenden Säumen ins Paranoide strudelnd spricht, daß man in die Seele des Mannes förmlich eingesogen wird. Das Ganze begleitet von sparsamen Kerkergeräuschen, sich entfernenden Schritten und manchmal, wie von weit her, durch dicke Mauern dringendem Gelächter und gedrechselten höfischen Stimmchen – ein Wunderwerk der Hörspielkunst und sicher die lebhafteste Art, um an Schubart zu erinnern.

Jetzt aber endlich ran den Speck. Nun, von Speck kann in Schubarts Jugend- und Jünglingsjahren noch nicht die Rede sein. Diese sind schnell erzählt, interessant wird der Mann erst nach Abbruch seines Studiums. Geboren am 24. März 1739 in Obersontheim, Aufwachsen in der freien Reichsstadt Aalen, wo der Vater als Kantor, Pfarrvikar und Lehrer wirkte. Christian war der Älteste, es folgten noch zwei weitere Brüder und zwei weitere Schwestern. In der Rückschau, also vom Asperg her, sah er sich bereits mit vierzehn Jahren, da er aufs Lyzeum nach

Nördlingen geschickt wurde, an einem Scheideweg und damit sogleich in eine Himmel-Hölle-Dramaturgie verwickelt, die er später noch oft bemühen sollte: »Unbefestigt im Guten, … von tausend süßen Ahnungen durchzittert und voll edler Anlagen kam ich nach Nördlingen, beinahe gleich fähig, ein Engel oder ein Teufel zu werden.«[2]

Schon als Jüngling bezauberte er mit seinen musikalischen Fertigkeiten – er selbst spricht von geflügelten Fertigkeiten, was ja zweifellos der schönere Ausdruck dafür ist. Auch mit seinem wachen, neugierigen Geist, der eleganten, gut leserlichen Handschrift, die selbst in Zeiten seelischer Turbulenzen erstaunlich zeilenfest und klar gezogen blieb, will er Eindruck gemacht haben. Alles in allem ein hoffnungsfroher Beginn. Fügen wir noch hinzu, daß er als junger Mann wahrscheinlich recht einnehmend aussah: schlank, groß, breitschultrig, die Augen glänzend und feurig, die Hände daher- und dahinfliegend, die Mimik herzgewinnend.

1758 machte er sich auf den Weg, um in Jena Theologie zu studieren; von den nicht gerade vermögenden Eltern mit neuen Kleidern und etwas Geld ausgestattet. In Erlangen blieb er hängen, obwohl Erlangen im Vergleich mit Jena die minder angesehene Universität war; blieb hängen vielleicht aufgrund der Wege, die nun bei Anbruch des Siebenjährigen Krieges unsicher geworden waren, vielleicht, weil's ihm in Erlangen gerade gefiel und er lustige Kumpane gefunden hatte. Den vorgenommenen Weg nicht verfolgen können, sich ablenken lassen, das paßt allerdings zu Schubart, solchem Verhalten werden wir noch oft begegnen. In der Selbstbiographie versichert er, er sei dort in seinem Element gewesen: »Frei, ungebunden, durchstreift ich tobender Wildfang Hörsäle, Wirtshäuser, Konzertsäle, Saufgelage – studierte, rumorte, ritt, tanzte, liebte und schlug mich herum.«[3]

Anfangs stürzte er sich ins Studium, aber schnell war ihm die Theologie verleidet. Schulden brachten ihn zum ersten Mal ins Gefängnis, wenn auch für kurz. Er brach das Studium ab und mußte nach Aalen zurückkehren. Wir schreiben das Jahr 1760. Sich so der Familie zu präsentieren, die das bißchen Geld für ihn zusammengekratzt und alle Hoffnungen auf ihn gesetzt hatte, muß bitter gewesen sein. Vater Schubart war ein strenger, temperamentvoller Mann und hatte für die Eskapaden des Sohnes wohl kaum Verständnis. Warum auch. Die Mutter scheint Mitleid mit ihm gehabt zu haben, da sie ihren Ältesten so abgezehrt und bleich wiedersah.

In dem biblischen Gleichnis von der Rückkehr des verlorenen Sohnes fand Schubart seine schmähliche Erfahrung veredelt wieder. Machen wir uns aber nichts vor: Hochfahrend, mit einem Sack voller Pläne in die Welt zu ziehen und alsbald als Gescheiterter wieder bei der Familie unterkriechen zu müssen ist für einen jungen Mann, besonders für einen mit dem Talent, die halbe Welt zu becircen, entsetzlich. Hier fällt zum ersten Mal der Hammer herab, und er wird mit jedem Mal schwerer fallen.

Es liegt darin ein Grundscheitern beschlossen. Auch die große theatralische Aufwallung der Reue ist schon da. Reue, die zu nichts führt, da im schwappenden Gefühlsschwang, in der Tränenflut alles verausgabt wird, dabei aber kein Gerüst eingezogen werden kann, um drohendem Versagen beim nächsten Mal besser trotzen zu können. Zwar ist für jedermann das Leben nichts anderes als eine Schule des Scheiterns in kleinen wie in großen Schritten, aber Schubart schaffte es nie, daraus eine Gewitztheit zu ziehen, einen vorsichtigeren Tastsinn für Gefahren zu entwickeln, der ihn hätte wappnen und ein klein wenig geschickter leiten können. Kurz gesagt: Der Mann war unverbesserlich.

Wie sehr diese Rückkehr ihn gewurmt haben muß, erkennt man auch daran, daß er sie literarisch mehrmals bearbeitete. Eine frühe Fassung unter dem Titel *Zur Geschichte des menschlichen Herzens* wurde gar die Vorlage zu Schillers *Räubern*. Ist in dieser Fassung der verlorene Sohn der empfindsame und unter verwahrloster Kruste gutartige Sohn, welcher den mörderischen Bruder aussticht, so sind die Verhältnisse in der letzten Version, die Schubart kurz vor seinem Tod verfaßt hat, umgekehrt: Hier erweist sich der biedere, daheimgebliebene Sohn als der wertvollere.

Schubart, der Unverbesserliche. Auch derjenige, bei dem Prinzipien, fremde wie treuherzig sich selbst vorgeplapperte, nichts bewirkten. Wir gelangen hier an einen wahrhaft komischen Punkt dieses farbigen Lebenslaufs, denn aus dem wilden Studenten wurde nun ein kleiner Provinzlehrer in der Stadt Geislingen auf der Rauhen Alb. Wollten wir die Weltgeschichte nach außergewöhnlichen Dorflehrern absuchen, um eine Liste zusammenzustellen, so würde Schubart einen königlichen Platz darin behaupten, denn als Lehrer war er mindestens so kurios wie der berühmte Ludwig Wittgenstein, wenn auch von gänzlich anderem Charakter.

Jetzt sind wir in der Chronologie der Ereignisse etwas zu rasch vorangeeilt. Davor kommt ein wichtiger Schritt: 1764, schon drei Monate nach seiner Ankunft in Geislingen, gewinnt der 24 Jahre junge Schubart Helene Bühler zur Frau, ein Mädchen, das er kaum kennt. Es stellte sich rasch heraus, daß hier zwei vollkommen gegensätzliche Charaktere zusammengeworfen worden waren, die nun miteinander auskommen sollten.

Es ging schlecht, sehr schlecht sogar. Millionen von Menschen führen und führten schreckliche Ehen, die Schubart-Ehe war eine davon. Wir wollen die trübe Brühe, von der sich Flekken in den Briefen abgelagert haben, hier nicht allzusehr umrühren. Helene Bühler war eine Frau ohne Bildung, Tochter eines Zöllners, fromm, sparsam, sehr streng erzogen, und sie blieb, jedenfalls in den ersten Ehejahren, eine ausgesprochen vaterhörige Tochter. Mit einem gebildeten, gefühlsschweifigen Mann verheiratet zu sein, der das Geld bedenkenlos ausgab, ständig ins Wirtshaus ging, prügelte, wenn er gereizt wurde, und es mit anderen Frauen trieb, sobald sich die Gelegenheit bot, muß eine Zumutung gewesen sein. Eine größere Qual als für ihn, denn dem Mann boten sich andere Freiheiten als der Frau, um den Verdruß loszuwerden. Gewiß, sie war eine frömmlerische Nervensäge, ewig kränkelnd, mißgelaunt, daran gewöhnt, den Kreuzer dreimal umzudrehen. Aber mit Schubart auskommen zu müssen kann kein Kinderspiel gewesen sein, und es ist schwerlich eine Frau denkbar, die zu diesem Mann hätte passen können. Es darf bezweifelt werden, daß er überhaupt je eine Frau liebte. Wenn er sich nach Zerwürfnissen seiner Gattin wieder voller Reue anempfiehlt, so bedient er sich Formeln, die sich fast schlimmer lesen, als wenn er seine Frau bezichtigt. Liebelt er in Gedichten und Liedern die Mädchen an, so ist das eine ebenso formelhafte Angelegenheit. Daß sein Charakter durch die Liebe zu einer Frau eine Prägung oder Vertiefung erfahren, gar an Empfindsamkeit gewonnen hätte, ist nicht zu erkennen. Er schätzte gebildete Frauen nicht und hatte nun fürs Leben eine am Hals, die ihn nicht verstand.

Zurück zum Schullehrer. Er haßte den Beruf, sah sich in eine Einöde verbannt, an einen elenden Flecken, wo keiner lebte, der ihm geistig annähernd ebenbürtig gewesen wäre. Der Ort war damals im Niedergang begriffen, die Gewerke lagen am Boden. Der junge Wandervogel war unversehens in die Enge, ins Mittelalter zurückgefallen.

»Das erste Ansehen dieser Stadt fällt dem fühlenden Wanderer sonderbar auf. Die Berge und Felsen, die auf die Häuser zu stürzen drohen. ... Die Bewohner dieses Städtchens haben für den, der eben aus der weiten Welt dahin kommt, ein verdrüßlich steifes Ansehen. Sie gleichen beinahe den verzeichneten elfenbeinernen Figuren, die ihre Drechsler auf Kästen und Toiletten machen.[4] ... Geißlingen, ein durch seine Künstler im Beindrechseln sonst weitberühmter Ort, versinkt allmählich in traurige, dumpfe Armuth. Ein Nahrungszweig verdorrt nach dem andern, und die Drechslerkunst ... beschäftiget sich jetzt blos mit Spielwerk für den Hof des Kaisers in Liliput, womit sich die Drehermädchen den durchreisenden Fremden aufdringen. Viele Inwohner verlassen den Ort ganz und gar und siedeln sich in Polen oder Ungarn an.«[5] Der Schullehrer bezog ein winziges Gehalt, mußte aushilfsweise predigen, die Orgel spielen, Leichen aussingen und bei sonstigen Festivitäten als Musiker zur Stelle sein. Mit brausendem Kopf war er angekommen und tat nun mit verwüstetem Herzen niederen Dienst. Über hundert Schüler, roh und wild wie unbändige Stiere, seien ihm an die Seele gebunden worden, klagt er in seinen Memoiren.

Trotz der widrigen Verhältnisse muß Schubart ein außerordentlicher, zumindest ein sehr komischer Lehrer gewesen sein. Eine Reihe von Aufsätzen, die er seinen Schülern diktierte, haben sich erhalten. Er sympathisiert darin so offen mit den losen Buben, daß er damit noch das rebellische Herz des heutigen Lesers kitzelt. Sobald er diktiert, wird Lehrer Schubart selbst zum Ausreißer: »Heut ist's mir, als wenn ich Wespen im Hintern hätte ... Da soll ich in der Schule sitzen und Feder fuchsen, da doch auf dem Markte etwas Lustiges zu sehen ist. Es ist nämlich ein Gaukler hier, welcher mit verbundenen Augen auf einem Seile tanzen und trummeln kann, der seinen Leib so schwenket und drehet, daß man meint, die Rippen sollen ihm zerbrechen. Heute macht er seine Gaukeleien auf dem Seil, und ich soll nicht dabei sein? Man sollte einem jungen Menschen weit mehr Freiheit lassen, denn wenn er ein alter Knaster ist, so ist's Zeit genug, daß er Runzeln schneidet .... Aber jetzt, da ich noch jung bin, die Hosen auf der Schulbank verrutschen; beim Henker! ... Vor Ungeduld möcht ich mein Papier fressen, die Feder wie ein zorniger Hund zerbeißen und meine Tinte aussaufen.«[6]

Mit Ironie und Aberwitz und eigenem Freiheitsdurst, der ihn mitten im Unterricht packte, mit Wortpirouetten und Fabeleien rückte er den Schülern auf die störrischen Leiber. Aber er war auch jähzornig und ein ziemlich harter Prügler; einmal soll er so zugeschlagen haben, daß ein Bub wochenlang das Krankenbett hüten mußte. Jähzorn und Ungeduld gegenüber der Dummheit, das verbindet ihn mit Wittgenstein, der ebenfalls hart zuschlug, wenn er sich gereizt fühlte. Verkennen wir aber nicht: Die Prügelstrafe war zu Schubarts Zeiten gang und gäbe, etwas vollkommen Selbstverständliches. Und zartbesaitet war der Mann nur, solange es um die eigene Haut ging.

Zu den wenigen Freuden in Geislingen verhalfen ihm die Bücher. Er nennt sich in der Rückschau einen tumultuarischen Leser, der die kreuz, die quer las, alles verschlang, was ihm in die Finger kam. Ausgerechnet bei dieser Leidenschaft hatte er den Geiz seiner Frau und des Oberzollers Bühler gegen sich, die hinter seinem Rücken Briefe erbrachen und Bücher wieder fortschickten, die er bestellt hatte. Im Zorn lief er davon und trieb sich tagelang in der Gegend herum. Zu einem großen Spektakel kam es, als er sich in Ulm auf eine bessere Stelle bewarb und dazu eine Prüfung vor einer Kommission ablegen mußte. Als er abgelehnt worden war, betrank er sich so schlimm und randalierte so vernehmlich, daß es überall in der Gegend bekannt wurde und auch den Eltern in Aalen zu Ohren kam. Über seine gedrückte Lage beklagte er sich in Briefen an den geliebten

Schwager Böckh bitterlich, was ihm wohl etwas Erleichterung verschaffte. Brieflich knüpfte er in der Geislinger Zeit auch Kontakt mit Christoph Martin Wieland und Balthasar Haug an, letzterer ein Schriftsteller und Prinzenerzieher am Ludwigsburger Hof, der vorübergehend zu Schubarts Protektor wurde.

Im Februar 1769 riß der verdüsterte Himmel auf. Ein fideler Schubart begibt sich zusammen mit dem Schwager Böckh auf die Reise. Sie gelangen nach Ludwigsburg und sehen sich am Hoftheater eine Aufführung der Oper *Fetonte* von Jommelli an. Selbst in seinen Memoiren, in denen er dazu neigt, den Ludwigsburger Aufenthalt ganz unter das böse Omen zu stellen, das schon auf den Asperg weist, bricht heller Jubel durch: »Man stelle sich einen so feuerfangenden Menschen vor, als ich es war, dessen Haupthang die schönen Künste, sonderlich die Tonkunst gewesen, und der noch nie ein trefliches Orchester gehört, noch nie eine Oper gesehen hatte, diesen Menschen stelle man sich vor – wie er schwimmt in tausendfachen Wonnen, indem er hier den Triumf der Dichtkunst, Mahlerei, Tonkunst und Mimik vor sich sah. ... – und nun gute Nacht Geißlingen mit deiner Einfalt, deinen Bergen, deiner Armut, deiner Geschmacklosigkeit, deinem Kirchhof und deinem Schulkerker!!«[7]

Zu der Zeit war Herzog Karl Eugen noch ein großer Verschwender und gab gewaltige Summen für seine Theater, für Feuerwerke und glänzende Festivitäten aus. Oper und Ballett zählten zu den besten in Europa. Ein Opernhaus, ganz aus Holz, war unlängst erbaut worden: mit vier Logenrängen und einer riesigen Bühne, mit Platz für 2000 Zuschauer das damals größte in Deutschland. Berühmte Primadonnen und Kastraten wechselten einander ab, als Hofkapellmeister wirkte Niccolò Jommelli. Daß dem jungen Musiker die Tage in hoher Erregung verflogen und er alles dransetzte, um in der Residenzstadt bleiben zu dürfen, ist sonnenklar. Und es gelang – schon nach wenigen Monaten wurde eine Stelle frei und Schubart am 1. September zum Organisten und Musikdirektor an die Hauptkirche nach Ludwigsburg berufen. Balthasar Haug hatte ihn empfohlen. Aber der Wechsel ging keineswegs glatt über die Bühne: Die Geislinger Familie setzte ihren versammelten Widerstand dagegen. Der Oberzoller Bühler ging sogar so weit, seinen Schwiegersohn bei den Ludwigsburger Vorgesetzten brieflich anzuschwärzen. Ein mächtiger Gegner, der ihm alsbald zum Verhängnis werden sollte, stand auch schon auf dem Plan: Spezialsuperintendent Zilling, ein knochentrockener und ziemlich gehässiger Mann, der sich für einen anderen Kandidaten stark gemacht hatte.

Ein schärferer Gegensatz als zwischen diesen beiden Männern ist kaum denkbar. Zilling predigte in derselben Kirche, in der Schubart die Orgel spielte. Und der junge Schubart hatte mit seiner Musikalität, der Gewagtheit seiner verzierenden Improvisationen sofort großen Erfolg. Das adelige Publikum strömte in die Kirche, aber nicht wegen der hölzernen Strafpredigten des Dekans, sondern wegen des hinreißenden neuen Musikers. Daß Zilling den Mann haßte, der ihm so locker die Schau stahl, ist leicht zu verstehen. Daß Schubart so dumm war, sich ausgerechnet einem solch hartherzigen Mann als reuiger Sünder in die Arme zu werfen und bei ihm seine Vergehen zu beichten, seinen Vorgesetzten also mit Informationen zu beliefern, die jederzeit gegen ihn verwandt werden konnten, darf man getrost aufs Konto der Unglücksrabennatur schreiben, mit der unser Held nun mal geschlagen war.

Schubart war in seinem Element. Er schwatzte und musizierte, gab adeligen Mädchen Unterricht, war ein geschätzter Causeur in so manchem Palais. Der Sohn Ludwig beschrieb seine schöpferischen Gaben, die nun voll zum Zuge kamen, in ihrer ganzen Pracht: »Durch seine eigne Rede setzte er sich sodann in Begeisterung, und sprach hinreißender und schöner, als selbst in den besten Stellen seiner Schriften. Er wußte im ruhigen Zustande wohl selbst nicht mehr, was er gesagt; hörte es von Andern mit behaglicher Aufmerksamkeit an, und ärgerte sich, daß er nicht so schreiben könne … Eben so im Phantasiren auf der Orgel, oder am Klaviere. Er fing hier gewöhnlich mit vieler Ruhe an; …und geriet sodann in ein Feuer, … worin er sich, und alles, was um ihn vorging, völlig vergaß.«[8]

»Warm wie das Leben« stieg es ihm dann »aus dem Herzen hervor« und er sagte einst, wenn dieser Hauch des Himmels über ihn komme, sei ihm so wohl, daß er wünsche, in einer dieser Verzückungen sterben zu dürfen.[9]

Schubart war ein Applausmensch. Er nährte sich davon, und natürlich von reichlich Wein. Er mußte Menschen um sich haben – ihre glänzenden Augen, ihr Staunen verpaßten ihm den nötigen Schwung, ließen ihn flattern und segeln und schwadronieren und in die Tasten greifen wie ein kleiner Gott. Stubenkunst zu betreiben, allein, im Stillen ein Werk zu entwickeln, es zunächst für's eigene Ohr zu perfektionieren, lag ihm überhaupt nicht, deshalb komponierte er nicht Opern, sondern Lieder und schrieb keine längeren Prosastücke.

Obwohl er nun ungleich mehr verdiente als je zuvor und sein schon ein wenig außer Form strudelnder Leib in höfische Kleidung gehüllt ging, kam er mit dem Geld nicht aus, noch weniger mit seiner Frau, der die Dreistigkeit, mit der er sie betrog, so zusetzte, daß sie mehrmals mit Sack und Pack und den beiden Kindern nach Geislingen floh. Daß sie dabei seine silbernen Schuhschnallen mitgehen ließ, empörte ihn besonders. Aber er bittelte und bettelte und schwelgte so lange in feuchter, aufgelöster Sünderrolle, bis sie wieder zurückkam und das Theater von vorn anfing.

Aber Schubart verschätzte sich gewaltig. Obwohl es am Hof

promisk zuging und besonders der Herzog für extremen Frauenverbrauch berüchtigt war, so war dem gemeinen Mann, der Schubart trotz aller Höhenflüge war, solches noch lange nicht gestattet. Als er sich eine Magd im Haus als Konkubine hielt, die Ehekräche nach außen drangen, war das Maß voll. Seine losen Reden mögen mit dazu beigetragen haben. Zilling war mit genügend Material versehen, um ihn loszuwerden. Der vormalige Protektor Haug beschützte ihn nicht mehr und urteilte enttäuscht: »Er ist stark in der Musik, stark an der Poesie, und stark in der Historia litteraria, verfällt aber in allen 3 Stücken gern auf Extremitäten. Hat eine rasende Begierde zu brillieren und ist doch niederträchtig bis auf den Pöbel hinunter. Ein Feind der Obrigkeit, ein Hasser aller Ordnung, undankbar. In Gesellschaft ist er 1.: der unerträglichste Schwätzer; 2.: ein Windbeutel und Lügner. Dem weiblichen Geschlecht bis zum Tier gefährlich. Ein Tyranne seiner Frau. Ein Löw in seinem Hause.«[10]

Im Mai 1773 wurde er vorgeladen und davon in Kenntnis gesetzt, daß er sofort aus der Stadt zu verschwinden habe. Schubart nahm es wörtlich, kehrte nicht einmal mehr ins Haus zurück, um sich von seiner Familie zu verabschieden, sondern taumelte wie betäubt, ohne Gepäck, fast ohne Geld, aus der Stadt hinaus. Nun begann sein Vagantenjahr fern von der Familie. Er kreuzte in Süddeutschland herum, ein bewegtes Auf und Ab zwischen Hoch und Niedrig, mal mit großen Aussichten, mal mit gar keinen, geehrt in Adelskreisen, beliebt in den Wirtshäusern, dann aber schnell wieder mit allen zerworfen. Die Stationen hießen Heilbronn, Heidelberg, Mannheim, Schwetzingen, München. Seine Gesundheit war schon ziemlich ramponiert. In Schwetzingen erlitt er den zweiten Schlaganfall. Vergessen wir nicht, nach heutigen Maßstäben war Schubart noch immer ein jüngerer Mann: erst 34 Jahre alt.

Es gab Pläne, ganz außer Landes zu wandern, nach Stockholm oder Wien oder Sankt Petersburg. Im März 1774 blieb er in Augsburg hängen. In einem hauptsächlich von Webern frequentierten Wirtshaus traf er mit dem Verleger Conrad Heinrich Stage zusammen, und schon vier Wochen später startete sein größtes Erfolgsprojekt: die *Deutsche Chronik*, eine Zeitschrift, die zweimal die Woche herauskam, jeweils acht Seiten stark war und – wundersamerweise – fast ausschließlich aus Schubarts Feder stammte. Sie wurde rasch populär, war ein gelungener Mischmasch aus Nachrichten, Gedichten, Gerüchten, dazwischengeworfenem Kommentar, war im Ton keck, wild, lebhaft, mit starkdeutschen Wendungen durchsetzt. Sie wandte sich nicht speziell an Gelehrte, sondern an Handwerker, Bürger, Bauern, die lesen konnten. Vor allem roch die *Deutsche Chronik* nach Freiheit. Sie muß eine unwiderstehliche Freiheitsbotin gewesen sein. Freiheit war nicht das lahmgekaute Wort, wie wir es heute permanent serviert bekommen. Sie stand nicht auf Plakatwänden mit Riesengesichtern, auf die Kinder Brillen und Hitlerbärtchen malen. Freiheit war ersehnt, roch nach Gefahr, und vor allem hatten die Untertanen in den zersplitterten süddeutschen Landen aus winzigen Gottesgnadentümern sie dringend und bitterlich nötig. Schubart wagte das Maximum des damals Möglichen, und immer wieder zuviel davon.

Was uns heute vielleicht besonders sympathisch daran berührt: die Zeitung wurde zu weiten Teilen am Wirtshaustisch verfaßt. Man muß sich einen kräftig zechenden Schubart vorstellen, wie er im Kreis seiner Freunde schreibt, korrigiert, aus druckfrischen Exemplaren vorliest, wie sich die Stimmung hebt, Kommentare und Witze einander übertrumpfen und manch freches Wort aus Freundesmund in die Zeitung schlüpft.

Sie heute lesen zu sollen, lesen zu müssen, ist allerdings eher eine Zumutung; andersherum gesagt: ein Vergnügen, das allenfalls Historiker zu schätzen wissen. Ich gestehe, sofort in den allerschnellsten mir möglichen Lesegang geschaltet zu haben, um nur irgend durchzukommen, anstandshalber durch zwei Jahrgänge.

Damit sei nichts gegen den tapferen Journalisten Schubart gesagt. Es liegt in der Natur der Zeitung, daß sie schneller veraltet als das eine oder andere Buch, daß die darin ausgestellten Erregungen schon nach wenigen Jahrzehnten kaum mehr verständlich sind.

Sein politisches Credo läßt sich wie folgt umreißen: Er war gemäßigter Monarchist im Sinne Montesquieus, verteidigte den guten Fürsten gegen den schlechten, sah sein Vorbild in Friedrich dem Großen, der Rechtssicherheit gewährte und größere Landstriche unifizierte. Er wünschte nichts sehnlicher als ein geeintes deutsches Vaterland, das die Willkür der vielen kleinen Tyrannen brechen sollte, wobei die Wörter »deutsch« und »Vaterland« wie erregende Zukunftsparolen wirkten. Sie hatten sich noch nicht mit jenen aggressiven imperialen und ressentimentalen Klängen vollgesogen, wie wir sie seit dem Wilhelminismus kennen. Die Literatur besonders, aber auch die Musik in ihren volksliedhaften Weisen, sah Schubart als ein Bindemittel an, als eine Art köstlichen Leim, der den Deutschen zu einer geeinteren Nation verhelfen und das politische Desaster überwinden könne. Deshalb die enthusiastischen Loblieder auf Klopstock, auch auf den jungen Goethe, der damals noch kein durchgesetzter Autor war, und auf viele andere, gar auf den Außenseiter Reinhold Lenz.

Es gereicht Schubart zu hoher Ehre, daß er in seinem Politisieren frei von Antisemitismus war, religiös motiviertem wie sozial unterlegtem. Man kann ihn einen Freund der Juden nennen, und er dachte darin nicht nur wie ein aufgeklärter Liberaler, sondern berief sich auf die Bibel, da er an die Auserwählung der Juden glaubte: »Wenn die Geschichte der Welt einmal ganz und vollendet da steht; so wird man gestehen müssen, daß die Juden das wichtigste Volk in der Menschengeschichte gewesen seyen.«[11]

Worte eines Christen, gänzlich ohne Neid und nicht flankiert vom Verweis auf den Verrat des Judas, das liest man selten. Zwei Themen, die in der *Chronik* zu wiederholtem Mal scharf verhandelt wurden, brachten ihr mächtige Gegner ein. Schubart griff einen wunderheilenden Priester namens Gassner an, der durch das Land zog und die Massen in Erregung setzte. Er tat es in noch immer brandgefährlicher Zeit, da zwei Jahre später im nahe gelegenen Kloster Wiblingen ein Theologiestudent enthauptet und sein Leib den Flammen übergeben wurde, weil er sich zu den Ideen Voltaires bekannt hatte. Das zweite Thema war mindestens ebenso heiß: Schubart prangerte den Menschenhandel an, der bei den Landesfürsten übliche Praxis war: Um Geld in ihre Kassen zu spülen, wurden Bauernsöhne und arme Schlucker zum Wehrdienst gepreßt und an fremde Mächte als Söldner verkauft. Als Schlachtopfer wurden sie in englischen Sold genommen und nach Amerika verschickt oder ans Kap der Guten Hoffnung oder sonstwohin. Obwohl die *Chronik* für gewöhnlich um Herzog Karl Eugen einen Bogen machte, so pirschte sie sich diesbezüglich vorsichtig an ihn heran, unter dem Titel *Eine Sage*, aber, wie Kurt Honolka bemerkt: versehen mit ungewöhnlichen graphischen Zeichen – einer deutenden Hand, einem Bindestrich und drei Ausrufungszeichen: »Der Herzog von Württemberg soll 3000 Mann an Engelland überlassen, und dieß soll Ursache seines gegenwärtigen Aufenthaltes in London seyn – !!!«[12]

Honolka vermutet, daß gerade diese Zeilen es waren, die den Herzog dauerhaft gegen ihn aufbrachten. Das ist plausibel. Schubart hatte einen neuralgischen Punkt des Regierungsgeschäfts berührt. Und der Herzog besaß erwiesenermaßen ein

Elefantengedächtnis. Der Chronikschreiber hat sich über die gedrückte Lage, in der sich ein damaliger Journalist befand, keinen Illusionen hingegeben: »Unter allen kriechenden Kreaturen des Erdbodens ist der Zeitungsschreiber die kriechendste. Wie er da mit kindischer Bewunderung den Pomp der Großen anstaunt! ... Wie er mit dem Hütlein unterm Arm krumm und sehr gebückt im Vorsaal steht und dem niesenden Fürsten und Höfling sein Salus entgegen keucht.«[13]

Ein solcher Kriechling war er aber notgedrungen selber oft: »Unsere Zeitungen sind nichts anderes als wiedergekäute Gewäsche von Alltagsgeschichten und Lobsprüchen auf Regenten, die wir nicht einmal kennen. Den Zeitungsschreiber möcht' ich sehen, der vors Publikum hinträte und mit Gewitterberedsamkeit spräche: Dieser Fürst legt seinen Untertanen unerträgliche Lasten auf; jener Staat verkennet die Grundgesetze der Menschlichkeit; dort klirren die Fesseln des schrecklichsten Despotismus; da leckt ein gieriger Selbstherrscher an den Grenzen einer friedsamen Republik; ... dort schleicht der Aberglaube, schwarz wie die Nacht, und birgt den blinkenden Dolch unterm Priestergewand.«[14] Eine solche Zeitung möcht ich lesen!

»Gewitterberedsamkeit«, das ist ein typisches Schubart-Wort. Es gibt deren viele. Da ist von »Seelenkot« die Rede, da nimmt einer »die Backen voller Sprüche«, da »arbeitet ein fleißiges Beil mit Erfolg«, Wunden werden »geschlitzt«, und das »Haar der Bäume« weht im Wind – im selben Wind, der die »Blätter zu Zungen braucht«. Auf die Bäume wiederum senkt sich »wolliger Schnee«, und über ihren Wipfeln fährt der »Wetterwolkenzug«. »Geistgebete« werden gen Himmel geschickt, in heißer Not auch »Glutgebete«, und so manch armer Tropf muß viele »durchächzte Jahre« erleiden. Wenn's donnert, so hört man's gleich hinabdonnern und widerdonnern, ein Totenschädel wird geschleudert, daß er »hüpfte und scholl«. Ein »eiskaltes Sie« wird gesprochen,

»durchlauchtigte Gerippe« haben ihren Auftritt, und über der Szene schweben »Mondglanzdüfte«.

Sein Stil war kraftvoll und wendig, zuweilen fiel er ein wenig zu sehr in den Starkton einer um die Fürworte verknappten Kurzsprache. Ganz allgemein hielt er auf den Saft- und Kraftstil der Stürmer und Dränger, polemisierte gegen die Verwelschung der Kultur, wie sie an den Höfen gepflegt wurde. Aber selbst beim heiklen Franzosenthema zeigt sich seine Unbestechlichkeit: Montesquieu hielt er immer in Ehren, und als die Franzosen später gar Revolution machten, war Schubart restlos von ihnen begeistert. Allerdings erlebte er die Schreckensherrschaft nicht mehr.

1774 war er nach Augsburg gekommen, schon ein knappes Jahr später wurde er aus der Stadt gewiesen, da die *Deutsche Chronik* auch der Obrigkeit einer Freien Reichsstadt mißfiel. Allerdings verließ er den Ort diesmal im Triumph, denn seine zahlreichen Anhänger geleiteten ihn zum Stadttor hinaus. Er ging nach Ulm, fand dort schnell wieder Anschluß und konnte seine Zeitung, ohne zu säumen, weiter herausgeben. Das Gasthaus »Baumstark« wurde nun zur kleinen redaktionellen Feldherrenhalle. Man schätzt, daß die 2000 gedruckten Exemplare ungefähr 20000 Leser erreichten, eine für die damalige Zeit hohe Zahl. In Ulm verlebte er zwei ruhige, und im ganzen wohl auch eher zufriedene Jahre. Die Familie lebte wieder bei ihm, obwohl er mit seiner Ehefrau so unglücklich war wie zuvor. Er vermißte an ihr jegliche Lebendigkeit, hörte sie immerzu seufzen und klagen, sah sie kränkeln und mißlaunig vor sich hinbrüten. Aber er liebte seine Kinder, wiewohl er ziemlich launisch und recht grob werden konnte. Besonders liebte er den Sohn Ludwig, in dem er sein Ebenbild sah und zu dem er in den späten Kerkerjahren ein zärtliches Verhältnis gewann.

Im Januar 1777 war es soweit. Der Herzog Karl Eugen sandte

ein Schreiben an den Amtmann Scholl in Blaubeuren, er solle den gotteslästerlichen und wegen seiner Schreibart aus Augsburg weggejagten Mann auf württembergisches Gebiet locken, damit er gefänglich niedergelegt werden könne. Einfacher ausgedrückt: Scholl sollte den Lockspitzel abgeben, damit sich der Herzog eines Gegners bemächtigen konnte, der gar nicht sein Untertan war. Der arme Scholl, Vater von elf Kindern, übernahm den Auftrag, wenn auch mit Gewissensbissen, denn das Vorgehen war selbst zu damaliger Zeit ziemlich unerhört. Scholl wanderte nach Ulm und versprach Schubart, ein bedeutender Gelehrter warte in Blaubeuren auf ihn. Es erwarteten ihn aber Soldaten des Herzogs, die ihn in eine Kutsche verfrachteten und auf den Hohenasperg brachten.

Fürstenwillkür, das Wort klingt heute harmlos. Ohne Frage waren Hitler, Stalin und Pol Pot gewalttätiger als sämtliche Fürsten des 18. und 19. Jahrhunderts zusammen. Und dennoch: Liest man das im eigenen Schleim fast erstickende Schreiben des Spitzels Scholl, der submissest um Lohn bittet, liest man die Gesuche der Familie, die in den nächsten Jahren um Schubarts Freilassung betteln, vergegenwärtigt man sich die demütigenden Szenen, in denen diese Gesuche nach stundenlangem Warten einem kaltlächelnden Höfling überreicht werden, so nimmt man gleichsam eine Taschenguillotine in Betrieb.

Schubart wurde nie der Prozeß gemacht, es gab keine Anklage und keine Möglichkeit der Verteidigung. Ein Strafmaß wurde nie festgesetzt. Weshalb genau er eingesperrt wurde, weiß man bis heute nicht. Sicher ist nur, daß der bisher eher im Gestrüpphaften und Wunderlichen sich verlaufende schwäbische Erziehungsroman unseres Helden auf dem Asperg im Tragischen und Sadistischen versackt. Waren all die Pfarrer und Amtspersonen, die bisher seinen Weg gekreuzt hatten, mit ihrem Tadel gescheitert, war es umsonst gewesen, daß seine Frau ihm unter

Gegenstände, die er oft in die Finger nahm, fromme Mahnblättchen gelegt hatte, so leisteten Festungskommandant Rieger, Spezial Zilling und der zeitweilige Seelsorger Philipp Matthäus Hahn nun im Auftrag des Herzogs ganze Arbeit.

Oberster Präzeptor blieb freilich Seine Durchlaucht, welche die Pädagogik zu ihrem neuen Steckenpferd erkoren hatte, nachdem ihr die Lust am Theater und wohl auch das Geld dafür abhanden gekommen waren. Helene Schubart wurde versprochen, sie werde dereinst einen »völlig auserzogenen Mann« zurückerhalten. Für sie setzte der Herzog ein kleines Salär aus, die Kinder wurden in die herzoglichen Erziehungsanstalten aufgenommen, Ludwig kam auf die Hohe Karlsschule und wurde ein Kamerad Schillers.

Das erste Kerkerjahr war das härteste. Schubart kam in ein finsteres feuchtes Loch. Er durfte mit niemandem reden, nicht schreiben, nicht lesen. Die Kleider faulten an seinem Leib. Das Jahr brachte ihn an den Rand der physischen Auflösung. Er fühlte sich selbst bei lebendigem Leib verwesen. Festungskommandant Rieger, diese unwahrscheinliche Sadomasofigur, wußte, wie man einen Gefangenen brach: Er hatte es am eigenen Leib erfahren. Ursprünglich war er der erfolgreichste und brutalste Rekrutenfänger im Land gewesen, mithin ein äußerst effizientes Werkzeug des Herzogs, bis er einer Intrige zum Opfer fiel und in ein lichtloses Loch geworfen wurde, in das die Speisen hinuntergehaspelt werden mußten und sich seine Exkremente in der Ecke sammelten. Nach vier Jahren kam er frei, wurde zunächst verbannt und danach bizarrerweise zum Festungskommandanten auf dem Asperg ernannt. Kurt Honolka zählt auf, was die beiden Männer gemeinsam hatten: geistige Begabung, Jähzorn, Genußfreude, Masochismus. Er nennt Rieger einen »geistigen Hetzhund«. Bestimmt war Rieger aus härterem Holz als Schubart geschnitzt, denn letzterer hätte vier Jahre in so einem Loch wohl kaum durchgestanden. Und man kann sich gut vorstellen, mit welcher Verachtung der extremer gebrochene Rieger auf den weichlicheren Schubart herabsah.

Für einen so geselligen, immerfort herausplatzenden Menschen, dem die Genieflämmchen von der Zunge loderten, war die Einsamkeit eine Qual.

»Ich mußte mitteilen, oder bersten!«,[15] hat Schubart über sich geschrieben. Die Mitteilsamkeit wurde nun ganz ins Innere verlagert und trieb dort ihre wachsweichen paranoiden Wimmerblüten. Er sah sich als Wurm, als einen, auf den der Gottesfinger gezeigt hatte, wurde vor Angst schier wahnsinnig und pries sein Schicksal als gerechte Strafe für sein ausschweifendes Leben. Die Hölle, die man ihm einst als Kind im protestantischen Pfarrhaus ausgemalt hatte, nahm Besitz von seinem Hirn. David Friedrich Strauß, der erste Biograph Schubarts, sah ihn gar zum »wimmernden Betbruder zusammengeschwunden«.[16]

Als Schubart nach einem Jahr in einen besseren Raum verlegt wurde und man ihm allmählich ein wenig geistliche Lektüre erlaubte, gab man ihm neben der Bibel die Schriften seines Vaters zu lesen. Zilling beurteilte den Büßer nach wie vor hart: Ihm erschien er listig, ein Heuchler, und er riet weiter zur Strenge. Bei den Besuchsstunden von Philipp Matthäus Hahn, dem mechanischen Wunderbastler, der zwar ebenfalls ein pietistischer Asket war, aber nicht so bösartigen Charakters wie Zilling, vermißt man sehr die Zeitmaschine, die es uns erlaubte, ihr Zwiegespräch zu belauschen.

In seinem zweiten Kerkerjahr fand Schubart einen benachbarten Zellengenossen, den Herrn von Scheidlin, mit dem er sich endlich austauschen konnte. Die Zellen hatten einen gemeinsamen Kachelofen. Sie brachen einen Stein heraus und konnten sich abends, wenn die Wachen abgezogen waren, miteinander durch das Loch unterhalten. Scheidlin hockte schon neunzehn

Jahre auf dem Asperg, ebenfalls ohne Anklage, und hatte sich gewisse Vorrechte ersessen, als da waren: Schreibzeug, Kerzen, Tabak, Bücher und bessere Verpflegung. Schubart diktierte ihm seine Lebenserinnerungen in die Feder. Scheidlin reichte allabendlich einen Krug Bier hinüber und gab etwas Tabak ab. Man stelle sich vor, wie ein ganzer langer Tag verstreicht und Schubart sich auf den Moment freut, da er endlich den Stein wegnehmen und sich mit Scheidlin unterhalten kann.

Bezüglich der folgenden Kerkerjahre – es wurden im ganzen zehn – kann man von einer außerordentlichen Haftkarriere Schubarts sprechen: Er wurde immer berühmter, durfte allmählich Besuch empfangen – allerdings achteinhalb Jahre lang keinen von der Familie – und wurde der Lieblingsgefangene der folgenden Festungskommandeure und Offiziere. Berühmte Leute pilgerten zu ihm: Lavater beispielsweise und der junge Schiller. Schubart unterrichtete die Töchter der Kommandanten im Klavierspiel, durfte innerhalb der Festung spazierengehen und mit den Offizieren feiern. Einer davon, mit Namen Lindquist, zeichnete in einem Brief an einen Kameraden ein ziemlich realistisches Portrait vom Büßer, aber auch vom alten Zecher Schubart: »Der Kerl sauft wie der Schlauch der Danaiden, und mitten in dem ernsthaftesten Gespräch von Religion und dem Unendlichen wünscht er wieder, daß die Menschheit ein einziges A – – haben möchte, um sie aus Liebe im A – l – zu können. Dieser Kontrast, diese Hüpfung von einem Gedanken zum andern, dieser Übergang von einer Empfindung zur ganz entgegengesetzten machen den 42jährigen Mann zum leichtsinnigen Buben ...«[17]

Sein berühmtestes Gedicht, *Die Fürstengruft*, schrieb Schubart auch in der Asperg-Zeit. Es ist ein Wurf, eine Anklage von hartem Guß. In ihren Strophen wird der lang gestaute Grimm endlich von der Kette gelassen. Er habe es in einem Zuge »niedergezürnt«, nachdem es ihm schon einige Zeit im Kopf herumgegangen sei, merkt der Dichter dazu an. Niedergezürnt! Wohl wahr! Schubart hatte noch immer die Kraft, die Büßerhaut abzuwerfen und die fürstlichen Tyrannen unter Anrufung göttlicher Gerechtigkeit zu bedrohen. Es sei hier aber ein anderes Kerkergedicht zitiert, das den sehnsuchtsvollen Blick des Gefangenen beschreibt:

Die Aussicht

Schön ist's, von des Thränenberges Höhen
Gott auf seiner Erde wandeln sehen,
Wo sein Odem die Geschöpfe küßt.
Auen sehen, drauf Natur, die treue,
Eingekleidet in des Himmels Bläue,
Schreitet, und wo Milch und Honig fließt!

Schön ist's, in des Thränenberges Lüften
Bäume sehn, in silberweißen Düften,
Die der Käfer wonnesummend trinkt;
Und die Straße sehn im weiten Lande,
Menschenwimmelnd, wie vom Silbersande
Sie, der Milchstraß' gleich am Himmel, blinkt.

Und der Neckar blau vorüberziehend,
In dem Gold der Abendsonne glühend,
Ist dem Späherblicke Himmelslust;
Und den Wein, des siechen Wandrers Leben,
Wachsen sehn an mütterlichen Reben,
Ist Entzücken für des Dichters Brust.

Aber, armer Mann, du bist gefangen;
Kannst du trunken an der Schönheit hangen?

Nichts auf dieser schönen Welt ist dein!
Alles, alles ist in tiefer Trauer
Auf der weiten Erde; denn die Mauer
Meiner Veste schließt mich Armen ein!

Doch herab von meinem Thränenberge
Seh' ich dort den Moderplatz der Särge;
Hinter einer Kirche streckt er sich
Grüner als die andern Plätze alle:
Ach! herab von meinem hohen Walle
Seh' ich keinen schönern Platz für mich![18]

Am 11. Mai 1787, nach zigfach enttäuschter Hoffnung über an-
gedeuteten und halb versprochenen Entlassungsterminen, die allesamt ergebnislos verstrichen waren, kam er plötzlich frei. Die
Botschaft wurde ihm beiläufig überbracht, als der Herzog eine
Truppenparade auf der Festung abhielt. Glückwünsche sausten
ihm um die Ohren, zu seinen Ehren wurde tagelang gezecht, in
Stuttgart strömte ihm ein Zug von Schauspielern und Musikern
entgegen, angeführt von seiner Tochter Julia, die inzwischen
Sängerin geworden war.

Es gab auch sogleich ein neues Amt für ihn: Der Herzog, der
seine Residenz inzwischen von Ludwigsburg nach Stuttgart rück-
verlegt hatte, machte ihn zum Theaterdirektor. Auch die *Chronik*
durfte wieder erscheinen, sogar ohne daß sie eigens der Zensur vorgelegt werden mußte. Aus heutiger Sicht wirkt die Handlung des Herzogs paradox. Im Sinne der Gottesgnadenschaft,
zu deren Regierungsstil die Unberechenbarkeit gehört, das Erhöhen und Erniedrigen einzig nach Ermessen und Laune des
Herrschers, ist sie jedoch verständlich, sogar schlau kalkuliert.
Schubart war inzwischen in ganz Deutschland berühmt. Nirgends war er ungefährlicher als in Stuttgart, versehen mit einem

Hofamt, nirgends sonst konnte er so effektvoll kontrolliert werden. Und im Sinne der Erziehungsdoktrin war er ja nun ein anderer, ein gebesserter oder umerzogener Mann. Nach der Freilassung gewährte ihm Karl Eugen eine persönliche Audienz. Man tut gut daran, in der Vorstellung, die man sich von dieser Szene zurechtlegt, nicht selbst dem Gnadenschmelz zu erliegen, sondern sich die Scheußlichkeit der Begegnung vor Augen zu führen: zwei beleibte Männer, der eine prächtig gekleidet und die Gelassenheit selbst, der andere kurzatmig, rotgesichtig, schwitzend, hoch erregt und wie ein gescholtenes Kind, dem vergeben wurde, in Rührung schwimmend – wenden wir uns hiervon lieber weg.

Der Rest ist schnell erzählt. Vier schlaffe Jahre blieben ihm noch, Jahre friedlichen Unglücks. Er hörte auf, mit seiner Frau zu zanken, liebte seine Kinder und die Enkelin, war finanziell gut versorgt, verlor schon nach wenigen Wochen die Lust zu seinem Theateramt, schrieb aber brav die verlangten Huldigungsgedichte zu des Herzogs und Franziska von Hohenheims Geburtstagen, wurde fett, schrieb nun seine *Vaterländische Chronik* im Gasthof Adler am Marktplatz, eine etwas fadere Chronik als zuvor, da, wie er selber sagte, der Asperg daraus hervorgähnte, im Adler also, wo er am liebsten mit dem Schieferdecker Leopold Baur zechte, jenem legendären Stuttgarter Fallstaff und Dreizentnermann, raffte sich sodann zu einer letzten Reise auf nach Geislingen, Ulm, Aalen, wo er noch einmal wunderbare Tage verlebte, da er überall geherzt, geküßt, bejubelt und als großer Held empfangen wurde, kehrte heim, wurde trübsinnig und schrieb den wunderbaren Satz: »Bäuche sind Magazine des Todes –«[19], worauf er von Schleimfieber befallen wurde und am 10. Oktober, morgens zwischen acht und neun Uhr, starb.

Epilog: Gäbe es Gerechtigkeit, müßte an dieser Stelle das Lebensfädchen von Helene Schubart, geborene Bühler, verfolgt werden. Tapfer hatte sie sich während der Gefangenschaft ihres schwierigen Mannes bewährt, Gesuch um Gesuch eingereicht, sich umsonst vor den Türen möglicher Gönner erniedrigt, um seine Freilassung zu bewirken. Sie überlebte die Tochter, die 1801 starb, überlebte den Sohn, der 1811 starb, und endete ihr zähes, enges, kümmerliches, sieches, todtraurig armes Leben nach fünfundsiebzig Jahren völlig mittellos in einem Stuttgarter Pfleghaus. Gewiß befindet sich niemand hier im Raum, der – böte man ihm's zur rückspringenden Wiedergeburt an – das Leben der Helene Schubart geschenkt haben wollte – *ums Verrecken nicht!*

Heinrich von Kleist

Heute ist mein Glückstag. Ein großer. Aus der Hand des verehrten Martin Mosebach, nach dessen Büchern ich regelrecht süchtig bin, einen Preis zu empfangen, ah, das ist ein rechter Ölguß für alles, was in meiner Person nach Ruhmsalbung lechzt. Wäre ich ein Mann, würde ich jetzt Mosebachs Hand ergreifen und sie küssen, womöglich darauf ›niederweinen‹, was ich aber, wenn ich an die Bosheitsverwicklung und das Unheilgewitter denke, die aus solcher Handlung für den Kaufmann Piachi einst daraus gefolgt ist, lieber nicht tun sollte, wie später noch genauer zu erläutern sein wird. Auch nicht schlecht, daß der Preis im Namen von Heinrich von Kleist vergeben wird. Ein Doppelschlag, der wohl nur einmal im Leben vorkommt. Sie sehen, meine Damen und Herren, ich bin aufgekratzt, vergnügt, gar entzückt!

Während ich die Werke Martin Mosebachs liebe, und zwar ohne die kleinste Reserve, ohne Vorbehalt, ohne heimlichen Kollegenneid sie liebe und genieße, ist mein Verhältnis zu Heinrich von Kleist komplizierter. Geradewegs von Liebe kann ich da nicht reden, eher von einer verstörenden Attraktion, die von seinen Werken auf mich ausgeht. Wenn über Heinrich von Kleist gesprochen wird, wird gern erwähnt, wie sehr Franz Kafka ihn geschätzt hat. Da ich Kafka-hörig, ja, im Denken sogar eine Kafka-Imitatorin reinsten Wassers bin – die oberste Kafka-Witwe Klaus Wagenbach hat mir vor etlichen Jahren bescheinigt, ebenfalls eine Kafka-Witwe zu sein, Ehrentitel, auf den ich stolz bin –, kann ich gar nicht anders als Kleist auf den Spuren Kafkas hinterherlieben. Dazu beigetragen hat obendrein Robert Walser, der eine wunderbare Miniatur über Kleist geschrieben hat, und Robert Walser liebe ich auch, also gibt es in der Kleist-Frage einen doppelten Liebeshintergrund, der allerdings bitter nötig war, denn aus meinem Inneren, dem unbedeutenden Seelenrest, der auf Lewitscharoff allein hört und auf sonst niemand, würde Kleist womöglich nicht zwingend geliebt werden.

Beginnen wir harmlos, ein bißchen persönlich. Schaue ich mir das einzige als annähernd lebensnah überlieferte Portrait des jungen Kleist an, muß ich mich wundern. Niemals würde ich auf die Idee kommen, in diesen weichen, etwas verschwebten Zügen den Mann vorzufinden, der ein Werk hinterlassen hat, das einer bösartigen Geröllhalde gleicht, von der nach und nach größere Felsbrocken abgehen, um die handelnden Personen, die in seinen Stücken und Erzählungen sich tummeln, zu erschlagen. Die Physis wird ja gemeinhin bei der Beurteilung eines Menschen, zumindest wenn diese nicht vor laufenden Kameras hergezeigt wird, unterschätzt. Hätte Heinrich von Kleist den muskulären, festen, männlichen Körper seines geliebten Freundes Ernst von Pfuel als eigenen besessen, hätte er gewiß anders gedacht und anders geschrieben, womöglich überhaupt nicht geschrieben. Aber er neigte wohl schon in noch jüngeren Jahren zu einer dezenten Dicklichkeit, und da der Körper die militärische Unerbittlichkeit in seinen Signalen nicht von selbst verströmte, taten's womöglich die immer wieder gefaßten Lebensvorsätze und die niedergeschriebenen Werke. Vergessen wir nicht, das Kind Kleist war ein verstoßenes, nach dem Tod des Vaters von der Mutter in fremde Hände weggegeben, danach war er Kindersoldat, in einer Zeit, da die Folgekonflikte der Französischen Revolution noch mächtig um ihn her brandeten und die unerhört grausamen Exzesse dieser Revolution, die Leichenberge in Paris, die klassizistischen Ideale unterspülten.

Von seinen Werken her gesehen, war das kein gemütlicher, lieber Mensch, sondern ein tobender Berserker, immerzu auf Kampf gebürstet, mit dem unwahrscheinlichen Reize begabt, seinen bösen Erfindungen ein diszipliniert verschachteltes Satzkorsett zu verpassen, das einen an der Oberfläche glauben machen will, alles gehe seinen geordneten, verstachelt bürokratischen, emotionsgedämmten Gang. Wobei die Verschlungenheit der Sätze aufhorchen läßt. Manchmal sind sie so voller Drangsal ineinandergeschoben, daß man fürchtet, die Satzteile wollten einander fressen. Und, vergessen wir nicht, Kleist war ein Tempomeister, Meister der Verzögerung und der gerissenen Hinhaltetaktik, aber auch Meister der rasanten Erzählbeschleunigung. Wechsel des Rhythmus und des Tempos schaffen ja so etwas wie die innere Ruhe- oder Erregungsbindung des Lesers, verblüffen ihn und halten ihn wach. Besser, als ich es könnte, hat Günther Blamberger diesen Stil wie folgt charakterisiert: »Der gedrängte, gehetzte, detailreiche, atemlose und hypotaktisch so ungemein verwickelte Stil Kleists ist aus der Kameraltechnik allein nicht abzuleiten. Er folgt ihr partiell und parodiert sie zugleich, er zeigt ihren disziplinatorischen Charakter, ihre nur scheinbare Interesselosigkeit wie ihre Unzulänglichkeit in der Wahrheitsfindung ...«[1] Aber um die Wahrheitsfindung geht es doch, wie verwickelt auch immer, oder etwa nicht?

Gleich will ich vorwegnehmen, weshalb meine Sympathie für den Mann gleichsam auf langen Zähnen transportiert wird: Da wäre der theatralische Mord und Selbstmord ins Feld zu führen, mit dem er geendet hat und dem ich nichts Anziehendes abgewinnen kann. Selbstmörder sind charakterlich zumeist eine ungute Mischung aus Weichlichkeit und Härte, die auf mich abstoßend wirkt. So auch der weichlich harte Mann Kleist. Was mich gemeinhin ebenfalls abstößt, ist die moralische Verwilderung, die seine Texte ausdünsten. Ein Tohuwabohu aus Gut und Böse anzurichten, ohne mehr den mindesten Begriff davon zu haben, daß das Böse mit Macht die Wurzel des Seins zerstört und darum auch in einem poetischen Text ein Minimum an Widerstand dagegen aufgeboten werden muß, ein Anker für den

Leser oder Zuschauer, ist nicht unbedingt das, was ich in der Literatur suche und was mich begeistern könnte.

Wobei – als generalisierte Behauptung ist dies gegenüber den Werken Kleists ungerecht: in der *Verlobung in St. Domingo* hat die Mestizin Toni gerade diese widerständige Rolle inne, und Toni wirkt um so anziehender, als sie aus einer Umgebung von lauter Rachegierigen als Wunder, als der gänzlich anders verfaßte Mensch hervortritt. Eine bestialische Schwankmasse, in der sich die Novelle suhlt, hat in Toni ihren Widerpart. Toni findet zum Mitleid zurück, als sie sich von ihrer Partisanenrolle löst und von der Liebe zum Schweizer Fremdling ergriffen wird. Daß es das absolute Böse gibt, unvermischt, mit desaströsen Wirkungen, die nur ein ausgeschnitzter Zyniker in etwas irgendwie von irgendwoher nebenhereilendes Gutes verwandeln kann, darüber legen das 20. Jahrhundert und besonders die Greuel, die aufs Konto der Deutschen darin gehen, Zeugnis ab. Goethe im *Faust* und Kleist in einem Brief haben beide geirrt, wenn sie dem Bösen auf Schleichwegen zutrauten, hinterrücks, gegen die böse Absicht, das Gute zu befördern. Mit derart gemütlichem paradoxalen Pendelschlag ist dem Bösen nicht beizukommen. Nicht zu vergessen, es gibt sehr wohl auch das strahlend Gute, manchmal sogar in der Politik, erkennbar etwa in dem gewaltlosen Beharrungsvermögen eines Mahatma Gandhi.

Trotz der unbehaglichen Verwilderung, die in ihnen gang und gäbe ist: Die Texte Kleists üben – Franz Kafka hin oder her, Robert Walser her oder hin – einen Reiz auf mich aus, ich bin versucht zu sagen: einen Reiz wider Willen. Warum bloß? Ich weiß es offen gestanden nicht genau. Vielleicht ist es das unwahrscheinliche Geschiebe seiner Satzperioden, dieses verzögerte Malm- und Mahlwerk des Bösen, das da unnachgiebig in Betrieb genommen wird. Eine böse Obsession, die starren Auges Unheil auf Unheil schichtet und so gut wie keinen davonkommen läßt. Dann sind es wieder einzelne Satzglieder, die mich entzücken, etwa das »in allen Gemächern emporknitternde Feuer«[2] aus dem *Findling*, oder wenn ein Priester mit »der Lunge der letzten Posaune«[3] dem zum Tode verurteilten Kaufmann Piachi die Schrecknisse der Hölle schildert.

Wenn ich das bisher Geschriebene überlese, kommen mir allerdings Zweifel. Hätte ich in jungen Jahren, also noch während der Schulzeit, Kleist gelesen, wäre ich wahrscheinlich flammend für ihn eingetreten. Der Beweis läßt sich nicht erbringen – ich habe ihn damals nicht gelesen. Da hätte mich gerade das unerbittlich Grausame seiner Schriften angezogen, das heimlich in die terroristische Gewalt Driftende daran. Von den unerhörten Grausamkeiten der Französischen Revolution abgestoßen und zugleich genährt, atmet dieses Werk durchaus die Kaltblütigkeit des Terrors, der das Mitleid hinter sich wirft. Wenn ich da an mich selbst denke, wie heftig ich den in der westdeutschen Adenauer- und Kiesinger-Ära noch immer recht selbstgewiß auftretenden ehemaligen Nationalsozialisten den Tod gewünscht und wie ich diese Leute selbst auf grausame Weise nächtens zur Strecke gebracht habe, wird mir etwas mulmig zumute. Hellauf hätte ich gejauchzt, wenn einer das Messer in Filbingers Herz gebohrt hätte, hellauf! Am liebsten hätte ich es selbst getan. Ich bin zuweilen durchaus ein kalter Haßcharakter. Mitleid, das war etwas für schwächliche Naturen, die den grauenhaften Trott der Ungerechtigkeit perpetuierten. Erst allmählich, aber dafür mußte ich etliche Jahre, wenn nicht Jahrzehnte älter werden, und dafür mußten Zweifel an der Haltbarkeit der eigenen moralischen Substanz aufkommen, lernte ich das Mitleid schätzen und hochhalten – als unabdingbar notwendiges Korrektiv einer Gerechtigkeit, die immer dazu neigt, in brutale Selbstgerechtigkeit zu entarten.

Kleist, den Theatermann, kenne ich leider zu wenig, zumindest habe ich nur wenige Inszenierungen seiner Stücke gesehen. Das *Käthchen* nicht, die *Familie Schroffenstein* nicht, den *Prinzen von Homburg* nicht, die *Hermannsschlacht* nicht (von der die Kunde geht, Herr Peymann habe sie – ach, ein halbes Menschenleben ist's schon her – hervorragend inszeniert) und auch die *Penthesilea* nicht. Gesehen habe ich allerdings *Amphitryon*, dieses raffiniert ins Schwimmen geratende Verwirrstück, das um die Frage kreist, wer ist Gott, wer Mensch; gesehen habe ich *Der zerbrochne Krug* und die berühmte Theater- und Filmadaption der *Marquise von O.* mit Edith Clever; alle drei Inszenierungen waren gut, zwei davon sogar hochwirksam. Die *Penthesilea* ist mir wesensfremd. Wiewohl ich in meinen Nachtgedanken schon öfter Morde begangen habe – da türmt sich sogar ein stattliches Berglein Leichen auf, wenn auch strikt aus politischen Gerechtigkeitsgründen ein erschossenes und erstochenes; jawohl, nachts weiß ich mit dem Schießeisen und dem Messer umzugehen – so ist mir die Vorstellung, einen begehrenswerten Mann zu schlachten, dennoch fremd.

Anziehungskraft des Magnetismus, ein galvanisch zuckendes Herz herausreißen oder herausbeißen: Da nährt sich der Liebesfuror obendrein von den damals heiß diskutierten Wissenschaftsexperimenten. Wie dem auch sei – vermutlich bin ich in Fragen des Liebesgetümmels keine Expertin, bin dafür zu klein und brav und fromm und ängstlich verfaßt. Wiewohl ich für die raffinierten Einzeleffekte des Stücks, für die trügerischen Gefühlslagen, die Begriffsstutzigkeit Penthesileas nach vollbrachter Tat, die machtvollen Übersprungshandlungen, für die retardierenden und vorwärts peitschenden Momente und nicht zuletzt für die zuckende Oberlippe des Odysseus, die László Földényi so herrlich analysiert hat,[4] durchaus empfänglich bin, ist mir die Vorstellung zuwider, eine Frau beiße mitsamt ihren Hunden die Brust des geliebten Mannes auf.

Natürlich kommen in antiken Theaterstücken entsetzliche Greuel vor, sie sind sogar an der Tagesordnung, aber es gibt immer so etwas, was man als den Schutzmantel des Motivs bezeichnen könnte, eine – wenn auch notdürftige – Binnenerklärung. Die nackten Greuel werden dadurch mit externalisierten Ansprüchen und Impulsen verwoben. Wenn Agaue ihren Sohn mißkennt und im bacchantischen Wahn zerreißt, erfolgt dies aufgrund des bösen Zaubers des beleidigten und rachsüchtigen Dionysos. Agaue ist nicht die alleinige Urheberin ihrer mörderischen Impulse. Gut, man kann immer behaupten, ein Gott treibe nur das im Menschen hervor, was in seinem Innersten ohnehin schlummere. Und dennoch: Das Dionysos-Motiv hält für den Zuschauer eine gewisse Erleichterung bereit, zumindest die Erleichterung, die eine Scheinrationalität gewähren kann; es ist dann eh noch grausam genug, was wirklich geschieht. Penthesilea aber gebiert den kannibalischen Blutrausch aus sich selbst heraus, kein Gott hat sie dazu verführt, ihre Mitstreiterinnen haben sie nicht zur Extremtat angestachelt. Sie hetzt vielmehr ihren Hunden nach und tut es ihnen gleich.

Nachts bin ich überhaupt immer sehr beschäftigt, denke mir, wenn ich zum Beispiel am Abend ein Stück des verehrten Friedrich Schiller gesehen habe, in der Nacht hochmögende Inszenierungen aus, viel schöner noch als die, die ich gerade gesehen habe. Aber das Nachtschaffen würde bei der *Penthesilea* vollständig versagen. Ich kann sie mir allenfalls im »Funambule« der *Kinder des Olymp* vorstellen, auf einem herrlich altmodischen Klimbim-Jahrmarkt also, und zwar als Marionettentheater, damit die Absurdität des erotischen Schlachtgetümmels mitsamt Herz-Ausreißen und Mund-Einwühlen und Zähne-Dreinschlagen in der Burleske mit Klappergebiß und Rollaugen verwimmelt und veralbert wird, pantomimisch im Hintergrund, während im Vordergrund die Kasperle-Zeugen mit ausgestreckten Zeigefingern von den Greueln ihre Berichtsdienste ableisten.

Erlauben Sie mir, nun auf zwei Novellen einzugehen, die, denke ich an Kleist, stark in mir rumoren. Das wäre zum einen *Der Findling*, zum anderen *Die heilige Cäcilie oder die Gewalt der Musik*. Im *Findling* explodiert die Gefahr, die von gewählter Verwandtschaft ausgeht, von einer Verwandtschaft, die das Mitleid stiftet und nicht die Natur. Es ist eine reichlich mit Bosheitssaft durchtränkte Versuchsanordnung über die Infamie, die schon in einem kleinen Waisenkind von starrer, unnahbarer Schönheit Wurzel schlägt, um am Ende eine ganze Familie auszulöschen. Der Findling Nicolo ist ein böser Okkupant. Erst wird durch die von ihm übertragene Pestilenz der natürliche Sohn Piachis dahingerafft, dann darf das Ersatzkind alsbald alles in Beschlag nehmen, was dem toten Sohn gehörte: die Kleider, das Bett, später das dem natürlichen Sohn einst zugedachte Vermögen.

Das erste Vorzeichen des Bösen ist höchst wirkungsvoll in den Text geschleust: nachdem Nicolo auf Piachis Hand niedergeweint hat – wahrlich, dies Auf-die-Hand-Niederweinen ist ein wundervolles Bild – und nachdem er vom alten Kaufmann mit in die Kutsche genommen wurde, hockt er schweigend im Eck, knackt aber laut Nüsse, während Piachi tränenverhangen im anderen Eck sitzt. Dies Nüsseknacken dröhnt verstörend laut in den Ohren des Lesers, und er bekommt eine Vorahnung, daß da mit scharfen Zähnen noch ziemlich zugebissen und geknackt werden wird. Am Ende knackt und zerbricht gar die Hirnschale Nicolos, und wie des öfteren bei Kleist, spritzt das Gehirn heraus.

Nein, diese Geschichte taugt nicht zur Erbauung. Sie endet nicht in Schönheit und Frieden, endet nicht damit, daß eine gewählte Verwandtschaft über die natürliche obsiegt, Mitleid und zivilisierende familiäre Geselligkeit den Naturverhältnissen überlegen sind. Es ist auch kein Text im Geleis der »Erfahrungsseelenkunde«, der sich Karl Philipp Moritz gewidmet hat. Im Gegenteil: Hier schreibt ein der natürlichen Genealogie verpflichteter Adelsmann, ein zutiefst verschlossener Mann überdies, dem die bürgerlichen Befreiungsversuche in Richtung psychologisierender Eigenerkundung, Linderung der Seelenschmerzen durch die Erforschung und Auslotung des eigenen Inneren, bisweilen attraktiv erscheinen mochten, die ihm aber letztlich nicht zugänglich waren. Nein, zum Schluß der Novelle hin ist alles auf Kampf aus, sogar auf einen Endkampf in der Hölle, den der düpierte und betrogene Piachi, dieser zunächst mitleidig und abgewogen agierende Kaufmann, der keineswegs ein familiärer Gewaltherrscher ist, mit seinem bösen Adoptivsohn dort weiterführen will.

In der *Cäcilie* frappiert mich die heilig-unheilige Ambivalenz, die da am laufenden Band vorgeführt wird. Was nach einer typischen Hagiographie riecht, ist keine. Wo ein starkes Wunder erscheint, nämlich die heilige Cäcilie selbst, die einen Trupp gewaltbereiter Zerstörer in musikalischen Bann schlägt, Trupp, der den Dom zu Aachen in Schutt und Asche legen will, wobei vier rädelsführende Brüder von der Musik sogar nachhaltig verzaubert werden, muß man im nachhinein gleich wieder an der Wirkung des Wunders zweifeln, denn die Kirche fällt nach dem Dreißigjährigen Krieg der Säkularisierung zum Opfer, wie der Erzähler ausdrücklich versichert. Glaubensgekräftigt zieht der Leser seine Nase ganz gewiß nicht aus dieser sonderbaren Geschichte.

Viel ist darin von Stimmen die Rede, und im stimmlichen Bestrickungsvermögen west und irrlichtert sogar der Teufel – selbst wenn es einem guten Zweck dient, nämlich der Aufhaltung von Gewalt. Dem harmonischen Wohlklang, der dem Oratorium entsteigt, das die Nonnen unter der Leitung der heiligen Cäcilie aufführen, entspricht das animalische Geschrei der anschließend verhexten Brüder, die sich bei oberflächlicher Betrachtung zwar wie vorbildliche Katholiken heilig gebärdend aufführen, unheilig aber, wenn zur Nacht das wolfsähnliche Geheul und Geschrei aus ihren Kehlen bricht.

Metaphysischer Wohlklang versus tierhaftes Gebrüll. Schwer zu sagen, worin sich die Wahrheit Gehör verschafft. Obendrein ist die Schilderung der gemütskranken Brüder, die beim Besuch der Mutter – und auch sonst – wie die Opferstöcke um einen Tisch herumsitzen, von einiger Komik. Ob in der Novelle wirklich eine Verlästerung des Wohlklangs mit seiner hochmögenden ideellen Glanzformation in Szene gesetzt ist, ob der Autor allein auf das Rohe und Rauhe, auf das Authentische der quälenden Mißtöne setzt, ist schwer zu entscheiden. Vielleicht wollte er die Manier des ausgezierten Gesanges gegen das kunstlose, aus der Tiefe des Leibes kommende Brüllen stellen, um diesem Brüllen einen höheren Rang einzuräumen, wer weiß. Einiges spricht dafür, daß Kleist dem Wohlklang der Musik, dem Wohlklang der Sprache generell mißtraute: »Sprache, Rhythmus, Wohlklang … so reizend diese Dinge auch, insofern sie den Geist einhüllen, sein mögen, so sind sie doch an und für sich … nichts, als ein wahrer, obschon natürlicher und notwendiger Übelstand; und die Kunst kann, in bezug auf sie, auf nichts gehen, als sie möglichst verschwinden zu machen.«[5]

Für mich bleibt die Entscheidung, wem der oberste Rang gebührt, dem Wohlklang oder dem Gebrüll, in der Schwebe, sonst könnte ich die Geschichte vom Musikwunder der heiligen Cäcilie nicht so genießen. Wenn's ästhetisch auf Spitz und Knopf geht, bin ich im Ernstfall gegen Kleist. Für den Wohlklang, gegen das Gebrüll.

Friedrich Schiller
Don Karlos

Zweifellos, der *Don Karlos* ist ein fabelhaftes Drama. Seine Protagonisten haben Saft und Mark, ihr Verhängnis spielt in der großen Welt. Das Stück blitzt vor Intelligenz, es ist hervorragend gebaut, und wenn die Szenen auf der Bühne glücken, kann dem Zuschauer die Zeit wie im Fluge vergehen, trotz der enormen Zahl an Versen, die von den Schauspielern bewältigt werden müssen. Zum Schluß wird eine böse, böse Überraschung aus dem Eisfach geholt. Man merkt, wie gut das Stück ist, wenn man die Aufführung am Burgtheater von Andrea Breth gesehen hat oder die shakespearianisierende Interpretation von Michael Grandage am Gielgud Theatre in London. Man kann es auch merken, wenn man's einfach nur liest. Schwer zu verstehen, weshalb es zwar jüngst wieder vermehrt, in den letzten dreißig Jahren aber – gemessen an seinem Rang – eher selten aufgeführt wurde.

Im Folgenden werde ich zu seiner Erkundung zwei Personen um Hilfe bitten: Oskar Werner und Reinhold Schneider. Reinhold Schneider ist manchmal sehr und manchmal nicht ganz rein zu genießen. Sein zutiefst schwarzkatholischer Flor, der so hinreißend ist, wenn es darum geht, die Seelenlage besonders des schwärzesten aller Schwarzspanier zu ergründen, nämlich diejenige Philipps II., versagt beim Schicksal von Mauren und Juden, das bekanntlich seit den Tagen der katholischen Könige Isabella und Ferdinand ein grausames war. Selten genug, daß er überhaupt davon spricht, und wenn er's tut, wirkt Schneider wie eine staubige Fledermaus, die die düsteren Tage im Escorial in einem unangenehmen Pfeifton besingt. Aber für den Don

Karlos, mehr noch für Philipp und am meisten für den Großinquisitor, der einen sagenhaft kurzen und zugleich sagenhaft
wirkungsvollen Auftritt hat, vielleicht den wirkungsvollsten Kurz-
auftritt, den es im deutschsprachigen Theater überhaupt gibt,
liefert Schneider einen theatralischen Traumhimmel mit präzisen Verweisen auf Dekor, Gestus, Kleidung, seelische Tempera-
tur, vor allem aber liefert er kluge Bemerkungen zu den Lasten
eines *hombre Rey*, des mit einem ungeheuren Amt betrauten Ver-
walter Gottes auf Erden. Kurz gesagt: Reinhold Schneiders His-
panica enthalten ein wunderbares Heilmittel gegen dieses spie-
ßige kleinstbürgerliche Ikeatheater mit seinem Gebrülle und
seiner öden Hysterie, von dem wir uns unbegreiflicherweise immer noch landauf, landab quälen lassen; die eingangs genannte
Inszenierung am Burgtheater natürlich ausgenommen.

Sprechen wir aber zunächst nicht weiter von den Herren,
sprechen wir von einer Frau, nämlich von Elisabeth von Valois.
Sorgsam in Szene gesetzt, ist sie eine Art geheimer Seelenmagnet
des Stücks, trotz ihrer Zurückgenommenheit, ja, vielleicht gerade deswegen. Beileibe keine kalte Schachfigur, die von einem
auktorialen Mechaniker zwischen Vater und Sohn und dem
Marquis Posa über die Bretter geschoben wird. Bar aller Schwär-
merei glühen in dieser Frau die Ideale Schillers, und sie glühen
so wirkungsvoll, weil sie es im Geheimen tun, niemals im Ex-
zess, niemals blank im Offenen, geschweige denn in ausufern-
den Tiraden.

Die Elisabeth ist für junge Schauspielerinnen schwer zu spielen, denn sie besitzt die Neigung zur Pflicht. Anmut und Grazie
in Verbindung mit der Tugend, das ist uns heute sehr fern gerückt. Frauen in der Maschinerie der Weltkriege, Frauen erzogen von Gertrud Scholtz-Klink, von Beate Uhse, Alice Schwarzer und Sabine Christiansen haben für diesen wundersamen
Dreibund wenig übrig. Allein das Wort Tugend beschwört Bil-

der herauf, wie sie Zbigniew Herbert in einem seiner Cogito-
Gedichte so unnachahmlich paradieren läßt:

Kein wunder
    daß die richtigen männer
    sie nicht begehren

die generäle
    die staatssekretäre
    die staatsanwälte

seit jahrhunderten folgt sie ihnen
    diese weinerliche alte jungfrau
    im unmodernen hütchen der Heilsarmee
    ermahnt sie

sie holt aus der rumpelkammer
    Sokrates' konterfei
    das kupferne kreuz
    die alten worte

und drumherum das brausende herrliche leben
    rosig wie ein schlachthof am morgen …

mein Gott
    wäre sie etwas jünger
    und hübscher

ginge sie mit dem geist der zeit
    sich in den hüften wiegend
    im takt der modernen musik

vielleicht würden dann
die richtigen männer sie liebgewinnen
die generale die sekretäre die staatsanwälte

gäbe sie sich nur mühe
menschlich auszusehen
wie Liz Taylor
oder die Siegesgöttin

aber sie riecht nach naphthalin
verschnürt ihren mund
wiederholt ihr großes Nein

unerträglich in ihrem starrsinn
lächerlich wie eine vogelscheuche
wie anarchistenträume
wie heiligenlebensläufe[1]

Anmut und Grazie in Verbindung mit der Tugend: Weil sie dies in hohem Maße besitzt, wirkt Elisabeth von Valois anziehend, und diese Art der Anziehung gilt es durch die Zeitenferne hindurch sorgsam zu restituieren, will man das Stück nicht als reines Männertheater inszenieren. Elisabeth besitzt die Neigung zur Pflicht, die für Schiller unerläßlich ist, sollen sich *Anmuth und Würde* verbinden, wie er es in einem gleichnamigen theoretischen Aufsatz gefordert hat. Anmut und Grazie grenzt Schiller von der natürlichen Schönheit ab, die er eine »architektonische« oder *statische Schönheit*[2] nennt. Anmut und Grazie sind nicht einfach gegeben, sie entstehen in der Bewegung, werden also vom Subjekt hervorgebracht, und zwar nicht allein in der Bewegung der Gliedmaßen, sondern auch in seinem Mienenspiel. Laut Schiller sind auch gefestigte Bewegungen von der Anmut nicht ausgeschlossen – hier würden wir vielleicht von Charakterzügen sprechen, die sich dem Gesicht und der Haltung des Körpers unwiderruflich mitgeteilt haben –, vornehmlich aber haust sie in der Bewegung des Gemüts. Sonderlich im Mienenspiel zeigen sich en miniature die sittigenden Kämpfe, die ein Mensch um die Fesselung seiner Triebe führt.

Wurden diese zu radikal bekämpft, liegt die Sinnlichkeit unter einem Panzer begraben. Der Mensch wirkt starr, pedantisch, unnachgiebig, all sein Trauliches liegt verschüttet, auch alles Mitgefühl und die anteilnehmende Wärme des Herzens. Diesen Zustand, den körperlichen wie den geistigen, vergleicht Schiller kurioserweise mit der Monarchie.

Mit der Ochlokratie, dem Despotismus der unteren Klassen, hingegen bekommt es zu tun, wer seine Triebe überhaupt nicht in die Gewalt bekommt. Gelingt deren Fesselung nicht, nimmt sich die Sinnlichkeit alle Freiheit, so bleibt ein roher, ungestümer Ausdruck zurück, in den sich Häßliches mischt. Die innere Selbständigkeit schwindet. In diesem Zusammenhang führt Schiller eine Reihe von körperlichen Regungen auf, die sich als Warnliste nehmen lassen, wie die Elisabeth tunlichst nicht zu spielen sei: gewiß nicht *mit lüstern geöffnetem Mund* (oh, wenn diese Regel doch etwas generreller in Filmen beherzigt würde, da so viele Darsteller schlappen feuchten Mundes umgehen und man immer fürchten muß, gleich rinne wie bei einem verwunderten Säugling der Speichel heraus), auch nicht *mit erstickt bebender Stimme*, ebensowenig *mit kurzem geschwindem Atem* oder gar mit *Zittern der Glieder*, und auch gewiß nicht *mit erschlaffendem Bau* des gesamten Körpers, will heißen, daß sich der Körper, überkommt ihn Unmut, keinesfalls in einem Stuhl fläzen darf.[3]

Die Grazie muß die Verbindung zur Natur halten, obwohl sie nicht allein Natur ist. Steckt die Neigung zur Pflicht in einer jungen schönen Frau, so ist sie unwiderstehlich, weil die Fesselung der Triebe nicht als Gewaltakt erscheint, sondern feine natürliche Würzelchen in den Charakter getrieben hat, wodurch auf die anmutigste Weise Resignation frei wird, nicht Bitterkeit wohlgemerkt, sondern süße Resignation und eine zarte, aufgelockerte Melancholie, die in feinen Dosen gleichsam aus der Haut evaporiert.

Elisabeth weiß jeden Augenblick, was sie der außerordentlichen Stellung in der Gesellschaft, in die sie hineingeboren wurde, schuldet. Sie ist eine tabuisierte Person, immerzu vom Gefolge ihrer Hofdamen umstellt. Jede ihrer Gesten, jedes ihrer Worte besitzt eine zeremonielle Bedeutung; inmitten einer großen Zahl von Menschen lebt sie in geradezu klösterlicher Abgeschiedenheit: in einem luxuriösen Kerker. Unter keinen Umständen darf sie sich Situationen aussetzen, in denen ihr Ruf Schaden nehmen könnte. Dennoch ist ihr ein mildes, warmes Herz zu eigen, das für die entrechteten, gefolterten Untertanen schlägt. Elisabeth kämpft nicht um ihr privates Glück, sondern ringt um eine ausgeglichene Seelenlage, die es ihr erlaubt, an diesem Hof, an der Seite eines mißtrauischen älteren Königs zu bestehen.

Die historische Elisabeth, genannt Isabel mit dem Beinamen de la Paz, war eine Tochter der Katharina von Medici und gelangte als vierzehnjährige Braut an den spanischen Königshof. Von seinen vier Frauen soll Philipp sie am meisten geliebt haben. Sie starb mit dreiundzwanzig Jahren. Von ihrer Schönheit, Anmut und Tugend wurde allgemein geschwärmt. Daß sich Schiller erotische Unter- wie Obertöne im Verhältnis zwischen ihr und dem spanischen Infanten ausmalte, entsprang jedoch allein dichterischer Phantasie.

Eine zurückgenommene Elisabeth ist keineswegs eine kalte oder gar fade Person, sondern eine, die sich der Bedeutung ihres Standes bewußt ist, aber nicht im Sinne eines Dünkels, sondern im Sinne unabweisbarer Pflichten. Wenn Don Karlos zu ihr dringt, wirkt das wie eine Attacke, eine Gefährdung ihrer prekären Seelenlage. Objektiv gesehen handelt es sich um eine Zudringlichkeit, die sie in wirkliche Gefahr bringt.

Aber auch die pläneschmiedende Art des Posa, der über alle Seelen hinweg gebietet, gleichgültig, welchen Schwankungen diese unterworfen sind, wirkt in bezug auf Elisabeth wie eine Attacke. Sie ist im übrigen die einzige, die die Motive des Mannes durchschaut, vornehmlich seine Sucht nach Bewunderung.

1787, für die Hamburger Uraufführung, hatte man bei der Besetzung der Rolle eine wenig glückliche Hand. Ein Kritiker bemerkte, »Madame Schröder kann der Zeit nicht gebieten, die ihre Reife schon zu vollkommen gemacht. Man sah nur die Mutter, eben nicht die Geliebte«.[4] Jung muß Elisabeth sein, zumindest jung genug wirken, um als gleichaltriges Liebesobjekt ihres ungestümen Verehrers glaubhaft zu erscheinen.

Es muttert gewaltig in diesem Stück. Um Don Karlos ist eindeutig zuviel Mutter. Zunächst nennt sich der Mann selbst hocherregt einen Muttermörder und meint damit nur, daß die leibliche Mutter bei seiner Geburt starb, dann wird die zweite Frau des Vaters, eben jene Elisabeth, unentwegt, geradezu aufdringlich *Mutter* genannt – mal höhnisch, mal demütig, dann wieder zerknirscht. Will man den Überlieferungen trauen, so hatte der wirkliche Infant mit der Figur Schillers nicht das geringste zu tun. Er wird als Sadist geschildert, der Mordpläne gegen seinen Vater schmiedete und seine Tage in einem Kerker endete. Ein halb wahnsinniger Krüppel und Getriebener, von epileptischen Anfällen gepeinigt und kaum der Sprache fähig. Ob das zutrifft, sei dahingestellt. Mit dem glanzvollen Jüngling voller Freiheitsideen, wie Schiller während seiner ersten Arbeitsphase an dem Stück ihn sich ausmalte, hatte der Don Karlos aus Fleisch und Blut aber wohl kaum etwas gemein.

Bei Schiller ist der Prinz ein unruhiger, unbesonnener Geist, ein von Affekten beherrschter Sohn, der zum Vater in gefährlich gespannten Verhältnissen steht, da er dessen Frau für sich beansprucht. An dem schwierigen Hof weiß er seine Worte nicht zu hüten. Sein tumultuarisches Gemüt kennt keine Vorsicht. Zwar hat diese unausgegorene Natur auch herzerwärmende Anlagen, welche die Hoffnung nähren, dermaleinst könne ein guter Regent aus ihm werden. Aber dazu hätte der Heißsporn in einem längeren Leben klug werden müssen, wozu es bekanntlich nicht kommt. Während der langwierigen, oft unterbrochenen Arbeit am Stück fiel Don Karlos aus Schillers Gunst. Einfach, weil er dem Autor zu unreif vorkam und dramaturgische Gründe dem längeren Erdenverbleib seines Helden im Wege standen.

»Bei der Stiefmutter gebärde er sich wie eins der ersten Kraftgenies und höre trotz der Unmöglichkeit, sie zu besitzen, nicht damit auf, in der heftigsten Leidenschaft umherzutoben«,[5] bemängelte 1788 ein Mann namens Christian Viktor Kindervater. Da sexuelle Tabus und höfische Schranken heute wenig bedeuten, können wir uns leichter damit anfreunden, daß ein junger Mann in unseliger Leidenschaft herumtobt. Zu Schillers Zeit war das ein heikler Punkt, der bei vielen Kritikern das ganze Stück in Mißkredit brachte.

Kommen wir gleich auf eine bedeutsame Geste zu sprechen: Knien oder Nichtknien ist hier die Frage. Zweimal wird in diesem Stück gekniet. Karlos findet sich im zweiten Akt auf beiden Knien zu Füßen des Vaters und sucht dessen Hand zu küssen. Marquis Posa beugt später ein Knie vor Philipp. Eine große Komplikation für moderne Schauspieler. Es fällt ihnen schwer, die Bewegung so zu vollführen, daß man nicht unwillkürlich an Meniskusprobleme denkt. Die Kniebeuge als Achtungs- und Demutsgeste hat ihren inneren Sinn verloren. Wir wollen als Aufrechte, Ungebeugte, steif wie die Eiszapfen, womöglich mit aufgehobenen Händen die Wahrheit empfangen und für sie zeugen. Noch jeder Bürgerrechtler hält sich an der Formel fest: *wir lassen uns nicht verbiegen* und bedenkt dabei nicht, daß man damit als Klotz in der Welt steht. Wir können uns nicht mehr vorstellen, daß in der Haltung gebeugter Geschmeidigkeit, auf der soviel Schmelz liegen kann, ein Segen ruht, weil er den Höhergestellten zum Niederen herabzwingt, da er ihn aufstehen heißt. Umgekehrt wurde selbst dem größten Machthaber unter den Menschen ein Kniefall vor dem Altar abverlangt, noch lang über die Zeit Philipps II. hinaus.

Im Gestenrepertoire des Fernsehens kommt Knien nicht vor. Aus der katholischen Kirche ist es in unseren Breiten so gut wie verschwunden. Vom Knien im Stück hängt aber viel ab – was im Knien erbeten wird, was sich von Knien losreißt. Von Oskar Werner ist ein Photo überliefert, da er den Don Karlos gibt und hinreißend kniet.

Hier sind wir gleich beim zweiten großen Problem: dem Pathos. Die Stücke Schillers sind ohne Pathos schwer zu denken und nur halbherzig zu spielen. Klar, das Pathos wurde von den Goebbelsgenossen derart übel benutzt, daß es schier nicht mehr zu ertragen war und in einem großen Kehraus weggefegt werden mußte aus Theater und Film. Wie immer bei so radikalen Verscheuchungen geschehen unwiederbringliche Verluste.

Oskar Werner ist der einzige Nachkriegsschauspieler deutscher Sprache, der pathoshörig, pathosgelehrig und pathosergiebig war und dies vor allem, wie er an mehreren Stellen bekannt hat, von seinem Schauspielvater Werner Krauß gelernt hat. Aber nicht alles ist erlernbar. Oskar Werner besaß schon in jungen Jahren eine große Persönlichkeit. Persönlichkeit speist sich vor allem aus produktiv verwandelter Leidensfähigkeit, welche die kleinlichen neurotischen Sperren sprengt. Im Falle Werners floß von seiner leidensfähigen Persönlichkeit alle Substanz in die Rolle, scheinbar mühelos, vom ersten Satz an die reine Traumwandelei auf tragischem Gebälk. Sein Ernst, das Pathos, dessen er fähig war, wirkte niemals hohl.

Er war gewiß der beste Don Karlos, den eine Bühne je gesehen hat, was allein schon die erhaltenen Sprachaufnahmen beweisen. Ich bin fest davon überzeugt, sein Spiel war so bezaubernd, daß er damit ein Stäubchen unseres vielgeliebten Schiller aus dem Gefild, in dem es weilen mochte, heraus und in die Vorstellung lockte, worauf es entzückt wieder dahin entschwand, woher es gekommen.

Dem Kind armer Leute standen, so jung es war, schon die feinsten Affektmodulationen zu Gebote. Oskar Werner übertrieb das Kraftgenie nicht, stimmte es eher herunter und zeigte dennoch einen Geplagten, Zerrissenen, Umfinsterten, der aber in seinem Unverstand, im Hin- und Herwälzen seines heißen Herzens nie die Anziehungskraft verlor. In Abwandlung eines Satzes von Schiller, der besagt, »der Dichter muß weniger der Maler seines Helden – er muß mehr dessen Mädchen, dessen Busenfreund sein. Der Antheil des Liebenden fängt tausend feine Nuancen mehr als der scharfsichtigste Beobachter auf«,[6] könnte man von Oskar Werner sagen, er sei immer auch Mädchen und Busenfreund der Helden gewesen, die er zu verkörpern hatte.

Wie gesagt, Don Karlos fiel aus Schillers Gunst, und in die leer gewordene Stelle trat Marquis Posa, ein ungleich reiferer Mann, der an Zielstrebigkeit und Durchsetzungsvermögen dem Prinzen weit überlegen ist. Es kommt dahin, daß die beiden Freunde in scharfe Konkurrenz gesetzt werden, da König Philipp die Qualitäten des Posa entdeckt und diesem einen unerhörten Zugang zur Macht verschafft, der den gesamten Hofstaat in Aufregung versetzt. »Je mehr die Macht sich ... bei einem bestimmten Menschen ... konzentriert, umso mehr verschärft sich das Problem des Korridors und die Frage des Zugangs zur Spitze«, schrieb Carl Schmitt. »Der Machthaber selbst wird umso mehr isoliert, je mehr sich die direkte Macht in seiner individuellen Person konzentriert. Der Korridor schneidet ihn vom Boden ab und hebt ihn wie in eine Stratosphäre hinein, in der er nur noch diejenigen erreicht, die ihn indirekt beherrschen, während er alle übrigen Menschen, über die er Macht ausübt, nicht erreicht und auch sie ihn nicht mehr erreichen.[7] … Die Handlung des Dramas bewegt sich um die Frage: Wer hat unmittelbaren Zugang zum König, zu dem absoluten Monarchen Philipp II.? Wer den unmittelbaren Zugang zum König hat, nimmt teil an seiner Macht.«[8]

Posa verkörpert eine neue Zeit, in der die Untertanen mehr Rechte besitzen und die Monarchie in einem langen kämpfereichen Prozeß abgeschafft oder auf repräsentative Aufgaben beschränkt wird. Für Philipp II., den historischen wie den vom Dichter geschaffenen, ein Ding der Unmöglichkeit.

In Posas politischem Credo liegen die Keime des neuzeitlichen Rechtsstaates. Sein Freiheitskampf ist ein Unternehmen, das Kräfte entbindet, bei deren »Eintritt in ein ungewisses Meer noch nicht das Ufer gewußt wird, an welchem sie nachher landen«,[9] wie Schiller – ungenau zitiert – in der *Geschichte des Abfalls der vereinigten Niederlande von der spanischen Regierung* schrieb. Die Art, wie Posa die Zukunft herbeizwingen will, rechnet nicht mit den komplizierten Leidenschaften der Menschen, sie rechnet über deren Köpfe souverän hinweg. Sie hat etwas künstlerhaft Unrealistisches und gibt sich ganz der neuen Theologie der Freiheit hin. Man könnte auch einfach sagen: Der Mann ist kein Menschenkenner. Die Reaktionen seines Freundes kann der Stratege nicht voraussehen. Und die Eboli mag er zwar grundsätzlich richtig einschätzen, in einem entscheidenden Moment aber falsch.

Anscheinend hatte man auch mit dieser Rolle bei der Hamburger Uraufführung wenig Glück. Ein anonymer Kritiker war überhaupt nicht zufrieden: »Der Marquis von Posa war auf Herrn Zuccarinis Schultern gefallen. Sein seitwärts schielendes Auge, der halbüber geneigte, sich in seiner eigenen Schwere wiegende Kopf, sein Reibespiel mit den Fingerknöcheln, seine ganze gekünstelte, zimperliche Stellung – alle diese Kindereien stimmen nicht mit dem hohen Sinne eines Posa.«[10] Da muß Alexander Moissi besser gewesen sein. Über ihn schrieb Alfred Kerr im November 1909: »Ja, ich weiß, was ihm fehlt. Das Gardemaß hat er nicht. Er sah bisweilen, im Profil, wie Schiller aus; bisweilen, von vorn, wie die Gattin Moses Mendelssohns im Wochenbett. Doch meinetwegen darf der Posa ein Marquischen mit zerseeltem Angesicht sein, wenn er so spricht; wenn er so spricht.«[11]

Schillers Seelenabenteuer waren immer auch Staatsabenteuer. In eine groß angelegte höfische Welt, die er zumindest in der württembergischen Schrumpfversion kennengelernt hatte, führte er das bürgerliche Liebesbegehren ein. Plötzlich schlagen die Liebesflammen einer kleineren Häuslichkeit aus dem Palast und sind nur mit dem Tod der Protagonisten zu löschen. Liebesverlangen nicht nur zwischen Mann und Frau, sondern auch zwischen Sohn und Vater.

In der Bibel steht nicht geschrieben, daß Eltern und Kinder einander lieben müßten. Sie haben wechselseitige Pflichten und müssen einander achten, das ist etwas anderes. Die Liebe zwischen Vater und Sohn mag an großen Höfen vorgekommen sein, aber gewiß selten und gewiß nicht so, wie wir uns heute die Liebe zwischen Eltern und Kindern denken, was allein schon dadurch verhindert wurde, daß die Eltern ihre Kinder selten sahen und wenn, dann nur in einem zeremoniellen Rahmen. Schiller führt seine Liebesansprüche in eine Welt, in die sie so nicht gehören und dadurch verstörend wirken: neu, frisch, aber auch terroristisch.

Kommen wir zur interessantesten Figur, dem König selbst. Schiller wußte, was er an ihm hatte. Vielleicht noch nicht, als er mit dem Schreiben begann und in Philipp einfach den Tyrannen sah, aber als es zur dramatischen Auswicklung der Figur kam, wußte er es bald. Schiller bekannte, das Publikum müsse über dem König schmelzen oder es schmelze eben nicht, und darin behielt er vollkommen recht. Über dem Untergang eines unreifen Jünglings und eines zwar enorm heldenhaften, aber viel zu kühl kalkulierenden Mannes schmilzt man nur halb. Das Herab eines Mannes aus größtmöglicher Höhe, auch wenn es im Falle Philipps nicht um den leiblichen Untergang geht, ist von ganz anderem Kaliber.

Erinnern wir uns: Das Drama spielt 1568, da herrschte Philipp II. über ein ins Gigantische gewuchertes Reich. Die Armada war noch nicht im Ärmelkanal versunken. Nie zuvor und nicht danach hat ein europäischer Fürst solche Machtfülle besessen. Und der Historiker Schiller wußte natürlich über Aufstieg und Verfall der spanischen Macht bestens Bescheid, spätestens, als er die *Geschichte des Abfalls der vereinigten Niederlande* schrieb. In Philipps Weltreich ging die Sonne niemals unter. Madrid war dessen Herz und Zentrum. Und allmählich wird dieses Zentrum seiner Peripherien nicht mehr Herr. Reinhold Schneider schrieb, Spanien werde wie ein Schiff, das zu sehr befrachtet sei, von seinen Kolonien langsam in die Tiefe gezogen[12]. 1568 ist es aber noch nicht soweit. Das Verhängnis hält sich im Hintergrund und wartet.

Der historische Philipp war schön, bleich und schweigsam. Er ernährte sich nur von Fleisch und wurde schon in mittleren Jahren von einem schweren Gichtleiden gepeinigt. Seit seinem fünfunddreißigsten Jahr trug er nur noch Schwarz, wenn auch mit einer Raffinesse, die jeden Kostümbildner, schöpfte seine Zunft nicht vornehmlich aus dem Fundus von Hennes & Mauritz, eigentlich in Erregung versetzen müßte. Wenn er sprach, so tat er es mit leiser Stimme, wohl wissend, daß die leise Stimme eines Herrschers in den auffangsamen Ohren seiner Untertanen mehr Respekt erzeugt als eine laute.

Philipp II. Was für eine schwindelerregende Figur! Wir sind heute schnell der Überzeugung, daß alle Machthaber einander ähneln, und Regisseure kommen noch schneller auf die Idee, Philipp II. sei ungefähr wie Jürgen Schrempp und sitze in einem Glashaus. Über die Videoeinspielung vom Groß-kopf des Machthabers, etwa wie bei einer Aktionärsversammlung, glaubt man dann den Königsweg der Interpretation gefunden.

Blödsinn! Ein Mann vom Schlage Schrempps ist von Millionen Gedankenfreier umgeben, die nicht verhindern können, daß seiner Gier beim Einstreichen von Gehalt und Abfindung keinerlei Schranken gesetzt sind. Dem historischen Philipp wäre die Parole des erfundenen Posa – »Geben Sie Gedankenfreiheit«[13] – vollkommen absurd erschienen. Daß er sich sehr, sehr wundern muß, legt Schiller in seinen erfundenen König immerhin hinein. Will man die Gedankenfreiheit zünden lassen, muß man in die Fremde der Geschichte, womöglich weiter ins Fremde zurück, als Schiller es beabsichtigt hat, in eine Vergangenheit, die ihrerseits vom Vergangenen zehrt. Wir können im Dekor der Gegenwart nicht die Lust erzeugen, ein gedankenfreies Ich werden zu wollen. Wir sind längst am Ufer des Freiheitskampfes angekommen, und das ist unsere Qual.

Stellen Sie sich bitte einen nachdenklichen Herrscher vor, einen Mann von großer Würde, der nichts übereilt, dem keine persönlichen Sadismen nachgesagt werden, der in zähem Arbeitseifer tagein, tagaus über Dokumenten sitzt. Stellen Sie sich vor allem einen Mann vor, der sich als Gottes ersten Diener sieht, nicht als ersten Diener des Staates. Dieser vorzügliche Gottesknecht möchte sein Gewissen nicht damit belasten, daß er auch nur einen Ketzer am Leben läßt, dessen er auf seinem Territorium habhaft werden kann. Der König weiß sich mit seinem Gewissen vollkommen im Reinen, wenn er die Inquisition mit voller Härte durchgreifen läßt, obwohl er selbst kein Verlangen danach trägt, den Autodafés beizuwohnen. Wäre er diesbezüglich zu Kompromissen bereit gewesen, wie es sein staatsklügerer Vater Karl V. immer wieder war, wäre es zum Abfall der Niederlande so schnell nicht gekommen.

Dieser Machthaber hat mit Stalin nichts zu tun, nichts mit Hitler, nichts mit Pol Pot, nichts mit Napoleon und auch sehr wenig mit Ludwig XIV., es sei denn, man will sich mit der Gleichung begnügen, daß Frauen Frauen sind, Kinder Kinder und Machthaber Machthaber.

An dieser Stelle möchte ich auf Sätze oder Satzpartikel zurückgreifen, die ich verschiedenenorts Reinhold Schneiders Buch *Philipp II.* entnommen und nur wenig frisiert habe: »Philipp steht in einem klaffenden Gegensatz zu seinem Jahrhundert. Er ist niemals jung. Die Entscheidungen fallen in ihm, während er sich abwendet. Unter der Regierung des ernsten, schweigsamen, unbeweglichen Königs findet Spanien seine Form. Es kommt zu einem Exzeß der Innerlichkeit und zur rücksichtslosen Verachtung der Realität. Der große schützende Mantel der katholischen Religion gleitet langsam vom Norden ab. Das Versagen Philipps im Norden ist der Grundstein der Vollendung. Spanien lebt seinen Kampf um Gott. Was begegnet dem König im Auge des Ketzers? Ist es die neue Zeit? Aber für Philipp gibt es keine Zeit. Er lebt auf der zeitlosen Hochebene unveränderlichen Glaubens als Vollstrecker des Dogmas. In einem ununterbrochenen Austausch mit Gott lebt der König, der mit ungeheurem Amt belastete Demütige. Aus dem milden Schein der Demut tritt der göttliche Blitz der Majestät. Das Fundament sei-

nes Königtums ist metaphysischer Natur, seine Politik unter-
steht, zum letzten Mal in Europa, bedingungslos der Religion.
Seine Schrift ist groß, schwer, verschlossen. Über dem Schreibenden wölbt sich die Grotte der Einsamkeit.«[14]

Schiller war kein religiöser Mensch und hatte weder für die
katholische Strenge noch für den katholischen Flor allzuviel
übrig. Die ungeheuren Qualen, welche die Inquisition über
ihre Opfer gebracht hatte, wurden von den Zeitgenossen Schillers gleichsam noch zu fleischlich erinnert, als daß über die
Grausamkeit hinweg in der metaphysischen Schwärze und Ab-
gemessenheit des spanischen Hofzeremoniells, gar in der Cha-
rakterstärke des befremdlichsten aller Habsburger, Schönheit
hätte flackern und irrlichtern dürfen. Schiller verlegte sich deshalb auf die einsame Paranoia des Herrschers, dessen für Sekunden gerührtes Herz, da dieser glaubt, endlich einen *Menschen*
gefunden zu haben. Was es bedeutet, in einer höfischen Welt
Herrscher zu sein, davon hat Schiller jedoch viel gewußt, und
darin hat er den historischen Philipp genau getroffen: »Ehe
wir ihn handeln sehen, müssen wir einen flüchtigen Blick in seine Seele thun. ... Mensch für Menschen war er niemals, weil er
von seinem Selbst nur aufwärts, nie abwärts stieg.«[15]

Eine Inszenierung müßte dem Umstand Rechnung tragen,
daß der wirkliche Philipp mit ganzer Seele den Toten gehörte. Um ihn war etwas Leichiges. Die größte Inszenierung, die
er selbst bis in alle Einzelheiten plante, bestand in der Über-
führung der Särge all seiner Verwandten in den neu erbauten
Escorial. Die Körper seiner Frauen, Kinder, der Schwester, des
kaiserlichen Vaters, selbst der der Großmutter, Johanna der
Wahnsinnigen, wurden von überall hergeschafft, in Leichenzü-
gen, die an verabredeten Orten zusammengeführt wurden.
Die Städte, durch die sie zogen, waren geschmückt, die Glocken
hallten, nachts ruhten die Toten in Kirchen aus.

Hierzu noch einmal Reinhold Schneider: »Das Jenseits ist völlig im Übergewicht[16]... Dem Einsamen sind sie [die Toten] nun näher, als sie es je in ihrem Leben waren; der Boden, der ihn trägt, bildet die Decke ihrer Gruft[17]... Sie alle waren Gefangene, in tote Masse verirrte Funken der Unsterblichkeit.«[18]

Albert Bassermann spielte den Philipp 1909 in Berlin. Der Kritiker Alfred Klar war davon hingerissen: »Sein Philipp mit dem fahlen, historischen Kopf, dem unheimlichen, forschenden Blick und dem beinernen Klang der Stimme ist von allem Anfang ein Leidender, ein gequälter Quäler ... So findet der Künstler den Übergang zu den Szenen der inneren Bewegung, in denen sich das Geheimnis des Wesens, das hungernde Gemüt im Unglücklichen, des Menschenverächters im Menschensucher verrät.«

Als Werner Krauß in die Rolle des Philipp schlüpfte, legte er heimlich ein Kettenhemd an, und zwar unter dem Kostüm. Damit wollte er sich dem argwöhnischen König leiblich nähern. Krauß glaubte, der König habe Angst vor Attentaten gehabt. Argwohn und Eifersucht mögen den Philipp Schillers mehr beherrscht haben als den wirklichen.

Der wirkliche Herrscher sah sich selbst in Gestalt eines großen Ohres. Er ließ den Staatsrat in seiner Abwesenheit tagen, versuchte aber detaillierten Bericht zu erlangen, was jeder einzelne gesagt hatte. Der gottnahe König mußte ein großes Ohr haben, er mußte in die Widersprüche, in die sich seine Minister und Räte verwickelten, hineinhorchen, um daraus weise Schlüsse zu ziehen. Man denke nicht vorschnell an die Stasi oder an den gläsernen Menschen. Das Lauschen am spanischen Königshof war von anderem Format. Hier lauschten die Portieren, die Gestühle, die Altäre, die Kacheln, die Kelche, die Teppiche für den großen König mit. Man denke vielleicht an Figuren, die mit Farbe und Ornament ihres Hintergrundes verschmelzen und sich nur durch minimale Bewegung bisweilen zu erkennen geben. Man könnte sich auch Anregungen aus den Lauschapparaturen Athanasius Kirchers holen, seinen Schallmuscheln, deren Schneckengewinde sich durch Räume bohren.

Der Auftritt des Generalinquisitors bleibt ein schwer zu ergründendes Geheimnis. Tritt er von der Bühne ab, sollte Schluß sein.

Jetzt habe ich nur noch den einen Wunsch: Die Darsteller mögen bitte konsonantenscharf sprechen, nicht, als wären ihre Laute im Magen gebildet worden, und bitte: den allenfalls um wenige Striche verkürzten Text von 1805, und bitte: ja nicht mit Mikroport, diesem barbarischen Hilfsmittel, das Blut und Nerven, schlichtweg alles Lebendige im Theater, so zuverlässig vernichtet.

Jean Paul
Freiheitsbüchlein

Mit diesem Dedikationswirrwarr kenne sich einer aus! Wir drei kennen uns darin jedenfalls nicht aus. Wir – das sind ein ehemaliges Grundschulkind, welches noch immer brav Wort für Wort liest, eine halbwüchsige Buchverschlingerin, ferner die ein wenig abgebrühte Leserin späterer Jahre und in derselben, gleichsam als Glühwurm eingeschlossen, vom Herzen Jean Pauls eine Faser (wie wir vorsorglich versichern wollen, damit man uns im weiteren Verlauf nicht Ignoranz oder Launenhaftigkeit vorwirft).

Beim Lesen der Dedikation und des in sie verwickelten Briefwechsels wollte sich bei uns der gleiche Effekt einstellen wie damals, als dem Kind das Bruchrechnen beigebogen werden sollte – Stirnrunzeln, Schielen, Starren, Tränen. Nun, Tränen ergab das Lesen des hin und her sich bauschenden Dedikationsstoffes zwar nicht, aber immerhin ein ungutes Augenflimmern und endlich, endlich, den erlösenden Fluch: Herrgottzack! Was für ein Schmarrn!

Natürlich sollte man sich, bevor man ohne Sinn und Verstand in der Welt herumflucht, erst einmal den Beistand von Klügeren suchen. Norbert Miller, der Herausgeber der Jean-Paul-Gesamtausgabe, ist zweifellos ein kluger Mann, und Wilhelm Schmidt-Biggemann, sein Mitstreiter, ein ebensolcher. Ich bin bereit, klugen Männern aufs Wort zu glauben. Folgen wir also den beiden Herren, die sagen, daß:

– dem *Freiheitsbüchlein* ein ungezwungener Briefwechsel zwischen dem Dichter und dem Herzog von Sachsen-Gotha-Altenburg, Emil August, vorgeschaltet sei, welcher eine poetische Ader besessen und selber in der Manier Jean Pauls und Laurence Sternes geschrieben habe,

– daß die Herren einander persönlich gekannt und geschätzt hätten, daher auch der ungezwungene »englische« Tonfall herrühre,

– daß es aber insofern zu einem Mißverständnis gekommen sei, als Jean Paul seine *Vorschule der Ästhetik* dem Herzog habe widmen wollen, verbunden mit dem Scherz, die Widmung wäre bereits gedruckt, worauf der Herzog sich so verworren scherzend ausgedrückt habe, daß Jean Paul wiederum nicht gewußt habe, woran er sei,

– daß sich in der krausen Antwort des Herzogs die Bitte verberge, er, Jean Paul, möge doch das *Polyneon*, eine Märchendichtung des Herzogs selbst, in seiner *Vorschule* ein bißchen rühmen,

– daß beim nun folgenden Wildwechsel an Briefen weder eine ausdrückliche Zustimmung des Herzogs zur Widmung erfolgt sei noch eine Lösung bezüglich des heiklen Problems *Polyneon*,

– daß das Zensurkollegium in Jena sein Imprimatur für das Vorspiel der *Vorschule* verweigert und dem Dichter einen leichtfertigen Umgang mit den Briefen des Herzogs vorgeworfen habe, wobei Jean Paul wiederum geglaubt habe, das Zensurkollegium habe sich über die Zustimmung des Herzogs hinweggesetzt,

– daß endlich! Jean Paul den Beschluß gefaßt habe, den Briefwechsel mit dem Herzog seinem nächsten Büchlein vorzuschalten, nämlich jenem *Freiheitsbüchlein*, von dem nun die Rede ist.

So weit, so gut. Wenn auch komplexer Natur, so sind diese Verwicklungen, logisch verknappt und hintereinandergereiht, natürlich zu verstehen. Allein, als wir den Briefwechsel noch einmal lasen, samt und sonders mit allen Anmerkungen en détail, verstanden wir die Sache erst recht nicht. Das ist beileibe nicht die Schuld der Herausgeber; hier ist vielmehr ein Unvermögen des weiblichen Hirns verantwortlich zu machen, eine Denkbremse, die einrastet, wenn sie bei flotter Fahrt unvermittelt beansprucht wird. Schleuderkurs, Crash, nichts geht mehr.

Vermutlich ist dies eine falsche Erklärung. Jean Paul galt zu Lebzeiten vorzüglich als Schriftsteller für Frauen. Frauen haben ihn gelesen und verstanden und ihre Seelen in seine Seelengespinste verfitzt. Nach dem Tode Pauls ruhte die Verehrung für einige Jahrzehnte, bis ein romantisch gesinntes, französisch lispelndes Mädchen, welches wohlverborgen in einem deutschen Dichter steckte, wieder sehr von ihm hingerissen war, will heißen: Stefan George Jean Paul deutschen Knaben und Männern empfahl. (Obwohl's uns in allen Plauderzellen kribbelt, versagen wir uns hier einen Abstecher in die noch um vieles tollere und heiklere Dedikationsgeschichte, welche Stefan George und Friedrich Gundolf entzweit hat.)

Glück hatte Jean Paul mit seinem *Freiheitsbüchlein* jedenfalls keines und mit dessen Vorspiel erst recht nicht: Seine republikanisch gesinnten Freunde witterten im abgedruckten Briefwechsel mit dem Herzog eine unwürdige Fürstenkriecherei und lasen den Rest erst gar nicht.

Was lehrt uns das unglückselige Vorspiel?

Das Umeinanderstelzen zweier Menschen von so unterschiedlichem Stand und mit so unterschiedlichen Arten von Macht im Bunde – der eine mit der eng umzirkten Macht im Diesseits betraut, der andere mit Schmuggelware für die Ewigkeit unterwegs – ergibt ein kompliziertes Freundesballett, und die Flucht in den Witz, wo Witz auf Witz die Dinge verhäkelt und verrätselt, wirkt da wie Seifenlauge auf abschüssiger Bühne. Vielleicht hätte es geholfen, die beiden Männer wären hinsichtlich des Alters weit auseinander gewesen – aber so? Zwei ähnlich alte, Herzog der eine, ein Abkömmling armer Kirchenmäuse der andere, in heikler Balance befangen?

Loben wir jetzt unsererseits, wie schön Jean Paul den gemeinen Leser lobt, also nicht allein den Herzog einen hochwohlgeborenen und hochlöblichen heißt, sondern den Leser im Ungefähr und Irgendwo da draußen, welchen er nun freigiebig mit schwindelhaften Ehren- und Adelstiteln behäuft. Jawohl, das hat ein Leser gleich welchen Geschlechts und Standes verdient, besonders wenn er sich durch den bizarren Anfang gequält hat. (Welcher Leser aber ohne fremde Hilfe sich darin durchgefunden haben will, womöglich mühelos und heiteren Gemüts, dem sei eine 1-Cent-Ehrenmünze versprochen und ein Fleißbildchen von Ida Bohatta-Morpurgo dazu!)

Jetzt aber bitte zur Sache.

Das *Freiheitsbüchlein* steht am Beginn einer Reihe von politisierenden Schriften. Es fällt in die Zeit der napoleonischen Herrschaft und erschien im Mai 1805. Zu diesem Zeitpunkt hatte Jean Paul seine großen Romane alle schon geschrieben, die *Vorschule der Ästhetik* ebenso. Es sollten noch eine Reihe satirischer Erzählungen folgen und der großartige *Komet*, sein letztes Werk, welches aber unvollendet blieb, weil der Autor während der Abfassung starb.

Ein Freidenker im politischen wie religiösen Sinn war Jean Paul, seit er als junger Student der Theologie entlief, immer gewesen. Er erlebte die Französische Revolution als Befreiung und hielt ihr, als die Nachrichten von den Greueln der Schreckensherrschaft nach Deutschland drangen, im wesentlichen weiterhin die Treue, obwohl ihm die Gewalttaten eines Robespierre, Saint-Just, Marat zuwider waren.

Freidenkerei betrieb Jean Paul auch im Religiösen. Davon zeugt die *Rede des toten Christus vom Weltgebäude herab, daß kein Gott sei* aus dem *Siebenkäs*. Man findet wohl unter den Zeit-

genossen so leicht keine Feder, die beharrlicher und verzwei-
felter die Möglichkeit ausforschte, der Opfertod von Jesus Christus sei einer Illusion geschuldet: »Und als ich aufblickte zur
unermeßlichen Welt nach dem göttlichen Auge, starrte sie mich
mit einer leeren bodenlosen *Augenhöhle* an; und die Ewigkeit lag
auf dem Chaos und zernagte es und wiederkäuete sich.«[1] Überhaupt fahren die vielen Leichen, von denen es in Jean Pauls
Romanen und Erzählungen nur so wimmelt, nicht gerade friedlich unter die Erde, und die davon abgelösten Seelen keinesfalls
in einen christlichen Himmel hinauf. Den feinstofflichen Substanzen der Abgeschiedenen ist keine Ruhe vergönnt, sie beläsi-
gen vielmehr auf heidnische Weise die Lebenden, stören deren
Sinne oder steigen ihnen unliebsam zu Kopfe.

In seinen poetischen Schriften wird beständig die Kleinstadtenge
enge aufs Korn genommen. Gegen hyperbolische Ränke, ersonnen in geblähten Hirnen, gegen die Anmaßung gerade der kleinsten Fürstentümer wird beharrlich gekämpft. Jean Paul hat viele
Jahre in vogtländischen Winkeln zugebracht, aus denen er geistig zu entkommen suchte, obwohl gerade dort Menschen leb-
ten, die reiche Anschauung für seine Erzählfiguren boten.

Zensur in den verschiedensten Formen hat ihn geärgert. In
den Romanen findet sich so manche Spitze, mit der er sich
Luft verschafft, zum Beispiel im *Titan,* wo der bei Autor und
Leser höchst unbeliebte Minister Froulay dabei ertappt wird, wie
er einen Brief erbricht, der an seine Tochter gerichtet ist. Dem
Mann ist das Erbrechen von Briefen das Natürlichste der Welt,
wobei ihm Jean Paul zum Schein sekundiert, indem er das »Ex-
aminatorium« fremder Briefe ganz unbedingt empfiehlt, ja, die
Zensur hier ganz eigentlich gefragt sieht: »Ungedruckte Zeitungen, nouvelles à la main, nämlich Briefe, können, weil sie noch
größere Geheimnisse austragen, nie eine größere Zensurfreiheit
fordern, als gedruckte Zeitungen genießen; besonders da jeder

Brief jetzt so leicht ein umherrennender Zirkelbrief wird. Ein Katalog verbotener Briefe (index expurgandarum) wäre dann für den Korrespondenten immer ein Wort.«[2]

Im *Freiheitsbüchlein* wird nun offen gegen die Zensur Stellung bezogen. Und das Wortfechten für die Freiheit richtet sich traulich an alle, die lesen können und denken. Zwischen den Sätzen duftet es gleichsam frühlingshaft; da wird der Leser in ein Gefild geführt, wo alles frisch von der Hoffnung auf ein besseres, will heißen, vernünftiger eingerichtetes Leben betaut ist, wo aus efeuumrankten Kanonen Ewigkeitsmunition verschossen wird. Man lese und staune: »Ein Buch gehört der Menschheit an, und der ganzen Zeit, nicht seinem zufälligen Geburtsort und Geburtsjahr, es wird wie die moralische Handlung zwar in der Zeit, aber nicht für sie, sondern für die Ewigkeit geboren.«[3]

Da war noch Gewißheit, daß es mit dem Buch fort und fort gehen und die in ihm beschlossene Wahrheit früher oder später ans Licht treten werde – man zeige mir einen heute schreibenden Zunftkollegen, der beim Lesen solcher Sätze ernst bliebe, dessen Miene sich nicht zu einem verlegenen Grinsen verzöge!

Ebenso emphatisch wie die Freiheit geehrt wird die Unmöglichkeit beschworen, dem Philosophieren eine Grenze setzen zu wollen. Daß es vergiftende Wahrheiten geben könnte, wird vehement bestritten, es sei denn, man nehme an, »daß in der Ewigkeit ein urböses Prinzip, ein vermummter Würge-Gott, das Universum in seinen Tatzen halte und aussauge ...«.[4] Ausgerechnet Jean Paul, dem in seinen bösen Jenseitsträumen durchaus kein liebender Universumsvater erschienen ist, ebender führt nun gegen die versammelten Zensoren ins Feld: »Da aber doch alle Menschen die Wahrheit ohne Fürchten suchen: so entdeckt man freudig das allgemeine kindliche Vertrauen, es könne uns Kindern im widerhallenden Weltgebäude kein Riese begegnen als der Vater.«[5]

Von einem so umfassenden Vertrauen sind wir inzwischen meilenweit fortgerückt. Und Jean Paul wäre nicht der seine Generation bei weitem überragende Dichter, wenn bei ihm nicht schon immer das Gegenteil dessen, was so feurig behauptet wird, unversehens auf der Lauer läge: »Bücher wirken jetzt wegen ihrer Menge weniger, eben weil sie dadurch einander entgegen und folglich aufhebend wirken.«[6] Daß Bücher durch ungleich stärkere Medien verdrängt werden könnten, die mit Macht in den Gefühlshaushalt von Millionen Menschen hineinregieren, aber nur selten der Vernunft dienen, lag außerhalb der Vorstellungskraft des Dichters. Er glaubte daran, daß die Menge der Bücher unfehlbar die Gegenmittel zum verderblichen Einfluß einzelner Unsinnsprodukte mitführten und sich in einem fairen Kampf das Wahre vom Unwahren, das Talmihafte vom Echten scheiden müßte.

Einfluß heißt das Zauberwort. Den Zensoren ist es natürlich nicht um die Wahrheit an sich zu tun, sondern um Einflüsse, die gewisse Ansichten aufs gemeine Volk nehmen könnten. Nur wenige Jahre zuvor hatte die Parole »Freiheit, Gleichheit, Brüderlichkeit!« das französische Volk in einen Aufruhr gerissen, wie ihn die Welt noch nicht gekannt hatte, und das war natürlich auch den deutschen Beobachtern in die Glieder gefahren, gleichgültig, ob sie die Revolution begrüßten oder verabscheuten. Zu recht argumentiert Jean Paul hier, daß eine Revolution nicht herbeigeschrieben werden könne, daß »alle Schreiber nicht die Gewittermaterie« selbst, sondern nur »die Elektrizitäts-Zeiger einer schon vorhandenen«[7] seien. Es empörten sich auch weniger die Leser, merkt der Dichter weiter an, sondern diejenigen Klassen, die am wenigsten läsen: der hohe Adel und das Volk.

Jean Paul ergreift Partei für das Volk. Volk, das zwar mit allem Schweren beladen ist, schwerer Arbeit, Steuerlasten, Soldatenpflichten, dem aber nicht gestattet wird, seine Sinne an der freien Geistesluft spazierenzuführen. Nein, am Genuß des Schönen, wie ihn die Freiheit ermöglicht, hat das Volk für gewöhnlich keinen Anteil. In dieser Hinsicht, mehr als in einer sozialökonomischen, ist Jean Paul Demokrat. Ein vernunftgeleitetes Vaterland, gelenkt von einer milden Regierung, die ihren Bürgern Freiheiten läßt, wird nicht so leicht die Beute einer Revolution werden. Die revolutionäre Erhebung vergleicht Jean Paul mit einem Erdbeben oder einem Dammbruch. Sie befällt ein Land, in dem ein starrsinniger König Freiheit und Wahrheit durch beflissene Zensoren unmäßig unterdrückt hält.

Kurioserweise mahnt er jedoch zur Vorsicht, wenn zum Volk von der Kanzel her gesprochen wird, und kommt damit auf einen Seitenweg des Zensurthemas. Von der zersetzenden Kraft der Vernunft ist hier die Rede. Wenn die Kandidaten der Theologie in herzloser Weise den Volksglauben belächeln und einer Wahrheit die kalte Schulter zeigen, die sich aus tausend liebgewonnenen Gewohnheiten zusammensetzt, welche sich über Generationen bewährt haben, zerstören sie die bindende Kraft der Religion. Jean Paul, der aus einer protestantischen Familie stammte und einige Semester Theologie studierte, wußte, wovon er sprach, und faßte eine Tendenz ins Auge, die erst nach seinem Tod ihrer Destruktionskraft freien Lauf lassen sollte: »Gibt es etwas Grausameres als die Kandidaten-Sitte, dem Volke den Glaubensboden zu verschieben oder zu versenken in ein kühles Wort-Meer einer herabgetropften aufgefangenen System-Wolke – und nun auf das bodenlose Wasser doch Samenkörner auszustreuen? Kommt der leere Ertrag des Echo-Neins auf fünf oder sechs orthodoxe Irrthümer in Betrachtung gegen das … Auswurzeln eines alten Glaubens, der lebte und belebte?«[8]

Was aber hat uns Jean Pauls Eintreten für die Zensurfreiheit heute zu sagen? Ich fürchte, wenig. Kämpfen wird man mit seiner Schrift nicht können. Die Gefechtslinien haben sich im

Laufe der nachfolgenden Jahrhunderte dramatisch verändert. Längst werden andere Geschütze aufgefahren. Gemessen an den blutrünstigen modernen Diktaturen, wo hinter der Zensur Mord wütet, sind die fürstlichen Willkürmaßnahmen, unter denen Jean Paul und seine Zeitgenossen litten, harmlos, ja, geradezu menschenfreundlich. Selbst die Herrschaft der russischen Zaren im neunzehnten Jahrhundert will einem vergleichsweise freundlich erscheinen, gemessen an Stalin sowieso, aber auch wenn man sie an den heutigen Zuständen mißt, da in Rußland ungleich freiheitlichere Rechte zwar verbrieft, aber nicht eingehalten werden. Gegen einen widerwärtigen Mord, wie er jüngst an der Journalistin Anna Politkowskaja verübt wurde, wird man schwerlich mit Sätzen Jean Pauls zu Felde ziehen können.

In den Ländern, wo es keine Zensur gibt, sieht es anders unheimlich aus. Freiheit dem Volk, damit seine Sinne das Schöne genießen und sein Verstand sich an der Vernunft übe? So ist es gewiß nicht gekommen. Die Freiheit erscheint uns heute merkwürdig leer oder, schlimmer, an sadistische Spiele verschleudert. Wo es Freiheit gibt, findet sie paradoxerweise immer weniger Anhänger, die dezidiert für sie eintreten. Und wo Opposition sich meldet, im Internet, diesem Kraftprotz unter den Medien, abenteuert ein Verschwörungsdenken quer durch die Welt, wie es infantiler kaum sein könnte.

Jean Pauls *Freiheitsbüchlein* durchzukämmen auf der Suche nach passenden Argumenten gegen Übelstände, unter denen wir heute leiden, ist im Theologischen ergiebiger als im Politischen. Wer aber seinen Geist lüften will, wer auf das Schöne im Freien vertraut, das Komische im Abgründigen liebt, der findet reiche Stärkung in seinem *Siebenkäs* oder dem *Komet*.

Jean Paul
Der Komet

Ein komischer Roman hätte es werden sollen, dieses letzte Erzählwerk Jean Pauls, komisch ist es über eine köstliche Strecke hin geworden, die Handlung endigt aber auf das Wort »Entsetzen«.[1] Der einzige Sohn war dem Autor verstorben, darüber legte er den *Kometen* fort und starb wenig später selbst.

Die ersten Funken werden in einem beengten, kleinstädtischen Milieu gezündet, in einer Apotheke. Sie wird von einem übellaunigen Geizhals regiert, der nach außen hin die »Fledermausmaske«[2] der Lustigkeit trägt. Zur Frau ist er spröd und bös, und sie stirbt schnell. Held des Romans ist der Sohn, der zu einem gutmütigen Narren heranwächst und sich für einen Fürsten hält. Nikolaus Marggraf heißt er, und wie an einen Kristall schießen an den scheinadeligen Namen hochmögende Einbildungen an. Die Phantasien des kleinen Nikolaus werden vom Apothekervater insgeheim genährt, da er ihn nicht für seinen leiblichen Sohn hält, sondern für die Frucht eines Fehltritts seiner Frau mit einem Fürsten. In all der sprudeligen Komik ist die Zeichnung der Apothekerehe ausnehmend düster: ein Martyrium, zumindest für die Frau. Einen kuriosen Verlauf nimmt die Erziehung des Apothekersohnes, denn der alte Marggraf will sein Kuckucksei dem wirklichen Vater dereinst als einen »völlig auserzognen«[3] Fürstensohn überreichen und fetten Gewinn dafür empfangen. Dazu kommt es nicht. Der Alte stirbt. Nikolaus muß die Apotheke übernehmen, und nun treibt sein wimmelndes Hirn ein harmloses Unwesen im Städtchen Rom, welches mit der Weltstadt nur den Namen gemein hat, sonst aber nichts.

Der Tollheit gehörige Nahrung verleiht ein Kunststück, welches dem Apotheker per Zufall gelingt, nämlich die Ausbackung eines künstlichen Diamanten im »faulen Heinz«,[4] einem Brennofen. Geld bringt die Geschichte richtig in Schwung, denn jetzt wird gereist, mit einem Riesentroß dem lang vermißten echten Fürstenvater entgegen, von dem kein Mensch weiß, wer er ist und wo er ist. Mit von der Partie sind ein Reisemarschall, ein fetter Zuchthausprediger, ein Maler von zweifelhaftem Können und im Gehäuse einer Standuhr verpackt die Wachsbüste einer Prinzessin, in die sich Nikolaus in seiner Jugend verschossen hat und deren wächsernes Konterfei er seither hütet. Dazu noch die Apothekergehilfen, natürlich der faule Heinz, eine invalide Reiterei, Bettelvolk, mehrere Wagen und drei Ochsengespanne, beladen mit den Bauteilen für eine Kulissenstadt, die den Namen Nikolopolis erhält und auf jeder Wiese aufgebaut werden kann. Der Zirkusfürst reist zwar inkognito, dieses Inkognito wird aber schnell gelüftet; der närrische Mann wird immer enthemmter. Die Reisebegleiter lassen ihn gewähren, man ist der Meinung, Widerstand »presse und höhle die fixe Idee nur noch tiefer und fester in sein Gehirn«.[5] So ebnet ihm der Reisemarschall den Weg, indem er ihn als harmlosen Wahnsinnigen überall vorankündigt. Diesen Wahnsinnigen läßt man sich gern gefallen, denn er hat die weitesten Spendierhosen an. Überall verschenkt er sein Geld. Verschenkt es aber nicht auf die vornehme Art eines Spenders, der anonym bleiben möchte, im Gegenteil, Nikolaus freut sich wie ein Kind, wenn er sich den Jubel der Empfänger wieder und wieder vorstellt. Vor Freude müssen die Beschenkten rot werden, weiß werden, sich bekreuzigen, umfallen, in Jubelschreie ausbrechen, auf die Straße hüpfen, als sei der Leibhaftige in sie gefahren. Gott geb's, wir bekämen mehr solche sympathische Narren, die das Bessermachen der Welt wie die Kinder betreiben.

Jeder Kaiser hat seinen Gegenkaiser, jeder Papst seinen Gegenpapst. Auch ein Narr hat seinen Gegennarren. Für Nikolaus Marggraf ist es der Ledermensch. Mit einem faulen Sargbrett läuft der herum, auf ihm die Wörter: »Denn ich bin Herr und sonst keiner.«[6] Vom Ledermenschen wird behauptet, er lebe von nichts. Er ist bleich, fleischlos, die lange Gestalt ganz in Leder gehüllt. Trotzdem ist er bärenstark und jagt den Männern Angst ein, während Frauen ihn leicht bändigen können – ein gutes Wort, ein lieber Blick sänftigen ihn. Vor hohen Herren wird er vollends wild, weil er der allein regierende Fürst der Welt zu sein glaubt. Dann glüht sein Schlangenzeichen auf der Stirn zornrot. Der Ledermensch hält sich für Kain. Die Christen nennen ihn den Ewigen Juden, die Juden hingegen halten ihn nicht für einen der ihren, weil der Ledermensch sie nicht ausstehen kann, alle Juden Abel nennt und sie erschlagen will. Als der Ledermensch ins Zimmer des falschen Fürsten drängt, versucht der Reisemarschall ihn durch seine Magnetisierkunst in den Schlaf zu schicken und bietet dafür eine ganze »Masse von Wollen auf«.[7] Allein, es kommt zu einem magnetischen Kurzschluß: Der Ledermensch klettert den Kamin hinauf, und nun sind alle bestürzt, denn von dort ist eine feine, liebliche Stimme zu vernehmen, die um Verzeihung bittet. Der Ledermensch bekennt seine Sünden im Kamin. Es sind alles Sünden der Einsamkeit, im Grunde Gedankensünden, denn er hat ja keine einzige wirklich begangen. »So werd' ich denn gestraft und fortgestraft durch Gedanken für Gedanken, und ich muß noch viel leiden.«[8] Dann aber schlägt das Kindtaufglöckchen drei Uhr, der Ledermensch fällt herab und schreit – ganz wie der verlassene Christus nach seinem Vater im Himmel – nach Beelzebub. »Alle traten weit von ihm hinweg, nicht aus Furcht, sondern vor Entsetzen.«[9]

Die Gedankenqualen eines Wahnsinnigen hat kaum jemand

eindrücklicher beschrieben, hierin ist Jean Paul gewiß nicht der Idylliker und Schnurrendichter, für den er manchmal gehalten wird. Verblüffend unerschrocken ist er sowieso. Ich wüßte keinen anderen Autor, bei dem die Romanfiguren so ungehindert von einem Roman in den andern laufen; seine Konstruktionen sind geradezu schwindelerregend. (Selbst ein kühner Konstrukteur wie Nabokov kann ihm in dieser Hinsicht nur knapp das Wasser reichen.) Beherzt tritt er selbst als Nebenfigur auf und rückt etwas zurecht. Im Kometen gesellt sich Jean Paul als Kandidat Richter aus Hof der Reisegesellschaft bei. Das Schöne daran ist, daß er als einziger an das Fürstsein Marggrafs glaubt: der Autor betätigt sich hier als Apostel der eigenen Romanfigur und sagt von sich selber ganz ungeniert: »Man gewinnt ihn je länger je lieber.« Wohl wahr! (Wage es heutzutage einer, sich selbst oder die eigenen Werke im Werk zu preisen; keiner weit und breit, der so etwas könnte, ohne daß wir sein Buch nicht angeekelt weglegen müßten.) Die Leichtigkeit, mit der Jean Paul das tut, macht es so vergnüglich, es ist eine kindliche Freude am Herzeigen dabei, eine Spiegelfechterei, der wir gar nicht so schnell folgen können, wie er sie ausgedacht und hingeschrieben hat.

In einer frühen Phase hätte der *Komet* sich mit seiner *Konjektural-Biographie* durchkreuzen sollen, auch hier war ein wechselweises Figurenwandern intendiert. Kühn an dieser Biographie ist, daß sie dem Leben vorausläuft, der Autor also gezwungen ist, ihr hinterherzuleben. Nur in einem hat sich Jean Paul verschätzt: sein Sterbedatum fiel nicht auf die Tagundnachtgleiche im Frühjahr, in der er geboren wurde. Er starb im November.

Jean Paul hat keine dichterischen Nachfahren gezeugt. Stefan George hat ihn geschätzt, wiewohl mit langem Finger in eine etwas dünne Luft gehoben. Arno Schmidt hat sich genau mit ihm befaßt. Beide besaßen aber nicht das quecksilbrige Temperament Jean Pauls und auch nicht dessen flugkünstlerische Begabung. Würde man die Gehirne eines Doderer, Niebelschütz, Herzmanowsky-Orlando, eines Kieseritzky zusammenwerfen, so käme immer noch kein Jean Paul dabei heraus, sondern bloß ein Schworbel oder Dobelherzky.

Vom Leser wird erwartet, daß er einen beweglichen Kopf hat. Als Zolleinnehmer und Schalterbeamter pflanzt sich Jean Paul gern vor seinen Schriften auf, gibt dem Leser Pfadfinderzettel in die Hand, schickt ihn mit einem Zwinkern von Pontius zu Pilatus, bevor es mit der Handlung recht eigentlich losgeht. Das hat Heinrich Heine zu dem Kommentar veranlaßt, er habe zwar echtpoetische Gestalten zur Welt gebracht, aber alle diese Geburten schleppten eine närrisch lange Nabelschnur mit sich herum und verwickelten und würgten sich damit. Im *Komet* würde man die Abschweife ungern missen. Alles ist am rechten Platz, und nur ein passionierter Nörgler würde die eine oder andere Blindschleiche fortstechen wollen. Ich jedenfalls nicht. Der Leser wird sich freuen, wenn er den schönen Manesse-Band erwirbt, den er als Handschmeichler mit ins Bett nehmen kann. Sieben herrliche Buchabende hat er vor sich und noch eine Nacht, in der er den abgebrochenen Roman zu Ende denken darf. Begeht der Ledermensch einen Mord? Wird er geheilt? Findet Marggraf seinen Vater? Wenn ja, versöhnt sich dann sein Wahn mit der Wirklichkeit, oder muß er an ihr zerschellen? Wo steckt die Prinzessin? Ist sie eine abgeblühte Matrone oder noch jugendfrisch? Ich neige zu der Version, daß der Ledermensch den Helden verwundet. Später ließe ich Nikolaus daran sterben – in den Armen eines blatternasigen Schauspielers, der vom Reisemarschall beschwatzt wurde, den väterlichen Fürsten zu geben. Nur die Prinzessin habe ich nicht unter Dach und Fach bringen können, ebensowenig den Kandidaten Richter, aber der gehört sowieso in kein Fach, sondern in die lesende Welt.

Paul Gerhardt
Lieder

Der 1607 geborene Paul Gerhardt war nicht nur ein evangelisch-lutherischer Theologe, er war vor allem ein großer Dichter, dessen Texte von berühmten Komponisten, hauptsächlich von Johann Sebastian Bach, vertont wurden. Nicht so sehr als Theologe, sondern als Liederdichter ist er uns bis heute bekannt. Seine Lieder gehören zum Schönsten der religiösen Dichtung in deutscher Sprache. Die Texte sind einfach und innig zugleich, sie wirken tröstend auf schwere Herzen voller Not, wirken sänftigend und begütigend auf Herzen voller Ungestüm. Sie sind leicht zu verstehen und einprägsam gereimt, wenden sich sowohl an das Volk, das nicht lesen kann, als auch an die Gebildeten. Es ist eine große Kunst, Menschen mit sehr verschiedenen Lebensweisen und Bildungsgraden zu bezaubern, sie in einem andächtigen Gefühl zu einen, und das über Jahrhunderte hinweg.

Seine Eltern waren Gastwirte. Paul Gerhardt kam in Gräfenhainichen, nahe der Lutherstadt Wittenberg, zur Welt, was im damaligen Kursachsen lag. Die Zeit, in die er hineingeboren wurde, war eine turbulente und desaströse. In seine Lebensspanne – er starb 1676 mit 69 Jahren – fiel der Dreißigjährige Krieg mit den bekannten mörderischen Konsequenzen, der Unzahl von Toten, der Zerstörung der Lebensgrundlage vieler Bauern und kleiner Leute. Er dauerte von 1618 bis 1648, betraf Paul Gerhardts Leben von seinem elften bis zum einundvierzigsten Jahr. Im Schlepp der Verwahrlosung, der krassen Verarmung in den betroffenen Regionen, der vielen herumliegenden Leichen und Tierkadaver breitete sich alsbald die Pest aus und forderte in den Jahren 1636 und 1637 weiterhin eine Unzahl von Opfern.

Abertausende starben einen fürchterlichen Tod. Wahrlich, eine Zeit des Schreiens und Wehklagens, in der das einzelne Leben nichts galt. In den knallharten Wintern waren die Böden oft so gefroren, daß man die Leichen wochenlang gar nicht bestatten konnte. Verwesungsgeruch lag über ganzen Landstrichen. Als Mann mittleren Alters gelangte Paul Gerhardt in das entvölkerte Berlin. Vor dem Krieg hatten dort annähernd zwölftausend Menschen gelebt, nun waren es nur noch etwa sechstausend. Diese Zahlen verdeutlichen, wie brutal der Krieg zugeschlagen hatte, der unter den verschiedenen Konfessionen ausgebrochen war.

Doch die Religionszugehörigkeit diente meistenteils als Vorwand für ganz andere Machtinteressen. In schwindelerregender Folge, hin und wieder her, wechselte mancherorts die Zugehörigkeit zu einer Konfession, je nachdem, welche Partei gerade obsiegte und kurz darauf wieder vertrieben wurde. Infolge der Schlächtereien blieben viele Felder unbestellt, der Hunger grassierte, traf Land- und Stadtbevölkerung hart.

Paul Gerhardt hat die fürchterliche Not auch in seinen Liedtexten verarbeitet, aber nicht als Aufschrei gegen einen Gott, der solche Greuel auf Erden zuläßt, in denen massenweise Unschuldige gemetzelt werden, die an der Kriegstreiberei keinen Anteil haben. Nein, er war kein Hiob, der im Aschehaufen saß und sich die Haare raufte. Den Dichter führte die Not zum Ausdruck einer Innigkeit und Gottverbundenheit, die ihresgleichen sucht. Staunenswert ist, daß das hinreißende Lied *Geh aus, mein Herz, und suche Freud*, seine hochmögend-innige Freudensuche 1653, nur wenige Jahre nach dem Ende des grauenvollen Krieges, erstmalig veröffentlicht wurde. Ein fröhliches, weithin bekanntes Sommerlied, das die Natur preist, die Schönheit der Erde und das von Gott Gegebene.

Es ist eines seiner einprägsamsten und bekanntesten Lieder,

voller Genuß, im Takt des Ausschreitens eines munteren Son-
nenzöglings, der an der Welt seine Lust hat, wie sie sich im wär-
menden Schein der Sonne darbietet. Nicht Hitze, nicht Dürre
hat der Sommer hervorgelockt, sondern eine schönheitsglit-
zernde Welt voller Anmut und Freude, hingebreitet vor den Augen des Wanderers. »Narzissus und die Tulipan, die ziehen sich
viel schöner an / Als Salomonis Seide.« Eine paradiesische An-
mutung und Zuversicht liegt über dem Ganzen, die Lerche steigt
hoch in die Lüfte, die Bienenschar ist geschäftig beim Einheim-
sen des Blütenstaubs, von Hirten und Schafen ertönt gar ein
Lustgeschrei, natürlich zum Lobe des HErrn, denn von solchem
Lob werden die Leiber froh und leicht und schwingen sich gedanklich in den zauberhaften Himmel empor. Eine beseelte
Glaubenserfahrung kommt hier zum Ausdruck, die die gesamte
Schöpfung feiert, in der sich ein Wanderer leichten Schrittes in
der Zuversicht auf Gottes Gnade und Hut nach Herzenslust
ergehen kann. Wobei es hier nicht um den rein irdischen Genuß
von gutem Wetter geht – die funkelnde Glanzwelt der Natur ist
nur ein schwacher Abglanz der einst im Paradies auf den erlösten Menschen wartenden Schönheit.

Im Paradies wird alles schön sein. Das Auge schaut Schönes,
die Sprache ist anmutig und herzerhebend, in Gottes Kosmos
waltet die Ethik, ohne daß tagein, tagaus um deren Bestand ge-
rungen werden müßte. Hierzulande manifestiert sich die holde
himmlische Pracht nur in Momenten, in welchen sie einen Abglanz auf unsere Erde wirft. Vielleicht ist er schwach, dieser ge-
liehene Glanz, doch er kann das menschliche Herz rühren und
eine seelische Gestimmtheit hervorrufen, die sich mit auffangsamen Sinnen höherer Weisheit und Ordnung öffnet. Bibelworte
werden im Lied wachgerufen, etwa Worte aus dem Psalm 23, in
welchem von einem neuen Kleid des Glaubens die Rede ist. Die
Metapher des Grünens wird auf alles Kreatürliche übertragen.

Auch der Mensch wird einst grünen, sollte ihm der Aufenthalt im Paradies vergönnt sein.

Natürlich war Gerhardt ein Barockdichter, aufgrund der historischen Katastrophe notgedrungen mit dem Tod aufs engste vertraut. Das Faulen und Verwesen der Körper, das madenbewimmelte Fleisch, die Tänze klappernder Skelette wurden allerorten beschworen. Eines seiner Lieder handelt von der *güldnen Sonne*, die aber nicht nur im lockenden Frohsinn des vorher genannten Liedes über den Lebenden scheint, sondern trotz Gotteszuversicht immer wieder von der Düsternis verdrängt wird, die den Menschen stets begleitet: »Menschliches Wesen / Was ist's gewesen? / In einer Stunde / Geht es zugrunde, / Sobald das Lüftlein des Todes drein bläst. / Alles in Allen / Muß brechen und fallen, / Himmel und Erden / Die müssen das werden, / Was sie vor ihrer Erschaffung gewest.«[1]

Die Sonnenzugewandtheit Gerhardts, die auch in diesem Lied zum Ausdruck kommt, das Johann Georg Ebeling vertont hat, führt zweierlei Bedeutung im Schlepp: Zum einen ist darin das glanzvolle Wesen Gottes enthalten, zum anderen war die Sonne für die Menschen, die nicht nur des Krieges wegen, sondern auch aufgrund der Kleinen Eiszeit eine eher karge Existenz fristeten, eine überaus kostbare Himmelserscheinung, nicht sengend und brennend, sondern Herz und Sinne erwärmend. An schönen Frühlings- und Sommertagen erscheint sie am Morgen jedesmal frisch und verheißt einen reingewaschenen Neuanfang, insbesondere, wenn Tautröpfchen an den Pflanzen hängen und glitzern. Der Teufel und seine Dämonen haben die Nacht im Griff. Ein in Schönheit anbrechender Tag verheißt ein neues Leben in gnadenreicher Hut.

Zweifellos war Gerhardt ein frommer, Gott innig zugekehrter Mann. Christian Bunners, der eine exzellente Biographie über ihn geschrieben hat, zeigt, daß sich die Frömmigkeit des Dichters jedoch nicht nur in einem »subjektiven Gestimmtsein« äußerte, »sondern als Zustimmung zu den durch die Reformation neu erkannten und in Lehre gefaßten Wahrheiten der Bibel.«[2]

Neben seinen zahlreichen Sonnen- und Morgengesängen gibt es auch das berühmte Nachtlied *Nun ruhen alle Wälder*, in dem die ganze Welt friedlich entschläft, der Gottesfunke jedoch in den noch wachen Sinnen aufblitzt. Es wurde von einigen Komponisten, darunter Johann Sebastian Bach, vertont. »Nun ruhen alle Wälder, / Vieh, Menschen, Städt und Felder, / es schläft die ganze Welt; / ihr aber, meine Sinnen, / auf, auf, ihr sollt beginnen, / was eurem Schöpfer wohlgefällt.« Und in einer späteren Strophe heißt es: »Der Leib eilt nun zur Ruhe, / legt ab das Kleid und Schuhe, / das Bild der Sterblichkeit; / die zieh ich aus, dagegen / wird Christus mir anlegen / den Rock der Ehr und Herrlichkeit.«[3] Das ist ein friedvoller Beruhigungsgesang, der eine Wehr bilden soll gegen die Machenschaften des Teufels, der insbesondere zur Nacht Herzen und Hirne der Menschen invadiert. Die Herzen sollen nicht kochen und brodeln im eigensüchtigen Sud der Rechthaberei, der vom Teufel beheizt wird. Bunners schreibt hier sehr schön: »Doch die Angst darf in Grenzen bleiben. Denn das, was bedroht, wird übersungen und eingegrenzt durch den Gesang der Engel – uralte, hier aufgenommene Anschauung von der teufelvertreibenden Macht der Musik! Der Beter … weiß: Ruht auch mein Körper, sind mir im Schlaf auch die Sinne geschwunden – das Singen der Engel geht weiter. Es umfängt mich. Gibt es eine bessere Gute-Nacht-Musik?«[4] Natürlich nicht!

Ein kurioser Nachtrag sei erlaubt. Wie dem bereits erwähnten Buch zu entnehmen, sind die berühmtesten Lieder Paul Gerhardts in zahlreiche Sprachen übertragen worden. Daß sie in schwedischer Übersetzung bis heute gesungen werden, ist vielleicht nicht verwunderlich. Auch nicht deren Geläufigkeit im englischen Sprachraum. Daß einige von ihnen jedoch bei den Namas und Hereros, bei den Bakonde und den Shambalas oder den Duala zu finden sind, verblüfft denn doch. Nur zu gern würde ich mir eines von Paul Gerhardts Liedern, das um den ganzen Erdball herum gesungen wird, in den verschiedenen Sprachen anhören – um auf den verführerischen und geheimnisvollen Wegen der Musik einen Eindruck davon zu bekommen, wie sich das Sprachenbabel eines fernen glanzvollen Tages in einem allseits verständigen Sprachrausch zu höherem Lob und Glück aufschwingen könnte, um das zu weiten Teilen in Schwärze getauchte Universum zu durcheilen, um … um … um … Alles weitere läßt sich leider nicht mit gebotener Zuversicht bestimmen, da wir uns von Paul Gerhardts Auffassung, wo der himmlische Wohnsitz Gottes *etwan* oder *eteswenne* zu finden sei, inzwischen meilenweit entfernt haben zugunsten einer sternengepunkteten und von geheimnisvollen schwarzen Löchern zerfressenen unendlichen Endlichkeit, die das normale Fassungsvermögen des Menschen übersteigt.

Martin Luther

Über Ihre Einladung war ich höchlich erstaunt. Ich ging immer davon aus, daß es in Wien nicht mehr als zehn Lutheraner geben könne. Bevor ich aber direkt auf den Reformator zu sprechen komme, sei eine kleine Vorbemerkung erlaubt: meine Begeisterung für Wien rührt daher, daß mein bulgarischer Vater in Wien Medizin studiert hat und ihm sein zweites Exil, das Schwabenland, so vorkam, als hätte es ihn zu den Sauerkrautbauern verschlagen. Was mich vielleicht überdies berechtigt, in Wien zu Ihnen zu sprechen, ist ein Objekt, das aus der Hofburg stammt, nämlich ein Teller aus dem Haushalt Goethes. Er war im Besitz einer Wiener Hofdame, die der Kaiserin Sissi aufwartete, und eine Freundin meiner Mutter, die mir den Teller vererbte, hatte dieses Fräulein zur Großmutter. Immerhin ein Fingerzeig, denn Martin Luther hatte starken Einfluß auf Johann Wolfgang von Goethe, insbesondere auf dessen *Faust* und den *West-östlichen Divan*.

Gegen eine potente, im deutschen Sprachraum verbindlich werdende Bibelübersetzung aus Wien hätte ich im übrigen nicht das geringste einzuwenden. Ich würde sie sogar herzlich willkommen heißen, denn die sprachliche Quecksilbrigkeit der Wiener ist außerordentlich – hart, süß, obszön, schwunghaft, komisch –, die Wiener spielen auf einer ganz großen sprachlichen Klaviatur, müßten sich im Falle einer Übersetzung der Bibel allerdings ein wenig zügeln, denn diese zündet nur selten ein poetisches Feuerwerk. Sie glänzt vielmehr durch die Knappheit ihrer Sätze und die schwarzen Löcher des Ungesagten, die sich zwischen diesen Löchern auftun. So oder so – die glanzvollen Schmucktaten der Österreicher auf sprachlichem Gebiet sind jedenfalls bewundernswert.

Wäre Franz Kafka in Berlin zur Welt gekommen, wären seine Geschichten tote Hose, so aber, mit Hilfe des langen, langen Zeigefingers von Kaiser Franz Joseph, von dem ein winziger Abrieb wie eine Art Eiderdaunenflocke auf dem Kopfe Franz Kafkas klebte, war er zu den Wundertaten fähig, die er uns hinterlassen hat. Stellen Sie sich bitte nur für einen Augenblick vor, Franz Kafka hätte zumindest den jüdischen Teil der Bibel übersetzt, dabei wäre etwas ungleich Potenteres herausgekommen als die blumige, bisweilen ins Girlandenhafte driftende Übersetzung von Martin Buber und Franz Rosenzweig.

Nun aber endlich zu Martin Luther, der definitiv kein Österreicher war. Man halte sich zunächst vor Augen, wie wenig die biblischen Texte zu seiner Zeit wirklich bekannt waren. Bruchstückhafte Interpretationen hauptsächlich der Scholastik, volkstümliche Geschichten zirkulierten um die Schrift der Schrift, ein regelrechter Wildwuchs überrankte sie. Diese heterogene Schwankmasse war ungleich stärker im Umlauf als die Bibel selbst. Ich möchte an dieser Stelle ein nicht ganz korrektes Bild bemühen, da ein Buch im Wasser aufquillt und alsbald unleserlich wird, aber bitte stellen Sie sich vor, die Bibel hätte jahrhundertelang im Wasser gelegen, Muscheln, Algen, Seepocken und Seeanemonen hätten sie besiedelt, bis Martin Luther den Schatz hob, ihn reinigte und mit verwunderten Augen in ihm las.

Ein wichtiger Sinnspruch kommt dabei zum Tragen, der auch für Luther als Bibelübersetzer gilt: *Aus alt mach neu.* Man bedenke, die großen Wegbereiter des Neuen sind immer rückbezüglich unterwegs, weil in ihren Köpfen das Gedankengut aus älteren Zeiten als Sprungbrett für kühne Ideen dient. Wer sich dem Neuen verschreibt, benötigt die Würde des Alten, um sich mit gehöriger Autorität zu wappnen. Sich am Alten, fast am Archaischen zu laben, um daraus eine Schneise für das

Neue zu schlagen, diese Fähigkeit trifft auf Martin Luther voll und ganz zu. Von neu zu neu allein kommt nix. Da sprühen keine Funken auf, erst recht glimmt da kein einziges Lichtchen vom brennenden Dornbusch zu uns herüber.

Martin Luther ist auch deshalb eine so spannende Figur, weil in ihm die Widersprüche enorm sind. Einerseits war er ignorant bis ins Mark, andererseits hochfahrend, mit brennender Energie begabt, getragen von einem außenordentlichen Fleiß und Wissensdurst. Am aufregendsten Geschehen seiner Zeit hatte er gedanklich keinerlei Anteil. Man halte sich vor Augen: Das historisch wichtigste Ereignis, welches insbesondere für die spanischen Theologen von enormer Bedeutung war, nämlich die Kolonisierung von Teilen Afrikas und Südamerikas durch Spanier und Portugiesen, fand so gut wie keinen Widerhall in seinem Denken. Hier haben wir den kleinstädtischen Ignoranten vor uns, den ältesten Sohn einer hart arbeitenden Bergbaufamilie, dessen Weltläufigkeit sich darauf beschränkte, einmal in Rom gewesen zu sein. Doch die Wucht der Welt erfaßte ihn spätestens, als er in Worms vor Kaiser Karl V. stand.

Ich habe mich in früheren Jahren mit Texten von spanischen Dominikanern und Franziskanern beschäftigt, die über Mexiko geschrieben haben, überaus spannenden Quellen, in denen versucht wurde, das biblische Wissen über den Ursprung der Welt und den göttlichen Auftrag an die Menschen mit den Chroniken der Indios in Übereinstimmung zu bringen, gipfelnd in einem mehrbändigen Werk von Fray Gerónimo de Mendieta, der versuchte, jedes ihm bekannte Detail der aztekischen Geschichte vorbedeutend mit der Bibel zu harmonisieren. Der Mann ging dabei unerschrockener vor als der Reformator, der in der jüdischen Bibel nach Fingerzeigen für das Kommen von Jesus Christus fahndete.

Natürlich waren Martin Luther solche Werke nicht bekannt,

die sich bereits mit Sprachanalysen und neuen Geschichtskonstruktionen beschäftigten, vor allem aber mit der Frage nach der Verdorbenheit oder Unschuld der Heiden, in denen oftmals die beispiellose Grausamkeit der Kolonisatoren angeprangert wurde. Vom Aufscheinen eines neuen Geschichtsbildes, in dem die Genesis zu zittern begann, um allmählich in den luftigen Raum des Metaphorischen zu entweichen, war Luther nicht angekränkelt. Seine Art, das Christentum aufzufassen und zu vertreten, hielt sich in ungleich engeren Grenzen. Aber etliche spanische Theologen, die in dieser Hinsicht moderner waren als Luther und über die Aufgabe des Christentums in der Welt heftig debattierten, wurden von solchen Fragen umgetrieben. Man vergißt dabei allzuleicht, daß es spanische Theologen und Juristen waren, die so etwas wie die Vorform einer modernen welthaltigen Gesetzgebung diskutierten und sich dabei Gefechte lieferten, die sogar vor dem Thron Karls V. ausgetragen wurden, allen voran vom Missionar Bartolomé de Las Casas und dem Kronjuristen Juan Ginés de Sepúlveda kurz nach dem Tod des Reformators in der berühmten Disputation von Valladolid.

Kaiser Karl V. war eben nicht nur der Widersacher Luthers, der auch den Sacco di Roma mitzuverantworten hatte, bei dem Tausende niedergemacht wurden. Luther wiederum war diese Barbarei hochwillkommen, weil die Hure Babylon endlich geschleift wurde und Papst Clemens VII. sich nach Zahlung eines erheblichen Lösegeldes nach Orvieto verdrücken mußte. Dabei spielte für Luther keine Rolle, wie viele Unschuldige gemetzelt wurden. Das Leben war kurz. Die Blutsudelei bedeutete nicht viel. Trotz der Greuel, die in seinem Namen verübt wurden, war der Kaiser ein kluger Mann.

In der Zeit, in der Martin Luther lebte, kochten vielerorts Tumulte hoch, wenn auch keine, die so riesige Landstriche verheerten wie später der grauenhafte Dreißigjährige Krieg.

Das Aufregende an unserem Reformator ist, daß ein energischer Weltkleiner zu einem Weltgroßen wurde, obwohl er die umstürzlerischen Zeichen der entfesselten handelspolitischen Umtriebe und in deren Schlepp die Konturen eines neuen Geschichtsbildes gar nicht erkannte. Auch war Martin Luther definitiv kein Mann des Renaissanceluxus, wie er in etlichen oberitalienischen Städten längst anzutreffen war. Zwar erreichte ein schwunghafter Warenverkehr inzwischen auch die kleinen deutschen Städte, die Luther kannte – Eisleben, Eisenach, Wittenberg –, in denen sich das Heraufziehen eines neuen Zeitalters ankündigte, aber Weltpolitik erreichte ihn nur in dreierlei Gestalt: des verderbten Rom, des Kaisers und der Türkengefahr, die einigen christianisierten Stammlanden bedrohlich nah gekommen war.

Die Stationen von Luthers Werdegang muß ich Ihnen hier nicht erläutern. Viele von Ihnen wissen gewiß erheblich mehr über den Reformator als ich. Etwa, daß sein Papsthaß gute Gründe hatte, wenn man an den verkommenen Alexander VI. denkt und an den mit Vorliebe in schwerer Rüstung auftretenden Julius II.[1] Etwas anders wäre der direkte Gegenspieler Luthers zu beurteilen, Papst Leo X., den Luther wegen seines gebildeten Feinsinns und glanzvollen Stils der Repräsentation verachtete. Ein wenig wirkt Luthers Haß wie die übersteigerte Reaktion eines Mannes aus kleinen Verhältnissen, der sich aufgrund religiöser Inbrunst, gewürzt mit theologischem Scharfsinn, einer prunkenden Larve gegenüber überlegen dünkt.

Einiges trennte Martin Luther auch von den Humanisten, die eine Vielzahl an gelehrten Männern auf den geistigen Parcours schickten. Der berühmteste unter ihnen war Erasmus von Rotterdam. Was Luther von einem solchen Mann unterschied, liegt weniger an dessen intellektuellen Fähigkeiten als an der Wucht des inneren Ideengewimmels, der Angst vor der

Hölle, dem schicksalserschütterten Tonfall, der das Nahen des Endes der Welt umkreist. Luther besaß einfach nicht das auf Mäßigung gestimmte Temperament eines Skeptikers, der sich im sicheren Gehäus der Vernunft einnistet. So kräftig er vom Körperbau her war, sein Inneres darf man sich vorstellen, als habe es bisweilen gezittert wie eine Espe.

Der kühle, schlanke Erasmus war hingegen ein diplomatischer Charakter, weniger umhergeworfen in einem Wechselbad aus süßen seelischen Ergüssen und einer dräuenden Höllenpein. Denn der Teufel war für Martin Luther durchaus präsent, der große Widersacher war noch längst nicht die verfeinerte, geriebene Figur, die unseren geschätzten Doktor Faustus umtrieb. Der Teufel blieb im Spiel, trotz der göttlichen Gnade, die zum Wölbgehäus von Luthers Theologie wurde.

Obwohl sich die beiden Männer brieflich einander näherten und die Satire des Erasmus über Papst Julius II. – *Julius vor der geschlossenen Himmelstür* – Luther gefallen haben dürfte, kam es zu einem jähen Ende des Kontakts, als der klug taktierende Erasmus sich nicht zur Partei Luthers bekannte, ihn sogar angriff, weil er eine Nonne geheiratet hatte. Luther schlug nun seinerseits zurück und schrieb: »Wer den Erasmus zerdrückt, der würget eine Wanze, und diese stinkt noch tot mehr als lebendig.«[2] So war er halt, unser Reformator, ein Mann, der mit der rhetorischen Faust gern auf den Tisch haute und dabei nicht nur päpstliche Wanzen zerdrückte. Trotz ihrer teilweise ähnlichen Ansichten, konnte die Verbindung der beiden Männer nicht gutgehen. Luther war ein begabter Glaubensschäumer, Erasmus ein erudierter Skeptiker trockenern Gemüts, dem jegliche Vulgarität zuwider war. Luther hielt die Barmherzigkeit Gottes für so umfassend, daß die Mühewaltung des Menschen, diese durch gute Taten zu erlangen, für ihn unerheblich war gemessen am göttlichen Gnadenfluß, der alles Tun und Lassen des Menschen überspülte. Erasmus hingegen pochte auf die Anziehungskraft guter Werke, denen sich die Gnade zuneigt.

Daß der Reformator mit den im Schwange befindlichen Bräuchen der Kirche haderte, kann man im nachhinein gut verstehen. Der Ablaßhandel hatte sich zu einem monströsen Kuhhandel entwickelt. Landauf, landab setzten tumbe, verlotterte Prediger das grandiose Erbe des Christentums aufs Spiel. Allerdings wurde Luther die himmelskönigliche Fürbitterolle, die Maria bei den Katholiken bis heute im Überschwang genießt, nicht gar so suspekt wie den späteren Protestanten, die darin das Rüchlein des Heidnischen witterten. Bis heute geht es ihnen entschieden zu weit, daß Maria zu einer so hochbedeutsamen Figur wurde, daß sie die Trinität um ein Haar zur Tetraktys erweitert hätte.

Luther war nicht so sehr auf die Dreiheit, gar Vierheit erpicht, obwohl er den Heiligen Geist nicht aus der Dreifaltigkeitslehre verbannen konnte. Himmel und Hölle sind zwei. Die dritte vermittelnde Instanz des Purgatoriums gibt es bei ihm nicht. Er war entschieden ein Mann des Entweder/Oder, und diesen Fehler müssen wir ihm leider ankreiden: Auf das Purgatorium zu verzichten war falsch. *Tertium datur* heißt ein kluges Buch des Religionswissenschaftlers Klaus Heinrich, bei dem ich studiert habe.

Das Purgatorium als intermediäres Reich, als ein vermittelnder Ort, der die Grenzen zwischen absoluter, immerwährender Sündhaftigkeit und Erlösung offenhält, ist in gedanklicher Hinsicht sehr zu begrüßen. Luther wirkt an dieser Stelle starr. Ich halte es in dieser Hinsicht lieber mit Dantes *Divina Commedia*, auch wenn ich deren Klassifizierungssystem und die entsprechende Verteilung der darin aufgerufenen Seelen auf Inferno, Purgatorio und Paradiso nicht ganz teilen kann. Die Vorstellung, daß es ein Purgatorium gebe, hält die verbindende Mitte, und sie paßt im übrigen auch viel besser zum Dreiklang der Dreifaltigkeit, die im Christentum eine hochmögend spekulationsbewimmelte Deutung erfahren hat.

Überspringen wir nun das weltgeschichtliche Drama, in das Martin Luther 1521 in Worms verwickelt wurde, als Kaiser Karl V. dort Hoftag hielt und er, Luther, als berühmt-berüchtigter Mann in die Stadt einzog, den die neugierigen Bewohner sehen wollten. Etliche von ihnen werden sich schon auf das Spektakel gefreut haben, ihn als Ketzer brennen zu sehen. Sie kennen die Szene gut. Sie wissen alle, wofür Martin Luther stand und nicht anders konnte. Der große Regisseur Patrice Chéreau, der mit seiner bravourösen *Bartholomäusnacht* einen der besten Filme aller Zeiten lieferte, hätte aus diesem hochdramatischen Wendepunkt der Religionsgeschichte einen weiteren packenden Historienfilm drehen können. Wir aber drehen an der Geschichtsschraube hier nicht weiter, sondern verlassen Worms mit erhöhter Geschwindigkeit, drängen Martin Luther zu raschem Aufbruch, damit er dem Scheiterhaufen entgeht.

Bevor wir zum Schluß einen glanzvollen Übersetzungsbrokken zitieren, sei Luthers aggressives Verhalten gegenüber den Juden erwähnt. Es muß hier nicht ausgewalzt werden, weil inzwischen viele Schriften erschienen sind, die diese beklagenswerte Seite des Reformators betonen. Anfänglich glaubte er noch, die Juden auf seine Seite ziehen zu können, doch sein Kontakt mit ihnen war äußerst gering, weil die Juden an den Orten, an denen er lebte, fast vollständig vertrieben worden waren.

Sein höchst seltener Umgang mit Juden beschränkte sich im wesentlichen auf den ehemaligen Rabbi Jacob Gipher, der sich unter dem Eindruck von Luthers Predigten hatte taufen lassen.[3] Luther hatte große Erwartungen darein gesetzt, die Juden würden sich in Massen zu ihm, will heißen, zu seiner neuen Interpretation der Bibel und den Konsequenzen einer Abkehr von

der katholischen Kirche bekennen. Das geschah nicht. Mit zunehmendem Alter wuchsen bei ihm Bösartigkeit und Haß auf
die Juden, die sich in vielen hochaggressiven Äußerungen entlu-
den. Martin Luther über einen wilden Ritt der Zeit hinweg zu
einem Vorläufer der Nazis zu machen, ist jedoch absurd, obwohl er bei einigen Nationalsozialisten hoch im Kurs stand
und die NPD in Sachsen-Anhalt bei der Bundestagswahl 2017
für ihre Sache mit einem Luther-Plakat warb. Luther war ein
Glaubenskämpfer, der die Juden, die Türken und so manchen
Katholiken mit derselben Inbrunst haßte und dafür starke
Worte in Anschlag brachte. Mit einer Lehre, die die Juden aus
rassischen Gründen zum Abschaum der Menschheit erklärte,
hatte er jedoch nichts zu tun. Für ihn galten die Juden als ver-
stockt, aber nicht als rassisch kontaminiert. Sein Deutschsein
faßte er auch nicht in einem modernen nationalen Sinn auf.
Das Land, in das er zufällig hineingeboren worden war, hatte
ihn dazu bestimmt, dem Volk, das darauf siedelte, mit seiner
Sprachkraft einen gottgefälligen Weg zu weisen.

Das Übers-Knie-Brechen historischer Vergleiche führt zu so
mancher Abstrusität. Da wird Karl Marx schnell mal zum Vorläufer von Stalin, Friedrich Nietzsche zu einem Hitler-Adepten
und Martin Luther zu einem Weggefährten Himmlers. Trotzdem ist diese Haltung Martin Luthers tragisch. Es lag durchaus
in seiner Hand, eine Aussöhnung mit den Juden zu erwirken, da
er dem jüdischen Teil der Bibel eine ungleich höhere Bedeutung
zumaß, als es zu seiner Zeit üblich war. Vielleicht liegt darin
auch der Hase im Pfeffer. Luther fahndete bei seiner Übersetzung eifrig nach vorbedeutenden Fingerzeigen im Hinblick
auf das Erscheinen Jesu Christi, um beide Testamente eng zu
verschweißen. Die Kommentare, mit denen er seine Übersetzung der jüdischen Bibel versah, legen davon ein beredtes Zeugnis ab. Es ging ihm dabei um eine Christianisierung der älteren

Überlieferung, und dieses Bestreben gehorcht auf pikante Weise einer mehrfach durchgespielten Szenerie der jüdischen Bibel: Der Erstgeborene ist nicht der wichtige Sohn. Es ist der Zweit- oder später Geborene, auf dem der Segen ruht und der das Blatt wendet.

Martin Luther fühlte sich als Christ, Übersetzer und Interpret zweifellos als *der* zweitgeborene Segensmann. Unser Reformator war ein Starkzehrer, der kräftig in der Sprachsupp' rührte. Er hatte die Fähigkeit, als Knappschafter zu wirken, in den Sprachkeller hinabzusausen, sich rasch wieder in luftige Höhen zu erheben und sprachlich kühn auszuschwingen. Natürlich waren sein Fleiß und sein Wissen enorm – was für eine Bibelübersetzung von großem Vorteil ist, vorausgesetzt, man verzichtet auf allzu exuberante Sprachräusche.

Widmen wir uns zum Schluß einer Stelle, in der Gott höchstselbst in einen Sprachrausch gerät, während Er dem im Aschehaufen sitzenden Hiob eine gewaltige Standpauke hält. Ein Fest für unseren zupackenden Übersetzer: »BJistu gewesen da der Schnee her kompt? oder hastu gesehen / wo der Hagel herkompt? Die ich habe verhalten bis auff die zeit der trübsal / vnd den tag des streits vnd kriegs. Durch welchen weg teilet sich das Liecht? vnd aufferet der Ostwind auff erden? Wer hat dem Platzregen seinen lauff eingeteilet? und den weg dem Blitzen vnd Donner. Das es regent in der Wüsten, auffs Land da niemand ist / in der wüsten da kein Mensch ist. Das er füllet die einöden vnd wildnis / vnd macht das gras wechset. Wer ist des Regens vater? wer hat die tropffen des Tawes gezeuget? Aus wes Leib ist das Eys gegangen? vnd wer hat den Reiffen vnter dem Himel gezeuget? ... Kanstu den Morgenstern erfur bringen zu seiner Zeit? oder den Wagen am himel vber seine Kinder füren? Weissestu wie der Himel zu regirn ist? oder kannstu jn meistern auff Erden? KAnstu deinen Donner in der wolcken hoch her füren /

Oder wird dich die menge des Wassers verdecken? Kanstu die blitzen auslassen / das sie hin fahren / vnd sprechen / Hie sind wir? Wer gibt die Weisheit ins verborgen? wer gibt verstendige gedancken? Wer ist so weise / der die wolcken erzelen könde / wer kann die Wasserschleuche am Himel verstopffen? Wenn der staub begossen wird / das er zu hauff leufft / und die Klösse an einander kleben?«[4]

Nur zu gern würde ich jetzt mit den Blitzen sprechen, die bei Luther so stolz verkünden: *Hier sind wir!* Vorausgesetzt, sie erhellten nur meinen Geist und blieben dem Leib fern, damit es mir weiterhin vergönnt sei, mich nach Herzenslust durch Martin Luthers Schriften zu wurmisieren.

James Ensor
Christi Einzug in Jerusalem

James Ensor war ein Tausendsassa. Er malte so gut, wie er radierte, zeichnete so gut, wie er malte und radierte, und er ist
der einzige Maler der Moderne, dem religiöse Motive glückten.
Für gewöhnlich werden zu ihm verwandtschaftlich die Sym-
bolisten und Phantasten aufgerufen. Seine Radierungen – das
Gebröckel, die Wellenlinien, das Figurenrennen – weisen auf
Hercules Segers, auf Rembrandt und Callot, in der Malerei
neigt er phasenweise, wenn er sich atmosphärischen Turbulenzen hingibt, zu Turner. Und doch ist alles bei ihm anders. Es
ist dieses Nervöse, Durchzuckte, Luminose, der enggepreßte,
verstockte und dann sich wieder weit, weit verlierende Raum,
diese abenteuerliche Probierlust, von dunklen, moosigen Tönen
zu grellen Primärfarben wechselnd, es ist die verkritzelte Über-
empfindlichkeit, grober Pinsel, sachter Pinsel, das Augenweh,
der Verfolgungswahn, das Visionäre, was dieses Werk so aufregend macht.

Ensor läßt sich leicht in ein Dreigespann schirren, bestehend
aus ihm, Nietzsche und Strindberg. Mit Nietzsche teilt er den
monströsen Versuch, sich an Jesu Stelle zu setzen, mit Strindberg den Frauenhaß, die Liebe zur Verzweiflung und den gewaltsamen Ausbruch aus dem bürgerlichen Salon. Masken und
Gerippe kehren auf Ensors Bildern, beharrlich wieder. Die Masken wirken selten wie eigens aufgesetzt, sie schmiegen sich so natürlich den Köpfen an, als wären sie mit dem Gesichtsfleisch
verwachsen. Der Tod begegnet den Masken in bleicher Helle.
Wenn sich Masken- und Mützenleute am Strand von Ostende
in der Ferne tummeln, ist die Helle flirrend, die Oberfläche ver-

kratzt und mit Bürstenstrichen traktiert. Alles ist lichtdurchsetzt und läßt an ein Totenreich denken, in dem gewisse Regungen noch möglich sind.

Zwischen 1885 und 1886 entstehen sechs große Christuszeichnungen, in allen ist das Licht von höchster symbolischer Bedeutung. Es dient nicht nur der Beleuchtung oder dramatischen Akzentuierung des Geschehens, sondern strahlt oder trübt sich ein aus eigenem Beschluß und eigener Kraft, weit entfernt von jeder möglichen natürlichen Quelle. Es betreibt Lichtfraß und Entwesung, bricht mit Wut und Gewalt hervor, wandelt Stoffe und menschliche Körper.

Wie Nietzsche und Strindberg sieht Ensor sich als Schmerzensmann, als ein im Geheimen triumphales Geschöpf, dem außerordentliche Leiden auferlegt sind, was dazu führt, oder soll man besser sagen: ihn verführt?, den Christusdarstellungen die eigene Frisur und die eigenen Gesichtszüge einzuzeichnen. Auch in *Christi Einzug in Jerusalem* reitet Ensor-Christus auf einem Esel in die Stadt, als segnender Lichtbote, während von schräg oben und von der Seite weitere übernatürliche Lichtzugaben einfallen.

Was da mit Militärmützen, Blasinstrumenten und Trommeln vor dem Erlöser einherwalzt, hat gewiß nichts mit den Bewohnern der historischen Judenstadt zu tun, auch nicht das merkwürdige Gebäude am rechten Rand, von dem die Fahnen der Metzgerinnung Jerusalems hängen. Es wirkt wie eine zu groß geratene Kredenz aus einem bürgerlichen Salon. Links, auf einem Schild, wird Colman's Mustard angepriesen, ein bis auf den heutigen Tag berühmter Senf. Eine flämische Bewegung hat sich mit Hipp-hipp-hurra in Marsch gesetzt. Und hinter der bühnenhaft durchhängenden Hauptschrift – *Jesus Roi des Juifs* – läßt ein dünnes Spruchband den Sozialismus hochleben. Da quellen Massen in die Schneise und spektakeln. Lautstark schreien die

Parteien ihre Parolen. Man sollte sich das strapazierende Getöse der Blechmusik und die marschmäßige Trommelei ins Gehör rufen. Nur der jesuanische Lichtbann schafft freien Raum, indem er das Körpergewoge entmaterialisiert. Vielleicht reicht Jesu Kraft sogar, in dem Raum um seine Hand dem Lärm die Gewalt zu nehmen.

Von den zweifelhaften Versuchen in Kunst und Literatur, sich an die Stelle des Erlösers zu setzen, überzeugen nur diejenigen Ensors. Die Gewalt des Geschehens, der Einbruch des Übernatürlichen, ist derart radikal Bild geworden, daß der Betrachter keinen Anlaß hat, die Peinlichkeit narzißtischer Selbstdarstellung zu begrübeln. Mehr noch, indem Ensor ein am Anfang unserer Zeitrechnung liegendes Wunder mit vollen Segeln von Jerusalem weg und in die Stadt Brüssel überführt, ohne dem Heilsgeschehen die Wucht zu nehmen oder es mit Hilfe launiger Blasphemien zu durchkreuzen, gelingt der Realismus der Passion. Verschwiegenheit inmitten des Lärms, Verirrung der Anhänger, Ausbrennung der Welt durch Licht, das hat kein anderer Maler der Moderne so wirkungsvoll in Szene gesetzt. Alte Zumutungen rennen mit unverminderter Wucht gegen die neue Zeit an, und damit ist das Überzeitliche des Heilsgeschehens wieder frisch ins Bild gefallen. Auf James Ensors Bildern wird das Totgeglaubte wieder lebendig, und die Erlösung, ersehnt, gefürchtet und verzögert, rückt gefährlich nah.

Rembrandt
Simeon im Tempel

Lukas, der als einziger Evangelist die Geburtsgeschichte überlieferte, sagt in der Übersetzung Luthers: »Und siehe, ein Mensch war zu Jerusalem mit Namen Simeon, und derselb Mensch war fromm und gottesfürchtig und wartete auf den Trost Israels und der heilige Geist war in ihm. Und ihm war Antwort worden von dem heiligen Geist, er sollt den Tod nicht sehen, er hätte denn zuvor Christ den Herrn gesehen. Und kam aus Anregen des Geistes in den Tempel. Und da die Eltern das Kind Jhesum in den Tempel brachten, daß sie für ihn täten, wie man pfleget nach dem Gesetz, da nahm er ihn auf seine Arm und lobte Gott und sprach: Herr, nun lässest du deinen Diener im Friede fahren, wie du gesagt hast, denn meine Augen haben deinen Heiland gesehen.«[1]

Die Begegnung findet im Tempel zu Jerusalem statt. Eine durch und durch jüdische Begegnung. Ein alter frommer Jude nimmt das jüdische Jesuskind auf seine Hände und erkennt in ihm den Retter. Auch im Namen des Kindes ist die heilbringende Zukunft angedeutet, denn Jesus, Jeschua, bedeutet soviel wie: er wird retten. Zwei machtvolle Traditionen sind hier aufgespannt, deren Verschränkung alsbald in Konfrontation übergehen wird. Eine ist schon voll ausgeprägt und erhält von Generation zu Generation neuen Schwung – es ist die jüdische Erlösungserwartung, die das Kommen des Messias als Aufschub an die Zukunft überantwortet. Die andere nimmt mit dem kleinen Sohn ihren Lauf und lockt das christliche Bekenntnis hervor, er und kein anderer, der etwa noch in der Zukunft verborgen liege, sei der Erlöser.

Von der jüdischen Erlösungshoffnung, Gott werde sich seines auserwählten Volkes erneut annehmen, und zwar mit Hilfe des Messias, einem Abkömmling aus dem davidischen Königshaus, hatte schon der Prophet Jesaja in seinen Prophezeiungen gesprochen: »Und es wird eine Rute aufgehen aus dem Stamm Isai und ein Zweig aus seiner Wurzel Frucht bringen. Auf welchem wird ruhen der Geist des Herrn, der Geist der Weisheit und des Verstands. Der Geist des Rats und der Stärke, der Geist der Erkenntnis und der Furcht des Herrn. Und sein Ruch wird sein in der Furcht des Herrn. ... Die Wölfe werden bei den Lämmern wohnen und die Pardel bei den Böcken liegen.«[2]

Wo einmal alles angefangen hat, von da aus kommt auch der Neubeginn her; der gottgesandte Sproß des davidischen Königshauses wird alle Königshäuser überstrahlen, auf daß die Welt, im Schmelz des messianischen Glanzes aufscheinend, eine neue werde.

Rembrandt! Es ist hier nicht möglich, Kühnheit und Kraft, Imagination und Intensität dieses großartigen Einzelgängers von Bild zu Bild, von einer Lebensstation zur anderen, darzulegen und zu rühmen. Nur soviel: 1606, in einer Zeit der Religionswirren geboren, welche die reichen Generalstaaten der Niederlande im Abwehrkampf gegen das katholische Spanien immer wieder ausbluten ließen, es aber auch zerrieben in innerprotestantischen, nicht minder bitteren Kämpfen zwischen einem gemäßigten und einem radikalen calvinistischen Flügel, lernte er die Bedrohung des Krieges und der Pest kennen, aber auch den steten Zustrom an phantastischen Waren aus Übersee, die den Reichtum des neuen Kolonialimperiums begründeten, besonders den Reichtum Amsterdams, der Stadt, in der Rembrandt sein erwachsenes Berufsleben zubrachte.

Von jung gezeigter Talenthöhe, Talent, das rasch zu Ansehen und Ruhm kommt und im Wettkampf mit dem älteren, hochberühmten und schwerreichen Peter Paul Rubens, der hauptsächlich für katholisch-höfische Auftraggeber malt, diesen um ein Haar überflügelt, zieht es ihn im letzten Lebensdrittel hinab. Rembrandt erleidet einen rasanten Verfall seiner Karriere. 1669 endete er als verarmter, verbitterter Bankrotteur. In der staubigen Werkstatt an der Rozengracht fanden sich dreizehn unvollendete Gemälde, darunter jener *Simeon im Tempel*, und – was uns heute wie ein Sakrileg oder zumindest kurios vorkommt – ein ehemaliger Schüler mischte sich ein und malte das Bild fertig, damit es noch irgendeinen Käufer fände.

Alte Leute zogen Rembrandts Blick an. Seine Altenköpfe zählen zu den besten, die man in der europäischen Kunst finden kann. Als alter Mann malte er den alten Simeon.

Von Rubens gibt es ebenfalls einen Simeon, und Rembrandt selbst hat ihn früher auch schon einmal gemalt. Beide Bilder sind ungleich schwächer als der späte Rembrandt-Simeon. Rubens hat ihn auf einem Altarflügel in ein goldrot flammendes Spektakel gefaßt, viel Tempel, viel Säulen, viel Quasten, viel Zier, viel Gewand; der Alte hält das Kind und blickt dabei gen Himmel. Auch Rembrandts früher Simeon ist ein Mann des Tempels und des Dekorums, auf den Stufen im Hintergrund des hohen Raumes haben sich Zuschauer sonder Zahl hingekauert.

Aber nun dieser letzte, so ganz andere Simeon. Außer einer kaum aus dem Dunkel entborgenen Maria keine Zuschauer mehr. Simeons Augen sehen durch die herabgezogenen Lider hindurch den Heiland, das arme Kind einer armen Frau. Es ist ein glaubhaftes Kind. So sehen holländische Säuglinge der Zeit aus, so stramm sind sie gewickelt, solche Mützchen tragen sie. Unzählig die Maler, auch hochberühmte, die in der Darstellung des Jesuskindes scheiterten. Entweder puttenhaft, einem Eros ohne Flügelchen teuflisch ähnelnd, das Kinderfleisch wursthaft gegliedert oder mit ältlich vergrämter Miene und damit zum Gnom werdend, weil der Maler Weisheit und Leiden in sein winziges Antlitz hineinpraktizieren wollte und das kaum gelingen kann – so kommen uns viele Jesusknäblein entgegen. Hier aber, wenn wir nur sein Gesicht betrachten und sonst nichts, haben wir einen redlichen Säugling vor uns, keinen erotischen Pausback und kein Greisenkind.

Intimität und Intensität, die Szene besitzt beides in hohem Grade. Wie das Kind, das er auf steifen Armen trägt, leuchtet Simeon von innen, ohne daß von außen Licht auf die Szene fiele. Die dünnen Augenhäutchen des blinden Alten strahlen. Ein eingefrorener Moment von überwältigender innerer Dramatik. Simeon war der Heiland verheißen worden, und nun erkennt er ihn und darf sterben, lebenssatt (wie es von Hiob heißt), an Jahren hoch und in der Gewißheit der Erlösung.

Wohl wahr, man hatte den Protestanten eines niemals zugetraut – daß sie Heiligenbilder zu schaffen verstünden, doch Rembrandt krempelte alles um: seht her, hier ist eins. Lichtwarm, innig, erfüllt, das Antlitz des Alten von Transparenz durchdrungen, der Mund halb geöffnet, sein Bart schneeig und duff, die hohe Stirn im Glanz. Das Gewand Simeons und das Kleidchen des Säuglings gehen ineinander über; fast will es einem so vorkommen, als würde der heilige Säugling aus Simeon emanieren. Ihre Verbindung ist stark, dabei zart, in zarteste, wie gehauchte Obhut ist das Kind vorübergehend gekommen. Simeon scheint in sich hineinzuhorchen und wird dabei sehend. Konzentriert man sich auf seinen Mund, hört man seinen brüchigen Atem gehen. Wie von Sonnenstaub umflirrt, tanzt und vibriert alles in geistigem, verheißungsvollem Licht. Gemeinsam sind Simeon und das Kind in seinen Bann gezogen. Das Licht von außen ist aber ohne Belang. Es verblaßt gegenüber der göttlichen Wahrheit, und deshalb ist alles um die Figuren in ein unspezifisches Raumdunkel gehüllt, in ein Weltdunkel, kein Architekturdunkel.

Ein lebendiger Quell religiöser Zuversicht strömt aus diesem Bild. Lichtgewordenes Blut, rötlich, golden, ockerfarben, Simeons Gewand in schimmerndem Nebel, und ein dunkles Geheimnis um die drei Figuren, das weichen muß vor dem Licht. Aber Licht und Schatten verhalten sich zueinander nicht hart, sie gehen gleichsam Hand in Hand.

Ja, auch hier ist es einmal mehr die Seele, die sich ihren Leib baut. Obwohl das Alter nicht schön ist und Rembrandt kein Beschöniger war: Simeon ist schön in seinem Frommsein, etwas von seiner aufschwellenden Seele diffundiert nach außen und kann selbst einem nüchternen Betrachter, dem jegliche religiöse Substanz aus dem Leib gefegt wurde, so etwas wie Trauer entlocken oder gar das Eingeständnis, daß ihm etwas fehle.

Die Malweise, die Rembrandt berühmt gemacht hat, sie ist kraftvoll und lichtleitend. Breiter Pinselstrich und feiner Pinselstrich, er beherrschte sie beide und wandte sie teilweise in ein und demselben Gemälde an; er knetet, kratzt, schabt, tüpfelt Lichtkörnchen und Lichtperlen, die Hintergründe verschwimmen in samtbraunem Schwarz, seine Figuren tasten sich oft aus diesem Dunkel heraus. Kennte man nur seinen hinterlassenen Simeon, man würde nicht auf die Idee kommen, daß Rembrandt auch der Maler blendend weißer Mühlsteinkragen ist, dieser vielfach gefältelten Gebilde um die Hälse der Amsterdamer Patrizier; mit höchster Sorgfalt und Präzision sind die gestärkten Röhrchen wiedergegeben und präsentieren die Köpfe auf einem schaumigen Ring der Reinheit. Bei Simeon spielt all dies keine Rolle, sein Gewand ist in warmen Brauntönen gehalten, einen genauen Eindruck erhält man davon nicht. Es würde nur ablenken von der seinssicheren Frömmigkeit des alten Juden.

Ob der Messias noch kommen wird oder ob der schon gekommene der echte ist, eine Ahnung davon, wie es sein könnte, wenn die Pardel bei den Böcken wohnen, vermittelt das Bild, und es braucht dazu keine sanftmütigen Tiere, es genügt ein beseelter alter Mann, der zart und in schwimmender Zuversicht durch den Säugling hindurch seinem Tod begegnet.

Roelant Savery
Waldesdickicht nach einem Sturm

Bei meinem ersten Besuch im Kunsthistorischen Museum in Wien – viele Jahrzehnte ist es her – lernte ich die Gemälde Roelant Saverys kennen. Um den Zustand zu beschreiben, in den sie mich damals versetzten, helfen nur starke Wörter: Ich war entzückt! – wurde auf eine Weise, wie sie manchmal Kindern geschieht, aber selten Erwachsenen, entführt und in die Bilder eingesogen. Die Ausrückung aus der Welt um mich her war so groß, daß ich alle Gemälde ringsum vergaß. Vom Zauber der detailscharfen Szenen inmitten eines paradiesischen Fluidums, dem Vogelgewimmel im bräunlich moosdunklen und türkisblauen Kolorit fühlte ich mich angezogen; die Kraft der atmosphärischen Gaukelei war so groß, daß – wenn ich auch keine Erinnerung mehr daran habe, was ich damals dachte – leicht der Wunsch aufgekommen sein mochte, mich in einem der ins Blaudunstige sich zerlösenden Wäldchen Saverys für immer zu verlieren. Ich merkte mir seinen Namen. Er kam mir verführerisch vor, und ich liebe ihn bis heute. Der Nachname ist elegant, der etwas anders als im Deutschen geschriebene Rolandsname naturgemäß kräftig, wie es einem Roland eben gebührt, aber durch das eingeschobene *e* für unsere Augen – weniger für die Ohren, da Holländer und Belgier dieses *oe* eher wie ein *u* sprechen – ins Fremde versetzt.

Roelant Savery war ein Paradiesmaler, ein Stilleben- und Blumenmaler, vor allem aber ein begnadeter Tiermaler, Liebhaber von Löwen, Pferden, Ziegen, Hirschen und exotischen Vögeln, ein Landschaftsmaler von vorzugsweise geheimnisvollen Hieronymuswäldern mit sonnenbeschienenen Felsen, dekorativ gewachsenen Bäumen und raffinierten Gehölzdurchblicken, in denen die Rätsel der Schöpfung ihrer Lüftung harren. Aber es gibt auch ruhige Haustierlandschaften von ihm, in denen niederländische Rinder geruhsam kauend im Gras liegen. Er stammte aus einer flämischen Künstlerfamilie, neben ihm und mit ihm wirkten noch zwei Brüder, Jacob und Hans.

Zeitweise, von 1604 bis 1612, gehörte Savery zum Troß des kunstvernarrten Habsburger Kaisers Rudolph II., der in Prag residierte und eine weithin bewunderte Menagerie auf dem Hradschin unterhielt. Der Kaiser war stolz auf seine aus aller Welt zusammengebrachten Tiere und forderte die Maler dazu auf, sie zu studieren. Er war ein mystischer Liebhaber der Natur und verlangte von seinen Künstlern eine detailgenaue Wiedergabe der Gegebenheiten, schickte sie auf Reisen, damit sie mit wilden Berglandschaften bekannt würden und sie in Skizzen einfingen. Dem Hang des Kaisers, die Welt en miniature bei sich zu versammeln, entsprachen die Bilder, die Savery ihm lieferte. Als der Monarch 1612 starb, kehrte der Maler für wenige Monate nach Amsterdam zurück.

In den Prager Jahren öffnete sich für Savery die Möglichkeit, exotische Tiere genau kennenzulernen. Bald sollten sie in vielen seiner Bilder der Ausstaffierung und Belebung mythologischer und biblischer Szenen dienen. Pelikane, Löwen, Strauße, Papageien, Tiger, Dromedare, Elefanten scharen sich friedlich um den lautespielenden Orpheus, sie finden sich in Waldszenen, die dem Garten Eden nachempfunden sind, und zwar in solcher Fülle, daß die Landschaften regelrecht von ihnen überstopft sind. Sogar die inzwischen ausgestorbene Dronte, den etwas plumpen Vogel mit den Stummelschwingen, auch bekannt unter dem Namen Dodo, hat er in einem präzis gezeichneten Portrait festgehalten. Diese Dronte ist eine der frühesten Einzeldarstellungen, die es in der europäischen Malerei von Tieren überhaupt gibt.

Am Anfang seines Malerlebens suchte Savery im Stile Pieter Bruegels des Älteren zu malen. Seine Winterlandschaften und figurenwimmelnden Bauernszenen, ein Turmbau zu Babel, sie alle zeigen eine deutliche Nähe zum geschätzten Vorgänger. Auch die Landschaftsbilder mit ihren ins Weite sich öffnenden Hintergründen, oft in eine liebliche, blau getönte Bergwelt hinein, weiter und immer weiter, bis sie sich im Diffusen verlieren, nehmen die Kompositionsmuster der bekannten Vorläufer auf – da wären vor allem die Landschaften Joachim Patinirs zu nennen.

Erst in seiner mittleren Schaffenszeit entwickelte sich Savery zu einem Tiermaler von eigenartigem Charme. Kurios sind zum Beispiel seine Pferde. Eher kompakt, weitbäuchig gedehnt, mit dicken Hälsen, aber kleinen Köpfen, mächtigen Mähnen und Schweifen. Das Fell der Schimmel ist meistens aufregend gefleckt, in feinen Kräuseln wallt ihr Haar bis zum Boden herab wie bei Lady Godiva. Nicht unbedingt Naturen animalischer Art, sondern schöne, sanftäugige Mädchen scheinen in diesen Körpern zu stecken, die mit graziös erhobenem Bein Konversation treiben.

Savery lebte von 1576 bis 1639. Er wurde hineingeboren in eine hoch erregte, gefährliche Zeit, im westlichen Flandern, etwas südlich von Gent. Calvinistische Bilderstürmer schleppten in den nördlichen Städten Schätze aus Kirchen und verbrannten sie. Nach einer Strafexpedition, die Herzog Alba auf Geheiß Philipps II. von Spanien 1567 durchgeführt hatte, war 1568 der Spanisch-Niederländische Krieg ausgebrochen, der in einem Auf und Ab zwischen Friedensschlüssen und immer wieder auflodernden Kämpfen sich achtzig Jahre hinziehen sollte, bis er neun Jahre nach Roelant Saverys Tod im Westfälischen Frieden ein Ende fand, der die Republik der Vereinigten Niederlande vollends in die Unabhängigkeit entließ.

Die Eltern Saverys flohen vor den Spaniern und der Pest, die sich im Gefolge der Kriegsverheerung ausgebreitet hatte, nach Haarlem. Roelant scheint dort bei seinem älteren Bruder Jacob in die Lehre gegangen zu sein.

Die eigentliche Herausforderung, die ihn zu Höchstleistungen anspornte, waren für ihn wohl die Jahre in Prag. An den Kaiserlichen Hof gelangte er im Alter von achtundzwanzig Jahren. Rudolph II. war ein eigenwilliger Kunstkenner, seine Gemäldesammlung stand den Malern zu Studien- und Kopierzwecken offen. Hier waren unter anderem Gemälde von Giuseppe Arcimboldo, Hans von Aachen, Bartholomäus Spranger und Bilder des Miniaturisten und Illuminators Georg Hoefnagel versammelt.

Der Kaiser betätigte sich selbst als Goldschmied, wahrscheinlich begegnete er seinen Schwermutsanfällen, indem er das noble Material erhitzte, das die Alchimisten zu gewagten Spekulationen und Experimenten anstachelte, es behämmerte, es beklopfte und in dünnen Fäden auszog.

Er galt als Eigenbrötler, der die höfischen Verpflichtungen vernachlässigte; schon die Verlegung der kaiserlichen Residenz weg vom turbulenten Wien nach dem ruhigeren Prag hin hatte Unmut erregt. Der Herrscher war ein Verächter der Ehe; er umgab sich mit Vorliebe mit Astronomen und Astrologen, unterhielt Verbindung zu Johannes Kepler und Tycho Brahe, er interessierte sich für Geologie, Zoologie und Botanik. Kurzum: ein sonderbarer Kaiser, dem die Geschäfte der Künstler und Himmelsforscher näherstanden als der vergiftete Alltag der Politik und die Sicherung der Erbfolge. An seinem Hof wurde mit Inbrunst geforscht, gemalt, gesammelt und einem luxuriösen Handwerk gehuldigt. Und dieses Treiben vollzog sich zwischen zwei extremen Spannungspolen – zwischen einer möglichst präzisen Erforschung der Wirklichkeit und überschießenden mystischen Träumereien und Spekulationen.

Nach dem Tod Rudolph II. erhielt Savery Aufträge vom Hof

in Wien, zwei Jahre stand er im Dienst von Matthias, einem jüngeren Bruder des verstorbenen Kaisers. 1616 kehrte er endgültig in die Niederlande zurück, zunächst nach Amsterdam, später nach Utrecht, wo er auch starb. Ob die Nachricht stimmt, er sei in geistiger Umnachtung auf den Tod zugegangen, ist umstritten; in seinen späten Bildern gibt es jedenfalls keine Anzeichen für einen geistigen Zerfall.

Das Geburtsdatum des Mannes fällt zwischen zwei Glanzzeiten der Malerei. Geboren ist Roelant Savery mehr als ein Jahrhundert nach dem Höhepunkt der flämischen Malerei, repräsentiert von Jan van Eyck (1390-1441), einige Jahrzehnte später von Joachim Patinir (1480-1524) und wiederum etwas vor dem Anbruch des goldenen Zeitalters der niederländischen Malerei um 1600. Kaum je zuvor hat ein geographisch recht kleines Gebiet eine solche Fülle an Talenten hervorgebracht. Unübertroffen sind Flamen und Niederländer in der Subtilität ihrer Auffassung, ihrem raffinierten technischen Können und einem neugierigen Probiereifer, der von den biblischen und mythologischen Szenen allmählich sich löst und neue Sujets unter den Pinsel nimmt, an Seestücken, Interieurs, Bauernszenen, leuchtenden Stilleben, Landschaften sein Vergnügen gewinnt. Ein einsamer Höhepunkt in der Malerei, der nie wieder erreicht werden sollte. Es ist, als wäre das absolute Maximum, was man in dieser Kunst je zu leisten imstande war, damals von den niederländischen Malern geschaffen worden, von Künstlern wie Jan Vermeer, Jacob van Ruisdael, Pieter de Hooch, Balthasar van der Ast, Willem Kalf, Rembrandt, die alle circa dreißig, vierzig Jahre später zur Welt kamen als Roelant Savery.

Das *Waldesdickicht nach einem Sturm*, welches die Hamburger Kunsthalle besitzt, gehört zu den späten Bildern des Malers. Es ist auf 1630 datiert. Wahrscheinlich hätte Savery mit diesem Bild den kunstverwöhnten Kaiser Rudolph, der ein überragender Kenner war und die besten Talente an seinen Hof zog, nicht fesseln können – mit dem berühmten *Orpheus unter den Tieren* oder dem *Vogelparadies* kann es jedenfalls nicht konkurrieren, aber ein schönes Gemälde mit eher verborgenen Reizen ist das *Waldesdickicht* dennoch. Es fängt eine gerade zur Ruhe gekommene dramatische Stimmung ein, die Stimmung, die herrscht, wenn ein starkes Gewitter vorübergezogen ist, die im Gewitter tobenden Windsbräute in die Äste der Bäume gefahren sind und morsche Stämme zu Fall gebracht haben.

Was an vielen seiner zahlreichen Tierbilder so charakteristisch ist, nämlich daß die Tiere oft übergroß und prangend und, selbst wenn sie zu Paaren geordnet sind, als stolze Solitäre im Bild stehen, daß sie ihre langen Schnäbel in die Luft recken, ihre Geweihe zu höchst dekorativen Ornamenten sich fügen, daß sie den Himmel elegant durchfliegen oder aus den Gewässern hüpfen und schnellen, ist hier geradezu umgekehrt. Man muß das Bild von nahem und mit Geduld betrachten, um die im Gehölz und in den schleierigen, leicht nebligen Lichtungsgründen verborgenen Tiere zu finden. Wo das *Waldesdickicht* in einer Broschüre verkleinert abgebildet ist, entziehen sie sich dem Auge.

Aus der Nähe aber erkennt man rechts unten auf der ockerbraunen Steinplatte liegend ein Füchslein, das sich am Ohr kratzt, als wolle es das im Gehör vielleicht noch verbliebene Donnergrollen herausbringen; sein Partner klettert mit dem Rücken zum Betrachter denselben Stein hoch. Vögel dürfen in einem Bild von Roelant Savery natürlich nicht fehlen. Vögel entgehen der Gefahr leichter als die schwerfälligeren Tiere am Boden. Zwei rote Papageien, ein graues, am Himmel vorüberziehendes Vogelpärchen, Sumpfenten, eine sehr verborgene Eule mit geöffneten Augen links im Geäst, sie alle sind dem Gewitter entkommen und posieren beschäftigt mit dem, was sie üblicherweise tun. Auch das im Dunkel versteckte Eichhörnchen in der Mitte links raspelt seine Nuß, als sei nichts geschehen, und Kühe liegen in der Lichtung friedlich im Gras, andere weiden.

Doch wir haben es nicht nur mit einem Idyll zu tun – vorne unten links liegt ein zerquetschtes Huftier, wahrscheinlich ein Reh, unter dem herabgefallenen Baumstamm; schwer zu sagen, ob es schon tot ist oder in Todesangst noch schreit und röchelt. Und darüber spitzt ein kleines dunkles Wolfsgesicht hervor, munter, von Neugier belebt; wahrscheinlich wird der Wolf mit seinen Zähnen gleich Fleischfetzen aus dem zerquälten Tier zu seinen Füßen reißen.

Der Sturm hat mächtig dreingeschlagen, Stämme und Äste geknickt, wobei das schimmernde, feuchte, intensive Braun der Baumstrünke den Gedanken nahelegt, daß in diesen umgestürzten Stämmen schon der Moder saß. Ihre Brauntöne sind so intensiv, als würde diese geheimnisvolle Waldunterwelt unterschwellig glimmen. Die Art, wie der Sturm die Stämme und das Geäst gebrochen zurückließ, hat mit der wirklichen Zerrüttung eines Waldes nicht allzuviel zu tun.

Das Ganze ist natürlich kunstvoll arrangiert. Zwar ist die Gegend verwildert, aber die Verwilderung ist geplant: die Quer-, Vertikal- und Schräglinien bringen in das mittig orientierte Bild dramatische Akzente und betonen den Tiefenprospekt. Da ragen Stammspitzen wie Pfähle von rechts nach links quer in die Höhe, und der abgebrochene Ast links führt die Höhenbewegung wieder hinab in den Grund.

Ein dekoratives Blättergerank, weder ausgerissen noch verletzt, ist anmutig über die Zerstörung am Boden gebreitet.

Unversehrt sind auch die im Vordergrund wachsenden Blumen, die Farne, die Akelei und das Maiglöckchen. Überhaupt ist das pflanzliche Schattendunkel, aus dem präzis ausgeführte Blattformen hervorleuchten, von hohem Reiz. Und der raffiniert gemalte Baumstrunk in der Mitte leitet den Blick auf die Lichtung, in der ein schlank gewachsener Baum in voller Laubfülle ganz unversehrt in einsamer Schönheit dasteht.

Vom Gewitter ist nicht nur die Spur einer kunstvoll gestalteten Zerstörung geblieben, sondern auch das fahle Licht. Die Sonne ist noch nicht wieder durchgebrochen. In zarte Türkisfarben, graue, weißliche, ist die Lichtung gehüllt. Es ist ein Gespensterlicht, Tageslicht, in dem das Geisterhafte des Gewitterlichts noch präsent ist. Doch die Wolkendecke ist schon aufgerissen, dazwischen scheint der helle Blauhimmel durch.

Das Gemälde ist nicht ganz durchgängig auf höchstem Niveau gemalt worden, an diesem Himmel zeigt es sich. Er entbehrt ein wenig des durchscheinend Duftigen der Luft, das durch den Auftrag vielschichtiger Lasuren nur von den erfahrensten, geduldigsten Könnern erzielt werden konnte. Der Himmel über dem *Waldesdickicht* ist noch zu erkennbar Farbmaterie, die sich nicht vollends ins Transzendente gelöst hat.

Was die Zusammenstellung von Pflanzen und Tieren angeht, entspringen die Landschaften Roelant Saverys zwar der Phantasie, aber sie sind nicht völlig erfahrungslos. Der Maler hat die Tiroler Bergwelt kennengelernt und von dort Skizzen von Schluchten und Felsgründen und Nadelgehölzen, rauschenden Bächen und Wasserfällen mitgebracht. Und er kannte die dunklen böhmischen Wälder. Ihn reizte es, die knorrigen Eichen, das gerundete Laub mit den fedrig sprühenden Spitzen der Nadelbäume zusammenzubringen und darunter Tiere zu versammeln, die nicht zur europäischen Fauna gehören.

Er ging dabei mit beseelter Geduld zu Werk. Wo von der erstaunlichen Güte der Schöpfung Zeugnis in lieblicher Schönheit abgelegt wird, wo glückliche Täler in epiphanisches Licht getaucht sind und auf moosweichen Waldstücken Tiere beieinanderliegen, die sich normalerweise zerreißen, wo die hohe Tugend des Fleischverzichts geübt wird, wo die Geschöpfe Konversation treiben, ein jedes mit jedem mühelos über die eigene Art hinweg, da ist auch das Gegenteil, die Bedrohung der Schöpfung nicht fern. Daher das zerquetschte Tier, daher die Jagdszenen und Tierkämpfe in einigen seiner Bilder, daher der Sturm und die umgestürzten Bäume.

Wobei Saverys Wälder nicht das triebhafte, gefährliche Dikkicht der germanischen Urwälder repräsentieren, vor denen es den Römern so grauste, weil sie aus wärmeren, ackerbaugesänftigten Gegenden kamen und ihre Kriegsausrüstung für die dichten Wälder wenig geeignet war.

Auf anmutige Weise sind Kultur und Natur, das Gehegte und Bestellte mit dem Wildwüchsigen bei Savery verbunden. Der wilde Wald ist gleichsam zutraulich bemoost, und ihm ist darum das für den Menschen Lebenswidrige genommen.

Dem Aufwand, den Gott mit der Erschaffung und Erhaltung der Welt betrieben hatte, galt es in der Malerei mit den zwar nach Menschenmaß kleineren, aber rigoros konzentrierten Kräften nachzueifern. Das Lesen in Gottes Buch der Natur, einem riesigen aufgeschlagenen Buch, das die Welt enthielt, war verbunden mit dem Auftrag, jedes einzelne Geschöpf, dem Gott durch seine Gedanken Substanz gegeben und das Er in der Wirklichkeit hervorgebracht hatte, genau zu betrachten, es zu entziffern und im Abbild als aussagekräftigen Einzelbuchstaben zu beleuchten. Der Auftrag beinhaltete außerdem, ein solches Geschöpf in einen sorgsam gewählten Ausschnitt einzupassen, der den Weltplan repräsentieren sollte. Das hat bei Malern wie Savery den Blick auf Tiere und Pflanzen geschult; und so wurde alles, was da lebte und krauchte und flog und bis in die Blattspitzen hinein erzitterte, durch das scharfe Auge des Malers und die minutiöse Arbeit der Pinsel – auch bei diesem 42 × 78 cm großen Eichenholzbrett, welches die Hamburger Kunsthalle besitzt – für manchen Wunderaufschluß gut.

Adolf Wölfli
Notenblatt in Grau

Adolf Wölfli! Jeder, der sich für Kunst interessiert, kennt ihn. Kennt seine farblich höchst anziehenden, oft ovalen Gebilde, die mit ihren Zutaten, den Buchstaben, Antennen, Noten, Kreuzzeichen, den überäugigen Figürchen mit Augen, groß wie schwarze Eier, Augen, bei denen die dicken Brauen mit dem Auge verschmolzen sind, jedes Fitzelchen Papier ausnützen und es mit bunten, vielhundertfachen Strichen bedecken.

Wölfli war ein Geburtshöhlenkünstler, der diese ominöse Höhle im Sinne des Gesamtkunstwerks füllte, sie mit monstrierenden, horchenden, beobachtenden, gelegentlich ein Szepter schwingenden Figuren überstopfte, mit zarten Noten, die sich zu Liedern fügen, welche vom Glanz und vom Elend Gottes handeln, auch mit Bildchen, die er aus Zeitschriften ausschnitt und mit dekorativen Rahmungen versah.

Wenn der Gott der Kabbala sich im Zimzum zurückzog, um Raum für die Schöpfung zu lassen, so hat Adolf Wölfli es andersherum gemacht. Er hat gestrichelt und notiert, hat gesungen und komponiert und in seine selbstgerollten Papptröten geblasen, hat alles Papier, das er in die Finger bekam, zum eigenen Weltentwurf hergenommen, es ornamental und systematisch ausgeziert. Dazu paßt übrigens, daß der Mann einen robusten, etwas bäuerischen Körper hatte (darin Picasso ähnlich), Hände hatte, die nicht unbeschäftigt herumliegen konnten.

Kurios, ja mehr als das, höchst erstaunlich sind seine amerikanischen Phantasien, die eine Ähnlichkeit zu den Amerika-Phantasien Franz Kafkas aufweisen. Adolf Wölfli war ein wilder, ausufernder Reiseschriftsteller. Und Amerika war die ideale

Projektionsfläche für seine im Sauseschritt vorgetragenen, konsequent durchrhythmisierten Positiv-Formen. Das Werk: der Glücksschlupf. Definitiv positiv. Zwar kommen Katastrophen darin vor, aber aus ihnen wird tänzerisch, behend, geradezu lässig herausgeschritten, ins Freie, ins Weite, ins nächste Abenteuer hinein. Als er 1930 im Alter von 66 Jahren starb, hinterließ der Mann ein riesiges Werk.

Während in den Schriften mit Siebenmeilenstiefeln immer fort und fort geschritten wird, ist in den Bildern alles umgrenzt, vielfach umrahmt. Eine dekorative Konzentrationskunst, die auf den inneren Kern oder auf mehrfache Kerne, Blasen, Höhlungen verweist, in der rätselhafte Figuren mit bischöflichen Geisthauben sitzen, meist mit einem Kreuz versehen; oft haben die Bilder witzige Titel, wie zum Beispiel die *Katholische Geisteszentrale in Rom* von 1905, mit eulenhaften, in Ovale geschlossenen Bischofsguckern.

Ganz und gar unheimlich wird einem Adolf Wölfli allerdings, wenn man sich seine Zahlennotate genauer ansieht. Alfred Stohl hat es getan; er hat sich im Aufsatz *Der Allgebrathor* mit Wölflis komplizierten Rechnungen, seiner Zinseszinsschlange befaßt. Hier hat sich ein Mann mit dem Spürsinn eines Kabbalisten an Wölflis Zahlen gemacht und entdeckt, daß alles, was bisher als zielloses Gekritzel galt, einem ausgefuchsten privatmythologischen System gehorcht, in dem die Zahlen, an die Buchstaben des Alphabets gekoppelt und mit den bedeutsamen Schicksalszahlen Adolf Wölflis kombiniert, wundersame Bedeutungen ergeben. Darin befinden sich die Sünden- und Erleuchtungsverstecke des armen Schweizer Tagelöhners, Schlüssel zu seinen Vergehen, seiner Schuld, Schlüssel zu seinen Freuden, das alles verwickelt, eingezählt in eine hochkomplexe Privatmythologie von einem Mann, der ein bettelarmes, herumgeschubstes Kind war und nur eine rudimentäre Schulbildung besaß.

Musikalisch war er auch. Unzählige Partituren mit Gottesliedern und Trauermärschen haben sich erhalten, volksweisenhafte Lieder, dazu Märsche, die, wie der Musikdramaturg Berno Odo Polzer vermutet, an Blechmusik auf dem Lande gemahnt. Sie harren noch einer genaueren musikologischen Untersuchung, und, wer weiß, vielleicht hören wir sie eines Tages in unseren Städten von Musikern aufgeführt? Namhafte Komponisten wie Wolfgang Rihm haben sich jedenfalls schon damit beschäftigt. Wölfli blies sich seine Kompositionen auf Papptröten selber vor; mit Tuten und Singen war er oft beschäftigt, wahrscheinlich, um sich mit Hilfe der Musik gegen anrennende Wahnideen zu schützen.

Wie so viele seiner Blätter ist auch das graue Notenblatt mit dem Marschlied von hinreißender Schönheit. Seine mittige Symmetrie wird von länglichen hellen Tieren betont, horchenden Hasenrobbenschnecken, die zwischen den Notenzeilen gleichsam die Marschstöße abpuffern. *Vögeli* – etwa die Tauben des Christwunders, mit deren Hilfe die Töne auffliegen? – sind lokker dazwischengestreut. Und natürlich, eines darf nicht fehlen: das Haubengeschöpf in der Mitte unten, das etwas nach rechts schielt, als müsse es gerade auf eine sehr bemerkliche Einflüsterung achthaben. Zwei winzige Kreuzköpfe und das eine Auge beweisen, daß Höhererseits alles gesehen, abgehört und verstanden wird.

Die serielle Kunst der Moderne hat oft etwas Ödes. Sie wirkt wie von Buchhaltern gemacht, die ein fades Prinzip durchexerzieren. Bei Wölfli ist das Serielle niemals fad. Wiewohl auch er immer wieder dieselben Muster zur Anwendung brachte, quoll sein schöpferisches Füllhorn derart über, daß es zu erstaunlichen Abwandlungen, einem großen Formenreichtum im Gehäus des Immerselben kam. Das graue Notenblatt, randvoll ausgestrichelt, ausgeziert, mit seinen wenigen Farben unten – Braun, Rot, Gelb –, die Noten durch die Aussparungen des grauen Hin-

tergrundes wie mit Spitzhüten hervorhebend, zählt zu den aller-
schönsten. Ja, selbst die kleinen Ausrisse am Rand, die Bißspu-
ren der Zeit, erhöhen noch seinen Reiz.

Bei aller Wölfli-Begeisterung sollte nicht vergessen werden,
daß er auf Psychiater angewiesen war, die ihn gewähren ließen,
wenn er zeichnete und musizierte. In seinem Fall hieß der schützende Arzt Walter Morgenthaler. Vielen seiner Leidensgenossen,
in denen vielleicht auch die Glücksmöglichkeit schlummerte,
aus ihren Zellen ein Weltgehäus eigener Prägung und eigener
Bedeutung zu machen, wurde solches bis weit hinein ins zwanzig-
ste Jahrhundert rabiat verwehrt.

Achilles G. Rizzoli
Zeichnungen

Als ich zum ersten Mal Bilder von Rizzoli sah, war ich wie berauscht. Die Kommentatoren, die sein Werk entdeckt haben, brechen seitenlang in Jubel aus. Zu Recht. Hinreißend schön sind die Zeichnungen, sie fesseln den Betrachter sofort. Erkennt man erst die Details, folgt Überraschung auf Überraschung, denn Rizzoli hat ein raffiniert in sich verschachteltes Werk geschaffen; das Werk eines architektonischen Visionärs, der utopische Gebäude entwarf, die er mit Emblemen und üppigen Bildlegenden versah, sie durch hunderterlei Zusatzerfindungen privatmythologischer und religiöser Art in einen ureigenen Weltentwurf stellte. Er war ein Weltgehäuskünstler ersten Ranges und arbeitete völlig im Abseits, weitgehend unbeeinflußt von den künstlerischen Moden seiner Zeit.

Achilles Rizzoli wurde 1896 als viertes von fünf Kindern armer Eltern geboren, die aus dem Tessin nach Kalifornien eingewandert waren. Der Junge wuchs zu einem Sonderling heran. Er war menschenscheu, fleißig, schüchtern, höflich, wurde von Visionen und Halluzinationen heimgesucht, zeitweise wohl auch von ihnen beglückt. Bis zu ihrem Tod lebte er mit der Mutter in einem winzigen Haus. Als sie 1937 starb, beließ er ihre Habseligkeiten, wo sie waren, und schlief fortan auf einer Matratze am Fußende ihres Bettes.

Mit neunzehn Jahren wurde ihm eine Erleuchtung zuteil, und zwar während des Besuchs der *Panama-Pacific International Exposition* in San Francisco. Sie wurde nach dem großen Erdbeben als eine Feier des architektonischen Neubeginns inszeniert, mit neoklassizistischen Schmuckgebäuden, Parks, Flaniermeilen, Fontänen, mit einem vaudevillehaften Unterhaltungsgelände, auf dem exotische Amüsierbauten nachts von Scheinwerfern bestrahlt die Besucher lockten.

Rizzoli erhielt eine vierjährige Ausbildung an einem Polytechnikum, aber sein eigentlicher Traum, Gebäude für Menschen zu entwerfen, die auch gebaut würden, ging nie in Erfüllung. Trotz seiner geistigen Instabilität schaffte er es, sich den Lebensunterhalt zu verdienen. Viele Jahrzehnte arbeitete er als Bauzeichner für ein kleines Architekturbüro. Er war eine Art Bartleby, der allerdings seinem Chef nie mit einem »Ich möchte lieber nicht« widerstand, sondern brav den Kopf senkte und fleißig weiterarbeitete.

Aus seinen Aufzeichnungen geht hervor, daß er lebenslang zölibatär blieb, ja, erst mit vierzig Jahren will er durch spielende Nachbarskinder, die sich vor seinem Fenster herumtrieben, die Beschaffenheit des weiblichen Geschlechts entdeckt haben. Eine große Unruhe wurde dadurch ausgelöst, der er Herr wurde, indem er sich an den Tisch setzte und einen schlanken weißen Turm zeichnete. Untertitel: *The Primal Glimpse At Forty*. Überschrift: *That You Too May See Something You've Not Seen Before*. Man merkt gleich, der verdrehte Mann besaß einigen Witz.

Die Zeichnungen sind spektakulär. Mit ultrafeinen Federstrichen sind die visionären Bauten bis in die winzigen Details ausgeführt, ein hinreißendes Kolorit – sandfarben, zartrosa, bleigrau, gesprenkelt mit Umbra und Rostrot – sorgt dafür, daß der Federstrich im Gesamten nicht pedantisch wirkt. Nun hat Rizzoli nicht einfach riesige Gebäude ersonnen und sie oftmals auch in großen Formaten zu Papier gebracht – einige davon messen in der Höhe fast soviel, wie der kleine Mann selbst maß –, er hat sein Utopia, das immer auch ein wenig an übergeschnappte Filmbauten erinnert, mit Wappen, Siegeln, Engeln, Tafeln und

Inschriften versehen. Manche Schriften wehen wie Schleier um die Gebäude herum.

Rizzolis Grundgedanke war, Menschen aus seiner unmittelbaren Umgebung, beziehungsweise deren Seelen, in prachtvolle Gebäude zu verwandeln. Die am häufigsten verwandelte Seele ist die Seele seiner Mutter. Er hat sie mehrfach in Kathedralen verwandelt, gotische Riesengebilde mit einem Zutatengemisch aus so ziemlich allen europäischen Baustilen – wie zum Beispiel in die prächtige Geburtstagskathedrale von 1937, die den Titel trägt: *Mother Symbolically Recaptured*. Ihr Dach wird von pfeilbewehrten Figuren bewimmelt, der Zugang ist kompliziert, durch allerlei Brücken, durch im Zickzack hin und wider kreuzende Mäuerchen verstellt. Ein winziges, immerselbes Männlein steht vor den verschlossenen Eingängen, vielleicht ist es Rizzolis Stellvertreter. Wie bei allen seinen Zeichnungen handelt es sich um ein Werk aus überquellender Liebe – Liebe, die im Unheimlichen siedelt.

Auch Nachbarn gelangten in den Genuß von so opulenten Seelenverwandlungen, meist ohne davon zu wissen. Der Künstler war durchaus stolz auf seine Werke, einige Jahre lud er auf Zetteln, die er an Bäume heftete, in seinen *Show-Room* ein, der einfach sein Wohnzimmer war, in dem einige Zeichnungen hingen. Selten haben sich Leute zu ihm verirrt, die wenigen aber, die hereinschauten, wurden mit einer sagenhaften Transsubstantiation belohnt, die aus hart arbeitenden Kleinbürgern Gerichtsgebäude, Rathäuser, Leuchttürme, Paläste oder Sportstadien machte, zumindest auf dem Papier.

Ich könnte endlos von diesem wundersamen Sonderling schwärmen, von den Akademien und Clubs, die er erfand, den Briefbögen, Tugendkatalogen, Mitgliederlisten, seiner Liebe zu Wortspielen, seinem Euthanasieturm, von dessen Plattform die schmerzlos Eingeschläferten in Auferstehungswellen nach oben ziehen, von seinen jesuanischen Extravaganzen, von Miss AMTE (*Miss Architecture Made To Entertain*, der jungfräulichen Gattin Jesu), von den Geburtstagsgrüßen, die ihm mit zunehmendem Alter nur noch himmlischerseits zugestellt wurden, da Grüße von weltlichen Absendern ausblieben. Er starb 1981. Erst Mitte der neunziger Jahre wurden seine Arbeiten entdeckt, ein Großteil des Riesenwerks gilt als verschollen.

Einem verwunschenen Märchenhaus glich das kleine Haus, das Rizzoli fast fünfzig Jahre lang bewohnte: Wilder Wein überwucherte es, durchstieß das Dach, durchstieß die Wände. Während der letzten Jahrzehnte war das Haus so eingesponnen, daß die Anwohner nachts niemals Licht sahen, weil der Schein von Rizzolis Arbeitsleuchte nicht mehr durch das Dickicht drang.

Gerhard Altenbourg
Versunken im Ich-Gestein

Versunken im Ich-Gestein ist ein rätselhaftes Bild, dessen Anziehungskraft erst feine Würzelchen, dann immer stärkere Wurzeln in Herz und Hirn des Betrachters wachsen läßt. Auf meine auffangsamen Organe hat es jedenfalls so gewirkt. Nach heutigen Maßstäben ist es ein Werk von bescheidener Größe. Es mißt gerade mal 60,2 × 42,7 cm. Da ich keine Liebhaberin überbordender, meist schlecht gemalter Protzgebilde bin, hat es sogleich meine Sympathie geweckt. Natürlich nicht nur deshalb. Vielleicht war es zuerst die Farbgebung, die meine Zuneigung entstehen ließ. Weißliches Grau, dunkles Blau, dunkles Ocker und Schwarz, zartes Gelb, dies wenig vorlaute Kolorit ist ideal für ein Gemälde, dem man sogleich anmerkt, daß es ihm darum zu tun ist, sich in die Verschwiegenheit zurückzuziehen. Etwas lockerer ausgedrückt: Eine Figur wird bei ihrem Erscheinen sogleich dem Verschwindibushaften überantwortet. Ohne weiteres wäre es möglich, gerade dieses Bild zum Fokus einer Erzählung zu machen, in der es sich zwar nicht im Lauf der Zeit zerrüttet wie das berühmte Portrait des Dorian Gray, jedoch Tag für Tag in seinem Hauptteil ein klein wenig diffundiert, bis eine große Lücke, ein geheimnisvoller Ausfraß inmitten des Gesteins entsteht und von der ehemaligen Figur nur noch die dicken, schwarzen Balken übrig sind, über denen der Kopf thront. Wären diese Dickstriche im übrigen als Knochengerüst zu deuten? Oder als Fragmente einer Anzugsjacke? Ich weiß es nicht. Sicher ist nur, sie halten das Haupt.

Wie ich der Beschreibung entnehme, ist das Bild auf einen Karton aufgetragen, verschiedene Farben kamen dabei zum Einsatz: chinesische Tusche, Aquarellfarben, Rötelstifte und Pastellkreiden. Gerhard Altenbourg wählte für seine Arbeiten mit Vorliebe poetisch anmutende Titel, die einen Hinweis auf eine mögliche Interpretation des Bildes geben, aber nur einen zarten, jedenfalls keinen Titelwink mit dem Zaunpfahl. Nun denn – ein versunkenes Ich blickt uns an, ins Gestein geschlossen, aber gleichzeitig mit einiger Insistenz daraus hervortretend, denn hier sind zwei Materien in einen Kontrast gesetzt, die in der Realität schwerlich miteinander harmonieren können. Stein ist hart. Ein Gespenstwesen im Zustand fortgeschrittenen Verbleichens ist hingegen ein luftig Nicht-Ding.

Daß uns dieses Gespenst anblickt, ist eigentlich falsch. Der Betrachter muß die Augen unter dem beschirmten Schädel erst finden. Sie sind winzig. Hat man sie jedoch entdeckt und blickt in sie, besitzen diese eher nach Millimetern als nach Zentimetern zu messenden Äuglein kurioserweise eine Intensität, die man so kleinen Gebilden nicht zutraut, zumal sie farblich keineswegs hervorgehoben sind. Sie stechen nicht, sie glotzen nicht, sie irritieren nicht, und trotzdem nehmen sie den Betrachter gefangen – wenn er sich denn fangen lassen will. Wer an dem Bild vorübergeht, könnte sie durchaus übersehen. Wer sich dem Bild jedoch länger widmet, ist vielleicht von diesen leicht aufgerissenen Augen berührt, in die man einen verborgenen Schmerz hineininterpretieren kann, eine Mischung aus Zögerlichkeit und Beharrungswillen des Künstlers, der sich im Widerstreit befindet, ob er aus seiner Versunkenheit im Gestein auftauchen oder es bei der radikalen Verschwiegenheit belassen soll. Vielleicht will er uns eine intrikate Botschaft von seiner eigenen Wesenheit übermitteln, die auf das Leben im Geheimen pocht, bei gleichzeitigem Versuch, sich durchzusetzen gegen die verhärteten Zumutungen einer Gesellschaft, welcher der Künstler nicht entkommen wollte oder konnte.

Das mag *a weng* dicke hineingedeutet sein in zwei winzige Äuglein. Eine solche Interpretation gedeiht natürlich auf dem Wissensgrund, daß Altenbourg in der DDR lebte und dort als Künstler sehr wenig zu bestellen hatte. Entfernter vom sozialistischen Realismus, der sich mit der Zeit zwar wandelte und sich neue Themen und neue figurative Welten erschloß, hätte das in die künstlerische Privatheit gezogene Werk des Gerhard Ströch kaum sein können, der ziemlich abgewandt in Thüringen in einem Haus mit Garten lebte und an den offiziellen Inszenierungen des sozialistischen Staates nicht teilnahm.

Jawohl! Der Mann hieß mit Nachnamen *Ströch*. Man versteht sofort, daß er sich einen silbenreicheren Künstlernamen aussuchen mußte, in dem sowohl das Althergebrachte mitschwingt als auch die Verschlossenheit einer auf einem Felsen thronenden Burg, die einen gesicherten, verschließbaren Torzugang hat, um die Feinde abzuwehren. Das zwischeneingeschobene *u* sorgt dabei für leichte und sicher gewollte Irritation. Für schwäbische Ohren klingt in *Ströch* auch das Adjektiv *sterch* an, das im *ö* statt im *e* des Namens geradezu veralbert wird. So oder so: *Altenbourg* klingt bedeutend besser als das sterche *Ströch*, vor allem geheimnisvoller. Und der Künstlername weist ihn natürlich auch als Bewohner der ehemaligen Residenzstadt Altenburg im Thüringischen aus, in welcher er die meiste Zeit seines Lebens verbrachte.

An dem Vornamen *Gerhard* ist in sämtlichen deutschen Dialekten mit dessen dezent kriegerisch anmutendem und heutzutage verwischtem Bedeutungsschlepp nichts auszusetzen. Rein gar nichts auszusetzen ist auch an der Lebensart eines scheinbaren Idyllikers, der sich im Geräuschlosen bewegt, aber in seinem Werk durchaus über Haken, Borsten und winzige Zähnchen verfügt, um den Zumutungen einer tumben Staatsdoktrin zu trotzen. In einer Gesellschaft, in der jeder Gedanke, jeder geäußerte

Satz, jede Theaterinszenierung, jedes gemalte Bild und jeder gedrehte Film schnell zum Politikum werden kann, ist die radikale Abstinenz von den Parolen und Devisen eines lächerlich verbohrten Staates mit ebenso lächerlichem wie gefährlichem Spitzelwesen eine Aussage mit intrikater Sprengkraft.

Gerhard Altenbourg hielt sich zurück. Seine Tatkraft lebte er in seinem Haus aus, wovon nicht nur die Zeichnungen und Aquarelle zeugen, sondern auch die zu einigen Teilen bemalten Türen und Wände, in denen sich der Mann ein ureigenes Gehäus der Abwehr schuf, das er mit eigenen Werken bestückte, um sich gegen die Außenwelt intensiver abzuschotten. Zwar gibt es etliche Künstler, deren Gestaltungswille auf das eigene Zuhause übergriff. Bei Altenbourg darf man vielleicht annehmen, daß ihn diese Art des schöpferischen Ausdrucks weniger stark in Anspruch genommen hätte, wenn er sich als Künstler freiheitlicher hätte bewegen können, um Zuspruch und Anregungen von außen ungehindert auf sich einwirken zu lassen.

Seine Belesenheit war eine andere Art, sich der Staatsdoktrin zu entziehen und sich in ein ureigenes Gehäus einzuspinnen, in die Mauern des Hauses, das sein Vater, ein Pfarrer, einst erbaut hatte. Wie ich einer Betrachtung des Schriftstellers und Bibliothekars Erhart Kästner entnehme, mit dem Altenbourg über viele Jahre hinweg in Kontakt stand, war der zurückgezogen lebende Mann keinesfalls ein Leser dessen, was in der DDR als empfohlene Lektüre galt. Er schätzte Samuel Beckett und Ernst Jandl, und, was ihn eindeutig als Liebhaber auch exzentrischer Lektüren ausweist, die mit gewöhnlicher Lesekost nichts zu tun haben: er schätzte Rudolf Borchardt, diesen hochmögenden Sonderling (und auch bisweilen Narren) einer Literatur, die sich einem größeren Publikum bis auf den heutigen Tag hartnäckig entzieht. Auch dies kennzeichnet Altenbourg als Solitär. Ein Solitär, der das Eingesponnensein pflegte, wovon die rätselhafte

Verschlossenheit seiner Kunst beredt kündet, beredt insofern, als sich seinen Werken durchaus erzählerische Momente zuordnen lassen, so ephemer, so spielerisch verschweift und zugleich verkapselt sie auch sein mögen. Offensichtlich war bei ihm die Neigung, sich selbst als Schriftsteller zu beweisen, ebenso vorhanden. Altenbourg war ja auch ein Mann, der die Wörter liebte, und gerade die versunkenen, im Rückzug begriffenen. Dabei suchte ihn bisweilen die etwas exaltiert wirkende Marotte heim, zwei Wörter mit einem Gleichheitszeichen zu verbinden, als komme darin eine andersmögende Sprachmathematik zum Vorschein. Man kann aber froh sein, daß aus Gerhard Altenbourg kein zweiter Arno Schmidt wurde, der in seinem Spätwerk die aparte Verkasematuckelung der Schreibweise ins Extrem trieb. Eine Verstellungstechnik, die auch in der Zeichensetzung ihren Ausdruck findet, paßt gut zu einer frei gewählten und heroisierten Einsamkeit. Sie paßt auch gut zu diesem Menschen, der in einem Brief an Anita Kästner, die Frau von Erhart Kästner, schrieb, er lese gerade mit Vergnügen in den Aufzeichnungen Elias Canettis, aus denen er drei Sätze zitiert: »Es läßt sich nur einsam sein, wenn man in einiger Entfernung Menschen hat, die auf einen warten. Absolute Einsamkeit gibt es nicht. Es gibt nur die grausame Einsamkeit gegen die Wartenden.«[1]

In vollendeter Einsamkeit lebte Altenbourg durchaus nicht, denn seine Werke fanden ab Anfang der fünfziger Jahre zunächst zwar nur verhaltenen Anklang im Westen, in den sechziger Jahren jedoch immer stärkeren, zumal sich bedeutende Galeristen wie Rudolf Springer und Dieter Brusberg für ihn interessierten. Auch auf der documenta in Kassel war er zweimal vertreten.

Kehren wir wieder zu *Versunken im Ich-Gestein* zurück. Am oberen Rand des Bildes und an einem Fleck auf der linken Seite zeigt sich ein dunkles Blau, kein gewölbter Himmel, der bereits ins nächtliche Dunkel zurücksinkt, eher ein einsickerndes Blau, das sich Spalten und Löcher im Gestein zunutze macht, um zu erscheinen. Vielleicht kündet das Gesicht von einem präzis in den Fels geschlossenen Traum, der sich ohne zu wabern in den Grenzen seiner bleichen Kontur hält. In einem Text über Erhart Kästner greift Gerhard Altenbourg zu einer seltenen Formulierung, indem er von einem *Schimmer des geistgezeugten Blaus* spricht.[2] Nun, sein Blau im Ich-Gestein ist weniger von schimmernder Feuchte, sondern eher trockener Natur. Es zeugt jedenfalls nicht von einer sich über Erde, Geröll und Fels erhebenden luziden Durchsichtigkeit, die sich über den Bildrand hinaus ins Weite verbreitet. Deshalb hat das Bild auch ohne Rahmen etwas Eingeschreintes.

Haben wir schon davon gesprochen, was sich unter dem Schirm der Mütze verbergen mag? Es ist nicht leicht zu deuten. Eine Art Galerie, eine Balustrade mit einer zarten Andeutung von Sommerlichem könnte es sein, wiewohl ihr weder Wärme entströmt, noch müßte das sich hinter der Stirn tummelnde Geistgebiet vor der Hitze beschirmt werden. Die leichte, nach den äußeren Enden hin etwas hochgezogene Biegung läßt zugleich die Assoziation von einem Kahn aufkommen, in welchem sich die schwankenden Gedanken sammeln. Auch das mag überinterpretiert sein. Aber bei der Betrachtung eines gegenständlichen Bildes, das sich davor hütet, allzu klare Zeichen zu setzen, gilt grundsätzlich: Dem Betrachter bleibt überlassen, darin zu sehen, was er denn sehen will.

Dünne Langnase, dünner Mund, geisterhafte Striche, die das Gesicht ein wenig zerteilen, ohne es zu verletzen, eine Protuberanz auf der linken Seite, von der man nicht weiß, ob das ein kurioses Kragengewurstel sein soll, läßt das Antlitz ein wenig götzenhaft erscheinen. Allerdings dürfte es sich um einen Götzen von äußerst fragiler Natur handeln, jedenfalls keinen aus Gold, Bronze, Holz oder Stein, sondern einen, der erscheint, um demnächst wieder zu vergehen. Jetzt kneife ich die Augen zusammen und öffne sie wieder: Er ist noch da! Jawohl, noch da! Insistenter denn je in seiner inoffensiven, geisterhaften Zuhandenheit.

Leider war es dem verehrungswürdigen Künstler nicht vergönnt, seine leibliche Zuhandenheit nach dem Fall der Mauer noch ein Weilchen in die offenere Welt zu tragen. Er starb am 30. Dezember 1989, kurz nach dem Fall der Mauer, dreiundsechzigjährig an den Folgen eines Verkehrsunfalls.

Quellennachweise

Geisterstunde

1 Roland Barthes, *Die helle Kammer. Bemerkung zur Photographie*, Frankfurt am Main 2009, S. 19.
2 Immanuel Kant, *Kant's gesammelte Schriften*, Bd. 25, Abt. 4, *Vorlesungen*, Bd. 2, *Vorlesungen über Anthropologie*, Berlin 1997, S. 826.

Stefan Georges Haare

1 Rudolf Borchardt, *Aufzeichnung Stefan George betreffend*, München 1998, S. 15.
2 Ebd., S. 31.

Robert Walser *Im Schnee*

1 Bernhard Echte, *Robert Walser. Sein Leben in Texten und Bildern*, Frankfurt am Main 2008, S. 483.

Hermann Hesse *Kurgast*

1 Hermann Hesse, *Kurgast*, Frankfurt am Main 2015, S. 13.
2 Ebd.
3 Ebd., S. 8.
4 Ebd., S. 14.
5 Ebd., S. 19.
6 Ebd., S. 20.
7 Ebd., S. 30.
8 Ebd., S. 35.
9 Ebd., S. 48.
10 Hermann Hesse, *Der Steppenwolf*, Frankfurt am Main 2009, S. 139.
11 Ebd., S. 131.
12 Ebd., S. 243-244.
13 Ebd., S. 353.
14 Ebd., S. 226.
15 Ebd., S. 175.
16 Ebd., S. 143.
17 Ebd., S. 123.
18 Ebd., S. 81.
19 Ebd., S. 45.

20 Ebd., S. 43.
21 Ebd., S. 63.

Marieluise Fleißer *Andorranische Abenteuer*

1 Marieluise Fleißer, *Ein Pfund Orangen*, Frankfurt am Main 1974, S. 14.
2 Marieluise Fleißer, *Erzählende Prosa. Gesammelte Werke*, Bd. 2, Frankfurt am Main 1994, S. 260.
3 Ebd., S. 252.
4 Ebd., S. 253.
5 Ebd., S. 252.
6 Ebd., S. 253-254.

Friedrich Dürrenmatt *Durcheinandertal*

1 Friedrich Dürrenmatt, *Zusammenhänge. Essay über Israel. Eine Konzeption*, Zürich 1976, S. 16.
2 Ebd., S. 17-18.
3 Friedrich Dürrenmatt, *Durcheinandertal*, Zürich 1989, S. 52-53.
4 Ebd., S. 54.
5 Dürrenmatt, *Zusammenhänge*, S. 188-189.
6 Ebd., S. 172-173.
7 Ebd., S. 22-23.
8 Ebd., S. 25.
9 Friedrich Dürrenmatt, *Zusammenhänge/Nachgedanken*, Zürich 1998, S. 173.
10 Ebd.
11 Dürrenmatt, *Zusammenhänge*, S. 42-43.
12 Friedrich Dürrenmatt, *Turmbau. Stoffe IV-IX. Begegnungen/Querfahrt/Die Brücke/Das Haus/Vinter/Das Hirn*, Zürich 1998, S. 262.

Walker Percy *Der Kinogeher*

1 Walker Percy, *Der Kinogeher*, Berlin 2016, S. 125.

Virginia Woolf *Mrs Dalloway*

1 Virginia Woolf, *Orlando*, Berlin 2012, S. 32.
2 Virginia Woolf, *Tagebücher 2. 1920-1924*, Berlin 1994, S. 395.
3 Virginia Woolf, *Tagebücher 1. 1915-1919*, Berlin 1990, S. 51.
4 Virginia Woolf, *Mrs Dalloway*, Zürich 2004, S. 27.
5 Ebd., S. 41.
6 Ebd., S. 45.
7 Ebd., S. 174.

8 Ebd., S. 351.

9 Lyndall Gordon, *Virginia Woolf. Das Leben einer Schriftstellerin*, Frankfurt am Main 1987, S. 363.

10 Woolf, *Mrs Dalloway*, S. 7.

11 Ebd., S. 87.

12 Ebd., S. 90.

13 Ebd., S. 186.

14 Ebd., S. 215.

15 Ebd., S. 231.

16 Ebd., S. 233.

17 Virginia Woolf, *Mrs Dalloway*, London 2016, S. 191.

Franz Kafka *Der Bau*

1 Franz Kafka, *Sämtliche Werke*, Frankfurt am Main 2008, S. 1209.

2 Ebd.

3 Ebd., S. 1210.

4 Ebd., S. 1209.

5 Ebd., S. 1210.

6 Ebd., S. 1211.

7 Ebd., S. 1213.

8 Ebd., S. 1217.

9 Ebd., S. 1231.

10 Ebd., S. 1233.

11 Ebd., S. 1238-1239.

Rudolf Steiner *Wohin mit dem Hut?*

1 Franz Kafka, *Tagebücher 1910-1923*, Norderstedt 2016, S. 52-53.

2 Ebd., S. 54.

3 Ebd.,

4 Ebd.

5 Ebd.

6 Ebd., S. 55.

7 Ebd.

8 Ebd., S. 56.

Thomas Mann *Doktor Faustus*

1 Thomas Mann, *Doktor Faustus*, Frankfurt am Main 1981, S. 327.

2 Ebd., S. 71.

3 Ebd., S. 609.

Dante Alighieri *Die Göttliche Komödie*

1 Erich Auerbach, *Mimesis. Dargestellte Wirklichkeit in der Abendländischen Literatur*, Bern, München 1946, S. 6.
2 Vgl. Erich Auerbach, *Dante als Dichter der irdischen Welt*, Berlin, New York 2001, S. 33.
3 Ebd., S. 31.
4 Ebd., S. 111-112.
5 Ebd., S. 137.
6 Ebd., S. 108.
7 Ebd., S. 208.
8 Ebd., S. 203-204.
9 Ebd., S. 192.

Clemens Brentano *Wenn der lahme Weber träumt, er webe*

1 Clemens Brentano, *Werke*, Bd. 1, München 1963-1968, S. 610-611.

Andrej Platonow *Die Baugrube*

1 Andrej Platonow, *Die Baugrube*, Berlin 2016, S. 64.
2 Ebd., S. 80.
3 Ebd., S. 11.
4 Joseph Brodsky, *Flucht aus Byzanz. Essays*, München, Wien 1988, S. 239.
5 Ebd., S. 241.

Christian Friedrich Daniel Schubart *Ein schwäbischer Erziehungsroman*

1 Peter Lahnstein, *Bürger und Poet. Dichter aus Schwaben als Menschen ihrer Zeit*, Stuttgart 1966, S. 9.
2 Christian Friedrich Daniel Schubart, *Leben und Gesinnungen. Von ihm selbst im Kerker aufgesetzt*, Berlin 2014, S. 11.
3 Ebd., S. 21.
4 Ebd., S. 34.
5 Ebd., S. 46.
6 Christian Friedrich Daniel Schubart, *Schicksal/Zeitbild. Ausgewählte Schriften*, Stuttgart 1929, S. 165-166.
7 Schubart, *Leben und Gesinnungen*, S. 109-110.
8 Christian Friedrich Daniel Schubart, *Gesammelte Schriften und Schicksale*, Bd. 1-2, Stuttgart 1839, S. 158.
9 Ebd.

10 Adelheid Schlott-Schwab, *Mein ganzer Reichtum ist mein Lied*, 2001, S. 25.

11 Schubart, *Gesammelte Schriften und Schicksale*, Bd. 7-8, S. 125.

12 Christian Friedrich Daniel Schubart, *Schubarts Werke in einem Band*, Weimar 1959, S. 74.

13 Jost Hermand, *Von deutscher Republik. 1775-1795. Texte radikaler Demokraten*, Frankfurt am Main 1968, S. 37-39.

14 Schubart, *Gesammelte Schriften und Schicksale*, Bd. 5-6, S. 213.

15 Schubart, *Leben und Gesinnungen*, S. 126.

16 David Friedrich Strauß, *Christian Friedrich Daniel Schubart's Leben in seinen Briefen*, Bd. 2, S. 2.

17 David Friedrich Strauß, *Gesammelte Schriften*, Bonn 1887, Bd. 9, S. 23.

18 Christian Friedrich Daniel Schubart, *Gedichte*, Leipzig, S. 67-68.

19 Schubart, *Gesammelte Schriften und Schicksale*, Bd. 1-2, S. 133.

Heinrich von Kleist

1 Günter Blamberger, *Heinrich von Kleist. Biographie*, Frankfurt am Main 2011, S. 237.

2 Heinrich von Kleist, *Das Bettelweib von Locarno/Der Findling/Die heilige Cäcilie/Der Zweikampf*, 2015, S. 8.

3 Ebd., S. 19.

4 László Földényi, *Heinrich von Kleist. Im Netz der Wörter*, München 1999, S. 302-306.

5 Heinrich von Kleist, *Über das Marionettentheater. Aufsätze und Anekdoten*, Frankfurt am Main 1980, S. 44-45.

Friedrich Schiller *Don Karlos*

1 Zbigniew Herbert, *Gesammelte Gedichte*, Berlin 2016, S. 406-407.

2 Friedrich Schiller, *Über Anmut und Würde*, Leipzig 1926, S. 100.

3 Vgl. Friedrich Schiller, *Schillers sämtliche Werke*, Bd. 4, Paderborn 2013, S. 476.

4 *Journal aller Journale oder Geist der vaterländischen und fremdem Zeitschriften*, Bd. 11-12, 1787, S. 171.

5 Friedrich Schiller, *Werke und Briefe*, Bd. 3: *Don Karlos*, Frankfurt am Main 1989, S. 1122-1123.

6 Friedrich Schiller, *Friedrich v. Schiller's auserlesene Briefe in den Jahren 1781-1805*, Bd. 1, Seitz 1835, S. 65.

7 Carl Schmitt, *Gespräch über die Macht und den Zugang zum Machthaber*, Pfullingen 1954, S. 16-17.

8 Ebd., S. 19.

9 Friedrich Schiller, *Werke und Briefe. Historische Schriften und Erzählungen 1*, Frankfurt am Main 2000, S. 53.

10 Schiller, *Werke und Briefe*, Bd. 3: *Don Karlos*, S. 1133.

11 Alfred Kerr, *Der Tag*, 12. November 1909 [Fetting I].

12 Vgl. Reinhold Schneider, *Philipp der Zweite oder Religion und Macht*, Frankfurt am Main 1987.

13 Friedrich Schiller, *Don Karlos*, Frankfurt am Main 2007, S. 135.

14 Vgl. Schneider, *Philipp der Zweite*.

15 Schiller, *Werke und Briefe. Historische Schriften und Erzählungen 1*, S. 94.

16 Schneider, *Philipp der Zweite*, S. 226.

17 Ebd., S. 230.

18 Ebd., S. 234.

Jean Paul *Freiheitsbüchlein*

1 Jean Paul, *Sämtliche Werke*, Abt. I, Bd. 2, Darmstadt 2000, S. 273.

2 Jean Paul, *Sämtliche Werke*, Abt. I, Bd. 3, S. 404.

3 Jean Paul, *Jean Paul's sämmtliche Werke*, Bd. 3, Paris 1843, S. 368.

4 Ebd., S. 369.

5 Ebd.

6 Jean Paul, *Jean Paul's sämmtliche Werke*, Bd. 3, S. 372.

7 Ebd., S. 373.

8 Ebd., S. 371.

Jean Paul *Der Komet*

1 Jean Paul, *Jean Paul's sämmtliche Werke*, Bd. 4, Paris 1843, S. 627.

2 Ebd., S. 470.

3 Ebd., S. 488.

4 Ebd., S. 524

5 Ebd., S. 560.

6 Ebd., S. 613.

7 Ebd., S. 627.

8 Ebd.

9 Ebd.

Paul Gerhardt *Lieder*

1 M. Albert Knapp, *Evangelischer Liederschatz für Kirche und Haus. Eine Sammlung geistlicher Lieder aus allen christlichen Jahrhunderten*, Bd. 2, Stuttgart, Tübingen 1837, S. 433.

2 Christian Bunners, *Paul Gerhardt. Weg – Werk – Wirkung*, Göttingen 2007, S. 26.

3 Knapp, *Evangelischer Liederschatz für Kirche und Haus*, S. 538.

4 Brunners, *Paul Gerhardt*, S. 127.

Martin Luther

1 Heinz Schilling, *Martin Luther. Rebell in einer Zeit des Umbruchs*, München 2012. S. 35.
2 Vgl. Josef Lehmkuhl, *Erasmus – Machiavelli. Zweieinig gegen die Dummheit*, Würzburg 2008, S. 235.
3 Schilling, *Martin Luther*, S. 555.
4 Vgl. *Die Bibel*. Nach Martin Luthers Übersetzung, Stuttgart 2017, Hiob 38,22-38.

Rembrandt *Simeon im Tempel*

1 Ebd., Lk 2,25-30.
2 Ebd., Jes 11,1-6.

Gerhard Altenbourg *Versunken im Ich-Gestein*

1 Erhart Kästner, Gerhard Altenbourg, *Das dritte Auge. Ein Dialog der Freunde Gerhard Altenbourg und Erhart Kästner*, Frankfurt am Main, Leipzig, 1992, Seite 128.
2 Ebd., S. 13.

Veröffentlichungsnachweise

Geisterstunde
   In: *In der Geisterfalle. Ein deutsches Pantheon: Fotos aus dem Archiv aus drei Jahrhunderten*, Marbacher Magazin 115.116 (2006). © Deutsche Schillergesellschaft, Marbach am Neckar.

Stefan Georges Haare
   In: *Denkbilder und Schaustücke. Das Literaturmuseum der Moderne*, Marbacher Katalog 60 (2006), erschienen unter dem Titel: *Die Art, wie er die Mähne baute. Stefan Georges Haare.* © Deutsche Schillergesellschaft, Marbach am Neckar.

Robert Walser *Im Schnee*
   In: *Robert Walser. Text+Kritik 12/12a* (2004), erschienen unter dem Titel: *Im Schnee.*

Hermann Hesse *Kurgast*
   Vortrag für die Internationale Hermann-Hesse-Gesellschaft in Sils Maria, am 13.5.2017.

Friedrich Dürrenmatt *Durcheinandertal*
   Vortrag zum Anlass der 6. Sommerakademie Schweizer Literatur: Literatur und Religion, veranstaltet vom Centre Dürrenmatt, vom 22. bis 27.6.2014.
   In: *Du*, Dezember 2015, erschienen unter dem Titel: *Dürrenmatt in Israel.*

Walker Percy *Der Kinogeher*
   In: *Literaturen*, Mai 2007.

Virginia Woolf *Mrs Dalloway*
   Nachwort in: Virginia Woolf, *Mrs Dalloway*, Zürich 2004. © Manesse Verlag, Zürich, in der Verlagsgruppe Random House GmbH, München.

Roberto Bolaño *2666*
In: *Die Welt*, 19. 12. 2009, erschienen unter dem Titel: *Die unerhörten Schreie der Toten.*

Thomas Mann *Doktor Faustus*
In: *FAZ*, 10. 6. 2017, erschienen unter dem Titel: *Applaus! Auftritt des Teufels.*

Clemens Brentano *Wenn der lahme Weber träumt, er webe*
In: *Communio*, März 2018.

Das Nibelungenlied
Vortrag bei den Nibelungenfestspielen in Worms, 2015.

Heimito von Doderer *Die Dämonen*
In: *Die Zeit*, 19. 7. 2012, erschienen unter dem Titel: *Die Dämonen.*

Christian Friedrich Daniel Schubart *Ein schwäbischer Erziehungsroman*
Vortrag für das Literaturhaus Stuttgart in der Reihe *Hoppenlau-Friedhof*, am 6. 4. 2005.

Friedrich Schiller *Don Karlos*
Vortrag zum Anlass der Autorentagung *Schiller – Vorbild oder Provokation*, veranstaltet vom Literaturarchiv Marbach, am 19. 11. 2005, unter dem Titel *Vatermord, Sohnesmord: Notizen zu einer Wunschaufführung des Don Karlos.*

Jean Paul *Freiheitsbüchlein*
Nachwort in: Jean Paul, *Freiheitsbüchlein*, Süddeutsche Zeitung Edition, München 2007.

Jean Paul *Der Komet*
In: *Süddeutsche Zeitung*, 4. 12. 2002.

Martin Luther
Vortrag zum Anlass des Reformationsempfangs *500 Jahre Reformation*, veranstaltet von den Evangelischen Kirchen in Wien, am 24. 10. 2017.

Roelant Savery *Waldesdickicht nach einem Sturm*
Vortrag in der Hamburger Kunsthalle, veranstaltet vom Literaturhaus Hamburg, am 2.5.2010.

Rembrandt *Simeon im Tempel*
Vortrag im Kulturzentrum bei den Minoriten in Graz, 2009.

Adolf Wölfli *Notenblatt in Grau*
In: *Neue Zürcher Zeitung*, 24.12.2009, erschienen unter dem Titel:
Adolf Wölflis Notenblatt in Grau.

Achilles G. Rizzoli *Zeichnungen*
In: *Neue Zürcher Zeitung*, 9.1.2010, erschienen unter dem Titel:
Achilles G. Rizzolis opulente Verwandlungen.

Abbildungsnachweise

1 Hermann Hesse rauchend in der Bibliothek, 1935, Foto: Martin
Hesse, © Martin Hesse Erben
2 Polizeifoto von Robert Walser tot im Schnee, 25. Dezember 1956 in
der Nähe von Herisau, © Keystone/Robert Walser-Stiftung Bern
3 James Sidney Edward Ensor, *Einzug Christi in Jerusalem*, 1895, Blei-
stift und Holzkohle auf Papier, auf Leinwand geklebt, 207×152 cm,
Kunstmuseum Gent, © VG Bild-Kunst, Bonn 2019, Foto: © www.
lukasweb.be/Hugo Mertens
4 Rembrandt van Rijn, *Simeon im Tempel mit dem Christuskind*, 1669,
Schwedisches Nationalmuseum, Stockholm, Foto: akg-images/Al-
bum/Prisma
5 Roelant Savery, *Waldesdickicht nach einem Sturm*, nach 1630, Öl auf
Eichenholz, 42×78 cm, Hamburger Kunsthalle, Inv. Nr. 163; Foto:
bpk/Hamburger Kunsthalle/Elke Walford
6 Adolf Wölfli, *Foliantten=Marsch. Stoos No. 4 ½-8 ½*, 1915, aus: Geo-
graphische und allgebräische Hefte (1912-1916), Heft 13, S. 25, Blei-
stift und Farbstift auf Zeitungspapier, 72,5×100,5 cm, © Adolf Wöl-
fli-Stiftung, Kunstmuseum Bern, A 9256 – 01(XIII/p.25)
7 Achilles G. Rizzoli, *The Primal Glimse at Forty/ That You Too May See
Something You've Not Seen Before*, 1938, Tinte auf Papier, Sammlung
Robert M. Greenberg und Corvova Lee, © The Ames Gallery, Berkeley, CA, Foto: Courtesy The Ames Gallery, CA (Ben Blackwell)
8 Achilles G. Rizzoli, *Mother Symbolically Recaptured/The Kathredal*,
1937, Tinte auf Papier, Sammlung Blanchard Hill, © The Ames Gallery, Berkeley, CA, Foto: Courtesy The Ames Gallery, CA (Ben
Blackwell)
9 Gerhard Altenbourg, *Versunken im Ich-Gestein*, 1966, Chinesische Tusche, Aquarell, Rötel, Bister, Pastell auf Karton, 60,2×42,7 cm, Wvz.
66/4, Sammlung H.M., Walldorf; © Stiftung Gerhard Altenbourg,
Altenburg/VG Bild-Kunst, Bonn 2019

Inhalt

Robert Walser
im Suhrkamp und im Insel Verlag

Sämtliche Werke in zwanzig Bänden. Herausgegeben von
Jochen Greven. 20 Taschenbücher in Kassette. 5593 Seiten.
Die Bände sind auch einzeln lieferbar.

Hermann Hesse

Das Glasperlenspiel

Versuch einer Lebensbeschreibung
des Magister Ludi Josef Knecht
Sonderausgabe zum 125. Geburtstag 2002
576 Seiten. Gebunden

Mit seinem Alterswerk *Das Glasperlenspiel* hat Hermann
Hesse in den Jahren 1930 bis 1942 eine Gegenwelt zum
Zeitalter des Faschismus und zum kommerziellen Kulturbetrieb entworfen. »Es galt für mich«, schrieb er rück-
blickend, »einen geistigen Raum aufzubauen, in dem ich
leben und atmen konnte. Allen Vergiftungen der Welt
zum Trotz mußte ich das Reich des Geistes und der Seele
als existent und unüberwindlich sichtbar machen ...«
Weil es für Hesse keinen Fortschritt gab ohne die Ver-
wirklichung von Utopien, entwickelte er im *Glasperlenspiel* das Modell eines Erziehungssystems, das von staatli-
chem Dirigismus nicht beeinflußbar ist. Die in der
Pädagogischen Provinz Kastalien entwickelte Technik
des Glasperlenspiels zielt in eine interdisziplinäre Vernet-
zung von Kunst und Wissenschaft, Mathematik und Musik. Diese aktuelle, ebenso weit in die Zukunft wie in die
Kulturgeschichte zurückblickende Synopse von abend-
ländischem und asiatischem Denken verliert ihren utopi-
schen Charakter am Beispiel der Biographie von Josef
Knecht, der Kastalien in dem Augenblick verläßt, als es in
Bürokratie und unsozialem Selbstzweck zu erstarren
droht.

NF 429/1/1.02

Thomas Bernhard
Meine Preise
st 4186. 142 Seiten

Thomas Bernhards zornig-ironischer Blick auf den Literatur-
betrieb. Zu seinem 20. Todestag erstmalig publiziert, liegt der
Bestseller jetzt auch als Taschenbuch vor.
Auf die gesamte Menschheit schimpfend und über sich selbst
den Kopf schüttelnd, entwirft Thomas Bernhard ein Selbst-
porträt des Autors als Preis- und Preisgeldempfänger. In zorniger Rückschau zieht er darin eine Bilanz der ihm verliehenen
Literaturpreise. Detailliert schildert der begnadete Komiker
die Tragödien, zu denen sich die Überreichung jeweils entwickelte – egal, ob Bremer Literaturpreis, Staatspreis für Roman,
Grillparzer- oder Georg-Büchner-Preis. Thomas Bernhard ha-
dert mit der Welt im allgemeinen, dem Kulturbetrieb im besonderen und ganz speziell mit sich selbst mittendrin.

»Köstlich, traurig und überwältigend.«
Frankfurter Rundschau

Samuel Beckett

Warten auf Godot

Aus dem Französischen von Elmar Tophoven
es 2465. 116 Seiten

Als Samuel Beckett 1975 *Warten auf Godot*, das bereits zu *dem* Theaterstück des 20. Jahrhunderts geworden war, im Berliner Schillertheater inszenierte, benutzte er zur Vorbereitung auch ein Bändchen mit Elmar Tophovens Übersetzung. Dieses Handexemplar von *Warten auf Godot*, das der Suhrkamp Verlag zum 100. Geburtstag des Autors als Faksimile publiziert, ist die persönlichste Ausgabe seines berühmtesten Dramas. Die umfangreichen Textveränderungen und -varianten in Becketts charakteristischer Handschrift spiegeln nicht nur seine eigene Wahrnehmung des Textes wider, sondern präsentieren auch das erstaunliche Sprachtalent des französisch schreibenden Iren.

Becketts handschriftliche Bemerkungen machen diese einzigartige Ausgabe, die sein Handexemplar von 1963 nahezu originalgetreu nachdruckt, zur deutschen Endfassung von *Warten auf Godot*. Reproduziert ist aber auch der Buchkörper, ein grau broschiertes Bändchen, mitsamt lila Schutzumschlag und Becketts Kaffeefleck.

NF 555/1/04.06

**Sibylle Lewitscharoff
Apostoloff**
Roman
st 4180. 248 Seiten

Zwei Schwestern, unterwegs im heutigen Bulgarien. Auf der ersten Hälfte ihrer Reise waren sie Teil eines prächtigen Limousinenkonvois, der die Leichen von 19 Exilbulgaren – in den Vierzigern von Sofia nach Stuttgart ausgewandert – in ihre alte Heimat überführte. Darunter der frühverstorbene Vater der Schwestern. Jetzt sind sie Touristinnen, chauffiert vom langmütigen Rumen Apostoloff. Er möchte den beiden die Schätze seines Landes zeigen, aber für seine Vermittlungsversuche zwischen Sofia und Stuttgart zeigen die Schwestern wenig Sinn. Zwei Schwestern, ein Fahrer: Ihre Reise durch Bulgarien wird zur rabenschwarzen, erzkomischen Abrechnung mit dem Vater und seinem Land.

»*Apostoloff* steckt voller Grimm, Sprachwitz und Übermut. Sprühende, vergnügliche Literatur.« *Volker Hage, Der Spiegel*

NF 980/1/10.10